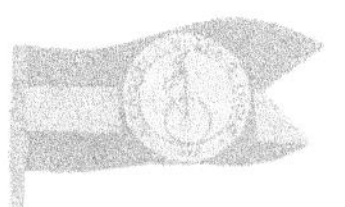

AF354478

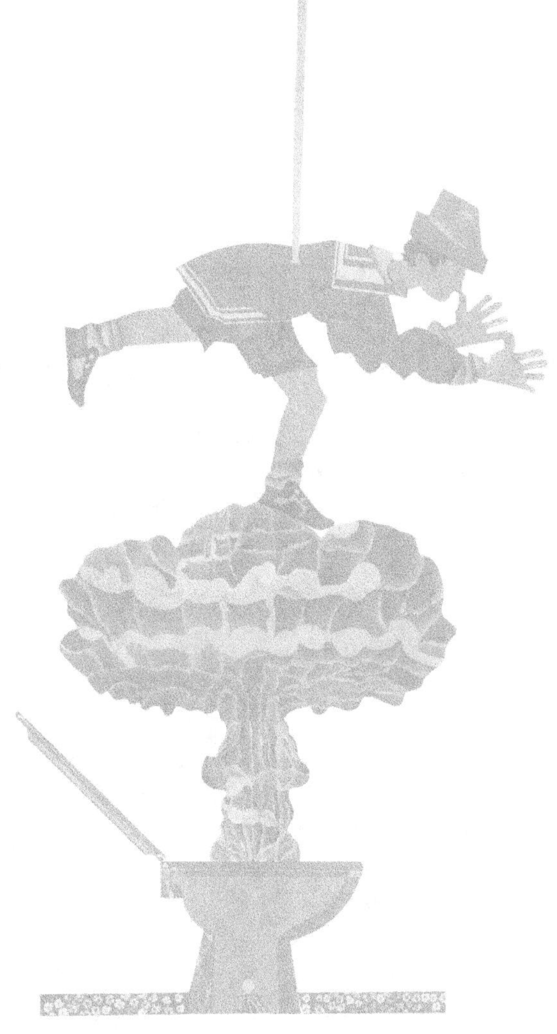

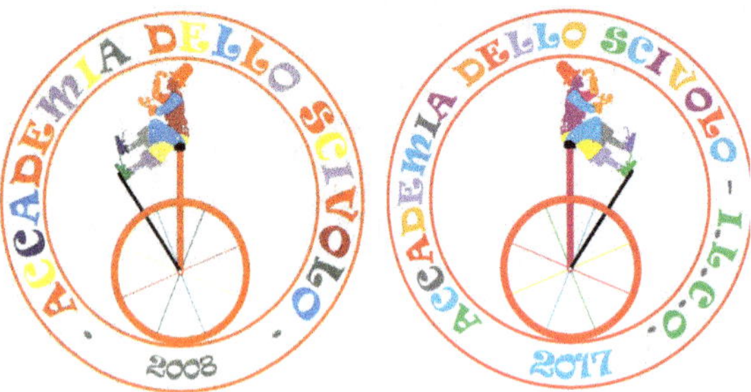

Foto: Studio Publica, Met Levi, Michele Spoldi, Laura Locatelli, Giovanna Ferrari, Ummarino, Carlo Bruschieri, Mina Tomella

Testi: Serena Maccianti, Eleonora Petrò, Angelo Spettacoli, Renato Barilli, Giorgio Terruzzi, Elena Bigliocco

Impaginazione Giornalini: Studio Publica, Serena Maccianti, Antonio Battaglia, Huan Zhou

Hanno collaborato: Renato Barilli, Laura Locatelli, Marta Pagani, Giovanni Rossi, Marianna Lodi, Valentina Sonzogni, Cristina Karanovic, Andrea Bortolon, Gualtiero Marchesi, Angelo Galvani, Marco Ermentini, Antonio Battaglia, Federica Pamio, Gianluca Chioma, Marzia Piazzani, Ludovica Frassi, Arianna De Stefano, Ludmilla Mladenova, Nicole Bacchiega, Enzima 2, le Camper Girls, Luana Scotti, Franco Bendinelli, Luca Bertozzi, Alvise Chevallard, Franz Paludetto, Daniele Bevacqua, Studio Vigato, Galleria Frittelli, Mauro Dornetti

Sponsor tecnici: Stev & Co, Giovanni Rossi, Rudy Cattaneo, Ilco, Viscardi Modellisti, Claudio Carnevali, Enzo Palazzoli,

Un ringraziamento particolare a Giorgio Marconi e a tutti coloro che in vari modi hanno collaborato. Grazie anche al Ex-Scatolificio ILCO che ha reso possibile questa pubblicazione.

È con gioia pura che la costituenda Accademia dello Scivolo, continuando l'attività della Casa Editrice Trieb e della Banca di Oklahoma, che ha finanziato la propria attività con il conio della moneta detta "Brunello", edita il primo libro "Giornalini", questa volta con l'emissione di un nuovo "Tallero Vascavolano- ILCO".

A.d.S.

www.accademiadelloscivolo.it

I giornalini dell'Accademia dello Scivolo
a cura di Loredana Parmesani & Patrizia Gillo

Book design di Alessandra Mancini
Copertina: Aldo Spoldi, *La storia del mondo* (particolare), 2018. Fondazione Marconi, Milano

www.postmediabooks.it
ISBN 9788874902194

I giornalini

dell'Accademia dello Scivolo

a cura di

Loredana Parmesani & Patrizia Gillo

postmedia●books

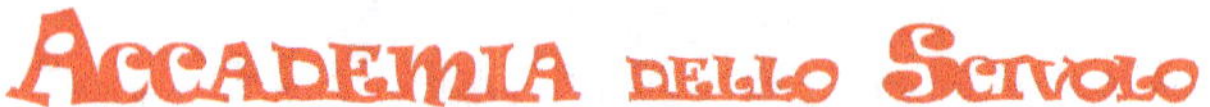Accademia dello Scivolo

DIPARTIMENTO BANDA VASCAVOLANO CR - ORDINE DEL MARAMEO

L'Accademia dello Scivolo, costituita nel 2007 a Bagnolo Cremasco, è un'associazione volta alla ricerca del bello sensibile. Una sfida patafisica all'uniformità del mondo globalizzato e una ludica antitesi all'Accademia di Belle Arti di Brera. È composta a banda, regolata da un goliardico statuto, mossa dal motto "Qui non si lavora, si gioca" ed è finanziata inizialmente con gli interessi maturati sull'acquisto in Borsa italiana, Piazza degli Affari di Milano, di ETF Lixor Word Water su acqua e ETF ISS & Timber & Forest su boschi e successivamente con l'emissione di una sua propria moneta il *Tallero Vascavolano*, coniato a Lugano nel 2016, una moneta convertibile in acqua del Pozzo. L'Accademia dello Scivolo ha come finalità una nuova economia. Si avvale inoltre della collaborazione di professionisti esterni e di giovani laureati in Belle Arti ai quali offre una prima, seppur modesta, verifica empirica delle loro tesi sostenute e dibattute nelle Accademie e Università precedenti.

Accademia dello Scivolo. La costruzione di un mondo nuovo

L'Accademia dello Scivolo viene fondata da Angelo Spettacoli e dai personaggi virtuali (Patrizia Gillo, Met Levi, Cristina Karanovic, detta Cristina Show e Andrea Bortolon) nello studio di Aldo Spoldi in un momento storico ben preciso: negli anni 2007 e 2008 periodo in cui il postmoderno entra in una crisi che mina la sopravvivenza sua e del sistema dell'arte da esso generato e si teme un crollo dell'economia e il tramonto dell'occidente. La stessa Banca di Oklahoma, quasi in contemporanea alla Lehman Brothers va in default.

Tale associazione sviluppa una ricerca avviata da Aldo Spoldi nel 1968 con la Banda del Marameo che si trasformerà nel 1974 nel Teatro di Oklahoma e, successivamente, nella Banca di Oklahoma SpA e nella produzione di *identità artistiche virtuali*.

Tutte le produzioni artistiche ed editoriali dell'Accademia dello Scivolo sono pensate in questo clima di crisi. Alla ricerca di economie più semplici nel 2011 pubblica, in collaborazione con la Fondazione Marconi, il libro di Andrea Bortolon *Un dio non può farsi male*, edito da Mousse Publishing, e nel 2012 allestisce un camper concepito come un mini-sistema dell'arte che incorpora in sé artista, critico, collezionista, museo, pubblico, teatro e aspira ad essere un'opera d'arte aperta, un teatro ambulante tra le piazze d'Italia. Per le numerose tappe (Accademia di Brera, Galleria Vigato, Bergamo, Carnevale di Viareggio, Galleria Frittelli, Firenze, Villa Celle, Santomato di Pistoia, Albereta, Erbusco), curate dal critico Renato Barilli, l'Accademia dello Scivolo edita un giornalino omonimo.

Anche il logo, il timbro e la bandiera dell'Accademia dello Scivolo puntano verso un'economia e un mondo nuovo. Tale insegne e stendardi sono infatti ricavati dalla scultura *Il mangiatore di mondi* di Aldo Spoldi, realizzata per il Carnevale di Viareggio.

Sarà proprio questa scultura che permetterà l'acquisto del lotto di terra, adiacente allo studio, sede operativa dell'Accademia dello Scivolo, detto Vascavolano.

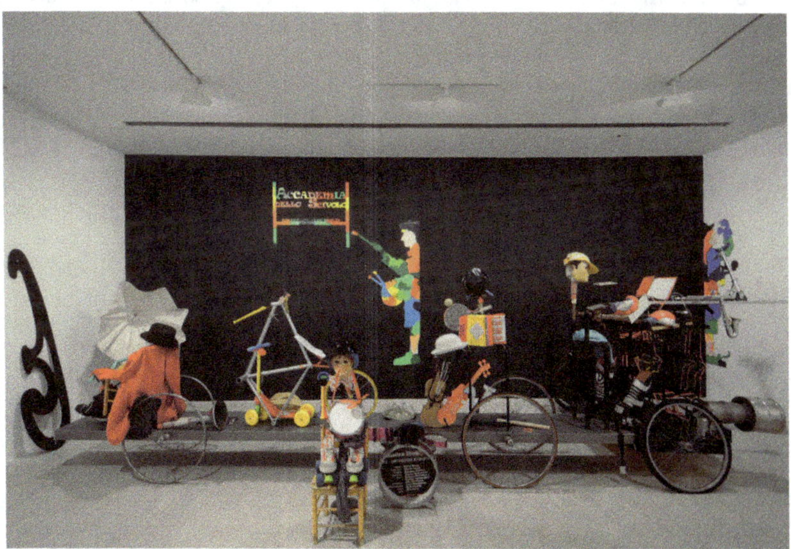

Aldo Spoldi, Accademia dello Scivolo, 2011, Fondazione Marconi. Foto Ummarino

<<**STATUTO DELL'ASSOCIAZIONE "Accademia dello Scivolo"**

Preambolo

Per sua natura la ricerca associata non chiude in se stessi, ma esige concordanza di sforzi, una comunicazione incessante, capace di determinare una solidarietà salda ed effettiva, non solo di pensiero ma di costume e di vita.

Vantando la propria discendenza dalle antiche botteghe d'arte e dalle accademie rinascimentali, l'Accademia dello Scivolo opera in un periodo storico ben preciso: l'anno 2007-2008, in cui il Postmoderno cade in una crisi che mina la sopravvivenza sua e del sistema dell'arte da esso generato ed in cui si teme un crollo dell'economia ed il tramonto dell'Occidente.

Scivolare può essere un ludico modo di cadere fischiettando.

Scivolare, infatti, non significa solo sdrucciolare, ma anche sibilare, fischiare, circolare. In musica il termine scivolo esprime una specie di grazia nel canto, la voce che sdrucciola, in gergo "passaggio".

L'Accademia dello Scivolo evoca questo passaggio, che scivola dall'alto della società postmoderna al basso della terra e al mondo nuovo.

L'Accademia dello Scivolo simboleggia la trasformazione della caduta, dell'infortunio della crisi in un divertente gioco che non solo insegna a cadere dall'alto al basso, ma fa del basso, della terra, una molla che germoglia, fiorisce, scatta verso l'alto di un mondo nuovo.

È così che, sul finire del Postmoderno, l'Accademia dello Scivolo fa, inventa, genera e procrea opere e mondi belli.

Art. 1
COSTITUZIONE — DENOMINAZIONE — LOGO

È costituita una associazione non riconosciuta ai sensi degli articoli 36 e seguenti del Codice Civile denominata

"Accademia dello Scivolo".

Logo

Il logo che identifica e simboleggia l'Associazione — raffigurato nell'elaborato grafico allegato al presente Statuto — è ricavato dalla scultura-carro *Il Mangiatore di mondi* (personaggio letterario tratto dal libro *Un dio non può farsi male* di Andrea Bortolon) che l'artista Aldo Spoldi ha realizzato per il Carnevale di Viareggio del 2011.

Rappresenta un organismo vivente che, ludico e al contempo severo, fagocita le società dello spettacolo e postmoderna mentre, in sella ad un monociclo, viene attratto in una direzione opposta rispetto a quella della pedalata, scaturendone un movimento che contraddice il principio stesso dell'opera: gli spettatori assistono ad un goliardico banchetto.

Utilizzo della denominazione e del logo

L'utilizzo della denominazione e del logo dell'Associazione, sotto qualsiasi forma, deve essere autorizzato dal Consiglio Direttivo.

Art. 2
SEDE

La sede dell'Associazione è fissata in ___ (___), via ___ n. ___, presso ___.

Lo spostamento della sede nell'ambito del Comune non comporta modifica dello statuto e potrà essere effettuato con delibera del Consiglio Direttivo.

Art. 3
SCOPO — ATTIVITÀ — REGOLAMENTI ESECUTIVI

L'Associazione è apartitica e non persegue finalità di carattere lucrativo, politico e religioso.

Scopo

L'Associazione è un centro di ricerca associata che si propone di perseguire interessi collettivi attraverso lo svolgimento continuato di attività di promozione sociale rivolte a favore degli associati e di terzi in ambito artistico.

La ricerca tende soprattutto alla produzione, libera e disinteressata all'utile, di opere d'arte.

Lo scopo fondamentale dell'Associazione non è tanto quello di ricercare, promuovere, pubblicare e

Prologo allo Statuto Patafisico dell'Accademia dello Scivolo

Per sua natura, come ben definito dalla bozza dello Statuto, la ricerca associata dell'Accademia dello Scivolo non chiude il socio e lo studente in se stesso, ma esige una concordanza di sforzi, una comunicazione incessante, capace di determinare tra i membri che la compongono una solidarietà salda ed effettiva, non solo di pensiero, ma di costume e di vita. Ciò contribuisce, assieme alla ricerca fondamentale, a formare il patrimonio comune della scuola.

La ricerca verte soprattutto alla produzione, libera e disinteressata all'utile, di opere d'arte.

Il suo scopo fondamentale non è tanto quello di ricercare, promuovere, pubblicare e favorire, in Italia e all'estero, arte e cultura in generale, quanto quello di essere lei stessa ideatrice e produttrice di arte e cultura.

In questo senso e, a buona ragione, si identifica con la poetica, la scienza e l'arte della produzione, della composizione e della creazione.

È così che sul finire del Postmoderno, l'*Accademia dello Scivolo* fa, inventa, genera e crea opere e mondi belli.

È grazie a questa produttività che l'*Accademia dello Scivolo* può vantare la propria discendenza dalle antiche botteghe d'arte e dalle accademie rinascimentali.

Apartitica, apolitica, con durata illimitata nel tempo e senza scopo di lucro, l'*Accademia dello Scivolo* delimita il suo campo d'azione nel concepire la propria operatività in un periodo storico ben preciso: l'anno 2007.

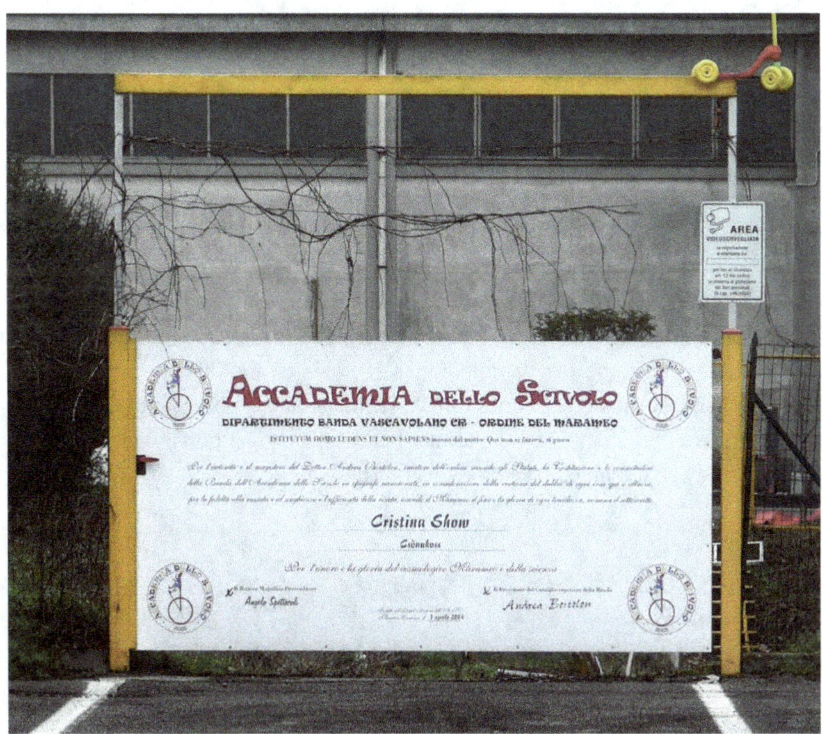

La lettera di Aldo Spoldi a Giorgio Marconi e la mostra alla Fondazione Marconi

L'artista Aldo Spoldi descrive, in una lettera indirizzata a Giorgio Marconi, la situazione immaginaria in cui ha sviluppato questo progetto espositivo strettamente connesso all'Accademia dello Scivolo.

Una mostra in cui alcuni bizzarri personaggi nati dalla fantasia di Aldo Spoldi, il critico d'arte Angelo Spettacoli, il filosofo Andrea Bortolon, il fotografo Met Levi e l'artista Cristina Karanovic, spaventati dalla recente crisi finanziaria del 2007, hanno trovato rifugio presso il suo atelier dove hanno fondato una nuova scuola d'arte, l'Accademia dello Scivolo e da lì non vogliono allontanarsi. Questa sorta di clausura creativa si è rivelata però un forte stimolo per l'artista. I personaggi virtuali gli hanno suggerito un quadro di grandi dimensioni che dà il titolo alla mostra allestita alla Fondazione Marconi: *Il Mondo Nuovo*.

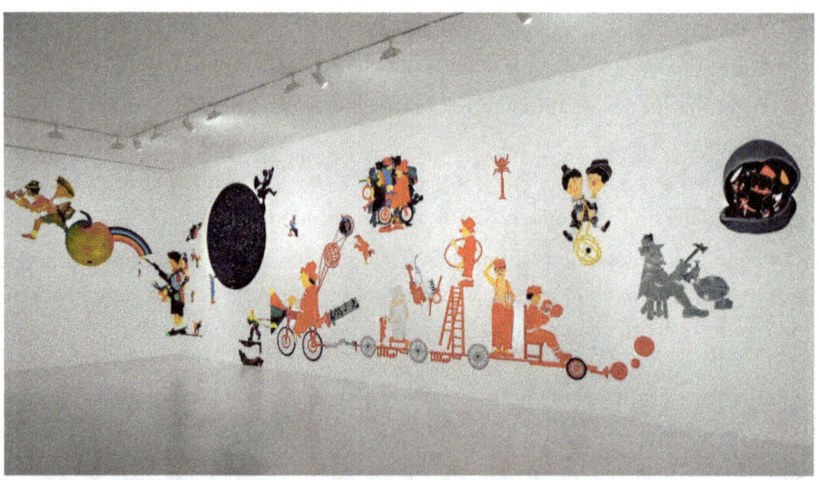

Aldo Spoldi, *Il mondo nuovo*, 2011, Fondazione Marconi. Foto Ummarino

La Terra Vascavolano

Con il terreno Vascavolano e la sua umanizzazione, l'Accademia dello Scivolo sembra andare incontro ad un altro sfidante: la Land Art; fenomeno prettamente americano, dove la cultura della spettacolarizzazione e delle imprese di forte impatto visivo ha sempre avuto il sopravvento. La Land Art si inserisce anche nei fenomeni di protesta sociale e di rinnovata attenzione per l'ambiente e l'ecologia: si modifica la morfologia di un deserto o di un lago salato per dimostrare come la natura sia più potente rispetto ad ogni artificio, l'opera non è tanto il risultato ma il processo che ha portato alla realizzazione e le modifiche che il tempo, fuori da ogni controllo, apporterà.

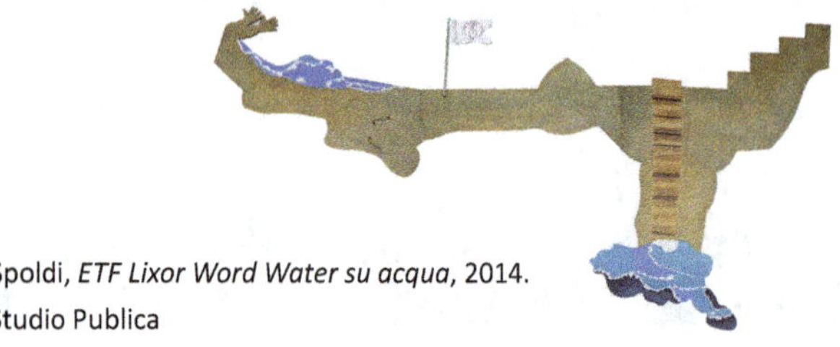

Aldo Spoldi, *ETF Lixor Word Water su acqua*, 2014.
Foto Studio Publica

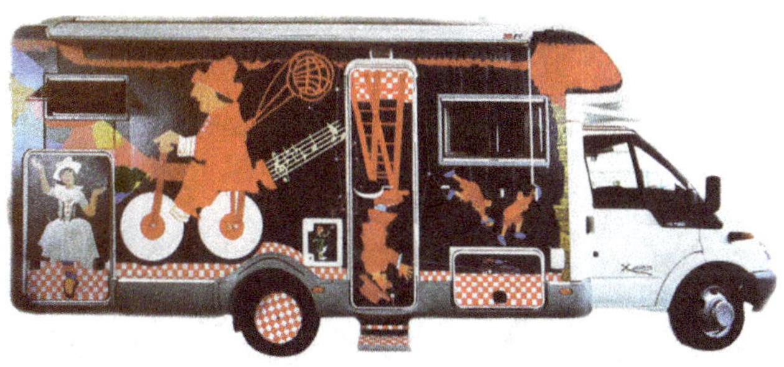

Progetto Mondo Camper

Il progetto il *Mondo Camper*, dipinto e attrezzato da Aldo Spoldi, e commissionato dall'Accademia dello Scivolo, è concepito al fine di mettere in scena, di piazza in piazza, una "nuova nuova" commedia dell'arte.

Sua finalità è la fuga su quattro ruote dalle bolle speculative del sistema dell'arte postmoderna. Liberalizzare l'arte sembra la sua parola d'ordine.

Il camper è un lavoro in progress, uno spazio espositivo ambulante, un museo da campeggio che si accampa in un luogo e poi riparte per la meta successiva al fine di dare spettacolo e visione ai progetti che si sono formati all'interno dell'Accademia di Belle Arti di Brera. Tutta la tournée è curata da Renato Barilli.

La Tournée (Le tappe)

Aldo Spoldi ha presentato a San Carpoforo, vicino a Brera, il suo camper, un carro di Tespi o un vero carroccio, come opera viaggiante per l'Italia contro gallerie e musei, si è celebrato il funerale del postmoderno: ne ha parlato con entusiasmo Renato Barilli, poi tutti insieme con Giorgio Marconi e Gualtiero Marchesi, benedetti dal falso prete Correggia. Poi il Camper è partito per le vie d'Italia, comprese Firenze e Viareggio.

_ Fiorella Minervino

L'arte di Aldo Spoldi è sempre stata estremamente mobile e lo ha visto nei panni di un Mastro Geppetto di nuovo conio.

_ Renato Barilli

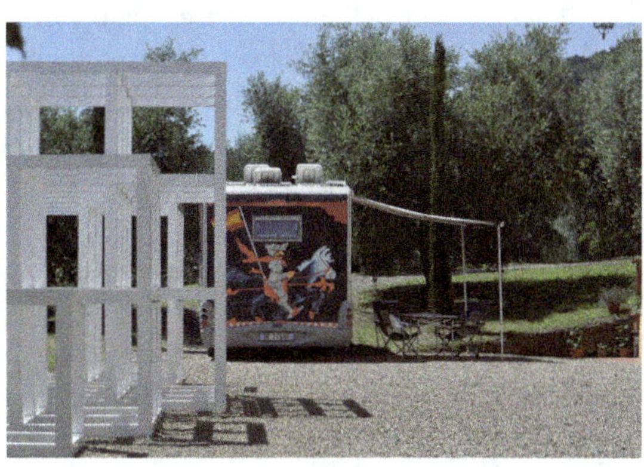

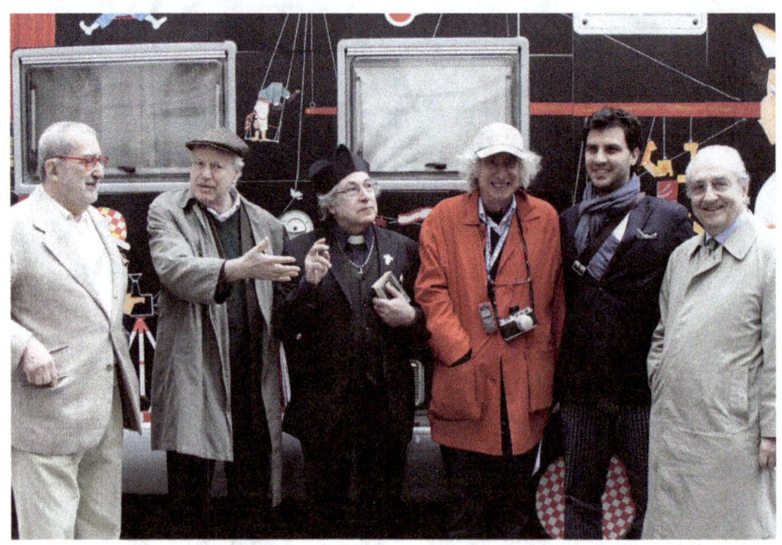

Accademia di Brera (Giorgio Marconi, Renato Barilli, Francesco Correggia, Aldo Spoldi, Fabrizio Vigato, Gualtiero Marchesi)

La Storia dell'Accademia dello Scivolo

La genesi dell'Accademia dello Scivolo risale alla ludica Banda del Marameo costituita a Crema nel 1968: l'anno della contestazione giovanile.

Tale banda si evolve nel dandistico *Teatro di Oklahoma - Whisky Quiz* nel 1977: l'anno della caduta del marxismo.

Nel 1988, periodo in cui l'immaterialità finanziaria sta per entrare nel sistema dell'arte, il Teatro di Oklahoma si trasforma in Banca di Oklahoma prima e poi in BdO Ltd con sede a Lugano.

Sarà proprio la BdO Ltd, negli anni della costituzione dell'Europa Unita e della diffusione di Internet, a produrre, insieme agli ex-studenti dell'Accademia di Belle Arti di Brera, i personaggi virtuali (Cristina Karanovic, detta Cristina Show, Angelo Spettacoli, Andrea Bortolon e Met Levi), che dopo svariate traversie fondano nel 2007, nell'ex-scatolificio ILCO a Bagnolo Cremasco, l'Accademia dello Scivolo.

Sono gli anni in cui il filosofo Andrea Bortolon scrive il libro *Un dio non può farsi male* e i filosofi Romano Luperini e Maurizio Ferraris pubblicano rispettivamente *La fine del postmodernismo* e il *Manifesto del nuovo realismo*.

L'Accademia dello Scivolo, in conformità al suo Statuto Patafisico, dà vita a numerose attività, mostre e pubblicazioni, fra le quali la mostra *Storia di Terre, Terra di Storie – La conquista della Tessa* in cui due tesi universitarie si uniscono in un unico progetto: la tesi in Pittura di Valentina Sonzogni, tenuta all'Accademia di Belle Arti di Brera e quella in Storia dell'Arte di Serena Maccianti presso l'Università Cà Foscari di Venezia.

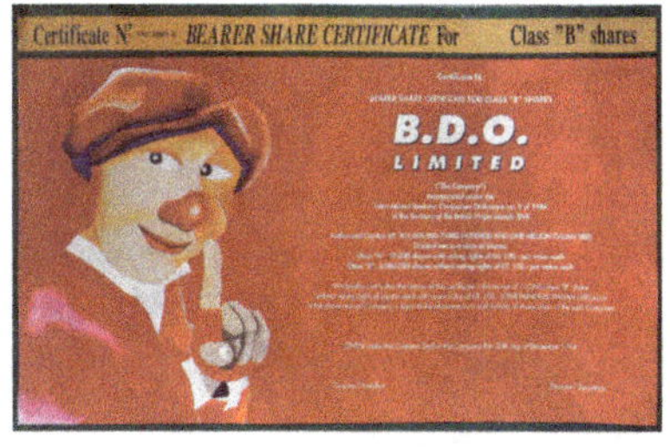

1 ~ Avventura 2007. La fuga da Lugano a Crema verso un Mondo Nuovo

Il filosofo Andrea Bortolon, l'artista Cristina Karanovic, il critico d'arte Angelo Spettacoli, il fotografo Met Levi, spaventati dalla chiusura della B.D.O. Ltd., fuggono squattrinati da Lugano e si rifugiano nello studio di Aldo Spoldi a Bagnolo Cremasco.

2 ~ Avventura 2008. L'acquisto in Borsa di acqua

Nello studio di Aldo Spoldi, il filosofo, l'artista, il critico d'arte e il fotografo capiscono che le loro identità virtuali e multimediali sono a rischio e, consci che l'acqua può essere l'elemento indispensabile per il mondo globalizzato, comprano sulla Borsa italiana, con gli ultimi risparmi, ETF Lixor Word Water.

3 ~ Avventura 2008. La costituzione dell'Accademia dello Scivolo

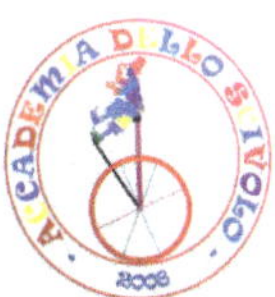

Angelo Spettacoli, su consiglio di Patrizia Gillo, nomina lo studio di Aldo Spoldi *Accademia dello Scivolo*, stende un patafisico ma civile statuto e, mosso dal motto *"Qui non si lavora, si gioca"* disegna un marchio, progetta un logo, realizza un timbro e innalza una bandiera.

4 ~ Avventura 2008. Il convegno sulla fine del Postmoderno e del mondo globalizzato

Le riflessioni elaborate nel convegno porteranno il filosofo Andrea Bortolon ad affermare che non tutto è interpretazione e che è giunta l'ora della terra e della realtà. Inizia così a scrivere il libro *Un dio non può farsi male* in cui la fine del Postmoderno viene letta come maturazione biologica e agricola.

5 ~ Avventura 2011. Il Mondo Nuovo

Il libro *Un dio non può farsi male* di Andrea Bortolon, le bandierine, i marchi, i timbri e i giocattoli dell'Accademia dello Scivolo verranno ufficialmente presentati alla Fondazione Marconi.

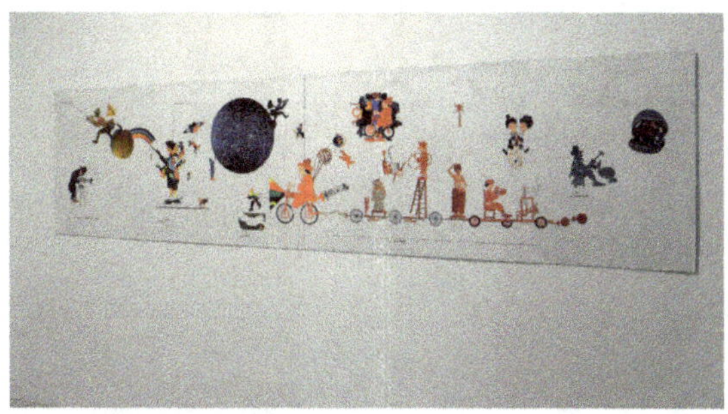

Aldo Spoldi, *Il mondo nuovo*, 2011. Fondazione Marconi

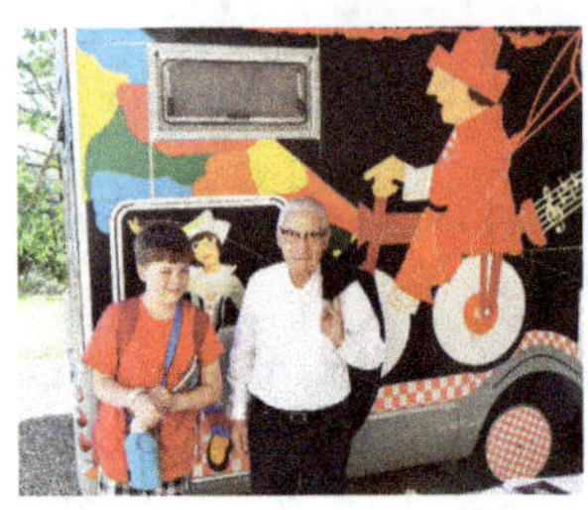

6 ~ Avventura 2012. La Tournée del Camper e il Giornalino

Utilizzando gli interessi maturati sugli ETF Lixor Word Water, l'Accademia dello Scivolo commissiona ad Aldo Spoldi l'allestimento di un camper fatto per evadere dalla società marketing. La tournée del camper, curata da Renato Barilli, parte dall'Accademia di Belle Arti di Brera a Milano e farà tappa allo Studio Vigato di Bergamo, a Firenze alla Galleria Frittelli Arte, all'Albereta di Gualtiero Marchesi a Erbusco, da Giuliano Gori alla Fattoria di Celle a Santomato di Pistoia, all'Accademia Albertina di Torino. Per tale occasione lo Studio Vigato, su consiglio di Giorgio Marconi, edita il n.° 0 del Giornalino dell'Accademia dello Scivolo, curato da Loredana Parmesani e Patrizia Gillo e impaginato da Studio Publica.

7 ~ Avventura 2013. La conquista della terra

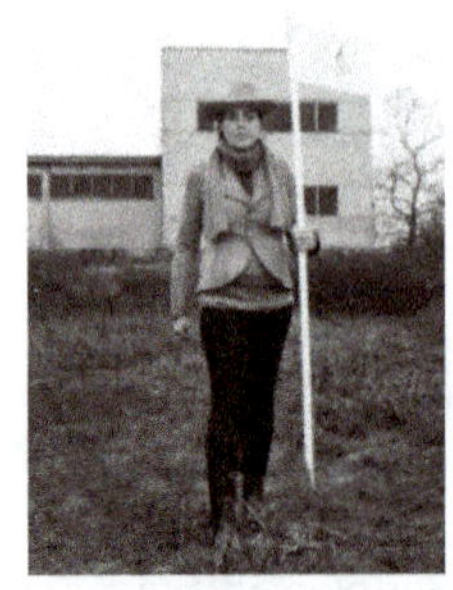

Saranno proprio le riflessioni sulla realtà e sulla terra che porteranno i membri dell'Accademia dello Scivolo ad aprire le trattative con il Comune di Bagnolo Cremasco per lo scambio della terra Vascavolano, adiacente all'immobile dell'Accademia, con la replica della scultura *Il mangiatore di mondi*. Tali trattative si concluderanno con un regolare contratto. L'11 gennaio 2014 Laura Locatelli, detta Laura Beuys, affonda e innalza nel terreno conquistato la prima bandierina dell'Accademia dello Scivolo. In tale occasione viene pubblicato un nuovo numero del Giornalino.

8 ~ Avventura 2014. L'Accademia dello Scivolo sfida la Factory di Andy Warhol

Curata da Eleonora Petrò, viene presentata la mostra *Dalla factory di Andy Warhol all'Accademia dello Scivolo di Aldo Spoldi* e nell'occasione viene anche costituita la Banda di Vascavolano e pubblicato un nuovo numero del Giornalino.

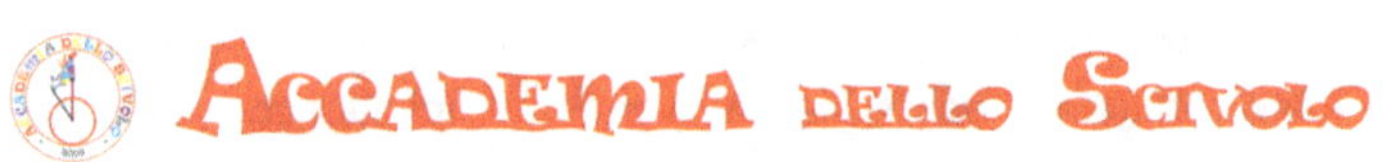

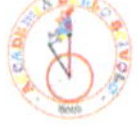
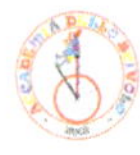

9 ~ Avventura 2014. Le due tesi

Il Comitato Scientifico dell'Accademia dello Scivolo legge la tesi di Valentina Sonzogni *Così segue il suo ciclo…*, discussa all'Accademia di Belle Arti si Brera e quella di Serena Maccianti *Artisti contro*, sostenuta all'Università Ca' Foscari di Venezia. Patrizia Gillo, dopo aver scoperto che sulla schiena di Serena sono tatuate le chiavi di violino della celebre foto che Man Ray ha fatto a Kiki de Montparnasse, le vede accomunate sul tema dell'erotismo. Suggerisce a Valentina di trasformare la terra conquista in femmina e a Serena di trattare la donna terra come Man Ray ha fatto con Kiki, affidandole l'incarico di organizzare la mostra *Storia di terra, terre di storia*. Un nuovo numero del Giornalino verrà pubblicato per tale occasione.

10 ~ Avventura 2014. Il quadro diventa paesaggio

Patrizia Gillo affida all'architetto Angelo Galvani il compito di trasformare il quadro e la tesi di Valentina in architettura paesaggistica e suggerisce ad Aldo Spoldi di inserire nel quadro *La Terra Vascavolano* le chiavi del *Violon d'Ingres* tatuate sulla schiena di Serena.

11 ~ Avventura 2015. Il cantiere: Pozzo n. 1

In maggio iniziano i lavori che trasformeranno quadro, tesi e progetti architettonici in vallata. Nell'estate 2015 si scava nella terra conquistata Vascavolano il *Pozzo n. 1* dell'acqua, profondo 19 metri. Si modellano i seni, si scava e dà forma al lago e viene anche realizzata una interrata canalizzazione di acque. La terra conquista si trasforma in donna e questa in una seducente valle agitata dal *Violon d'Ingres*. Tutto sarà visibile nella mostra *Storia di terra, terre di storia*, curata da Serena Maccianti, il 1° aprile 2016.

12 ~ Avventura 2016. La scalata al castello di Rivara

L'Accademia dello Scivolo costruisce una scala di birilli colorati alta più di 12 metri, un'altezza che permette al Comitato Scientifico dell'Accademia dello Scivolo di non scivolare in basso, ma di arrampicarsi in alto e penetrare nel Castello di Rivara. All'interno il Comitato Scientifico, insieme al futuro Governatore Daniele Bevacqua, progetta *L'Istituto Centrale dell'Accademia dello Scivolo* e viene anche deciso un suo debito pubblico e stampato il prototipo della sua cartamoneta: il *Tallero Vascavolano*. Per tale occasione viene stampato un nuovo numero del Giornalino a cura di Serena Maccianti.

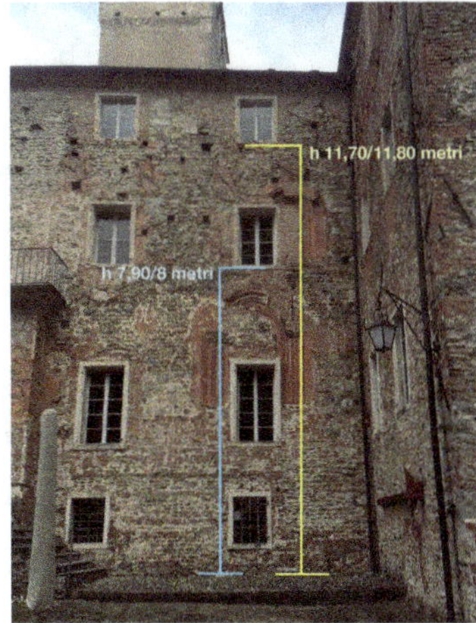

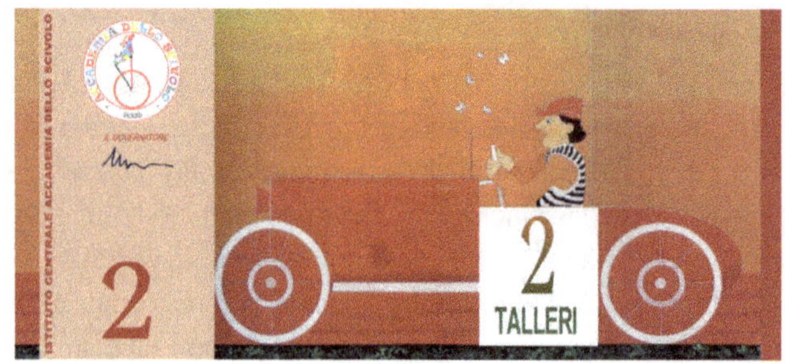

13 ~ Avventura 2016. L'Istituto Centrale dell'Accademia dello Scivolo, i Talleri e l'Obbligazione

Nel dicembre 2016 a Lugano, Andrea Del Guercio e Daniele Bevacqua, nella forma di conferenza stampa, presentano nella sede della Five Gallery l'emissione di due obbligazioni del Libero Stato dell'Accademia dello Scivolo (una decennale e l'altra trentennale) convertibili in acqua del pozzo. Coniano anche una moneta-giocattolo del valore di 10 Talleri e stampano due cartemonete del valore di 1 e 2 Talleri.

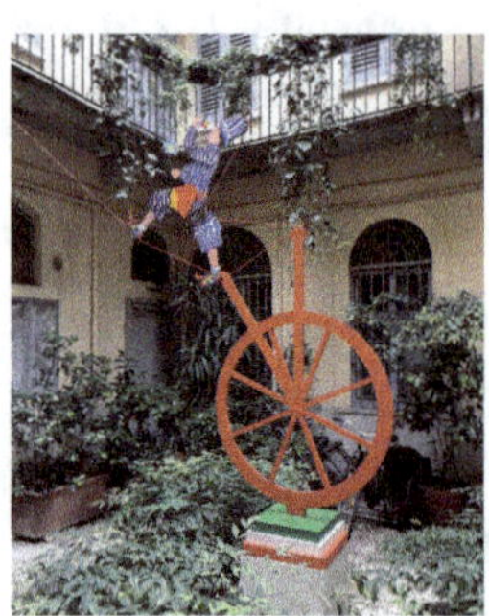

14 ~ Avventura 2017. Le avventure di Andrea Bortolon

La scultura che raffigura Andrea Bortolon, invaghito dalla bella Alessandra, scende dal monociclo che la fissava come un monumento ad un pesante basamento e, armatosi di un "mondo nuovo" e di una margherita, si lancia in un salto acrobatico all'altezza di quattro metri verso il balcone della ragazza. Il progetto di Andrea e Alessandra è preciso: se l'acrobatico salto riuscirà sfoglieranno assieme la margherita e i petali diranno se amarsi o no.

15 ~ Avventura 2018. Da Arena Po all'Azienda Agricola Torre Fornello

Il viaggio parte da "Brera aperta 2017" dove la scultura *Il mangiatore di mondi* di Aldo Spoldi, che ritrae il filosofo Andrea Bortolon, immagine simbolo dell'Accademia dello Scivolo, progetta l'emozionante trasferta verso Arena Po e alla *Panchina vite* di Cristina Show a Torre Fornello. E così, tra emozioni, vibrazioni, suspense, il tragitto si trasforma in un racconto visivo, in una storia di terre, di donne, di corsi d'acqua, di incontri batticuore, di visite guidate a cattedrali vegetali, a vigne delle arti….

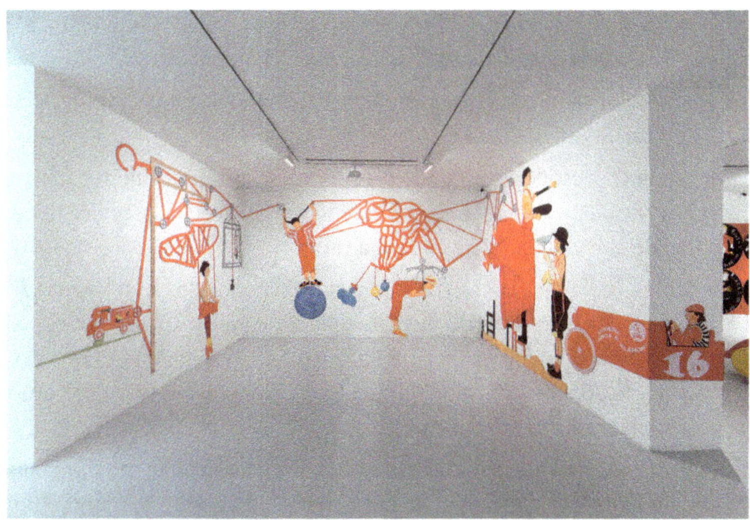

Aldo Spoldi, *Il mondo nuovo*, 2018. Fondazione Marconi

16 ~ Avventura 2018. La storia del mondo

Il racconto visivo, che si snoda sulle pareti della Fondazione Marconi, si svolge tutto in verticale. Concepito come un e-book "costruito a mano" e una "banca dati" dipinta a tempera, consente innumerevoli rimandi e connessioni che sono la chiave di accesso per ulteriori ricerche e approfondimenti e che permettono di accedere non solo al passato al passato dell'artista, al 'gran rifiuto' di Marcuse, alla 'dialettica negativa' di Adorno e all'arte povera, ma anche a quello della storia del mondo.

Le Case Editrici: Trieb, Banca di Oklahoma, Accademia dello Scivolo

Essere il capo della Banda del Marameo e fondare una casa editrice sono due attività complementari. La casa editrice Trieb, curata da Patrizia Gillo già allora sostenuta dallo scatolificio ILCO, pubblica negli anni settanta le teorie di una banda: la Banda del Marameo.

Non c'è rivoluzione che non abbia un testo che l'accompagna. Si edita così come si fanno le bandiere e si suonano le fanfare prima degli agguati.

Il timbro della casa editrice attesta l'autorità del capobanda e si contrappone al timbro dell'autorità tradizionale, così come il Marchio dell'Accademia dello Scivolo si contrappone a quello dell'Accademia di Belle Arti di Brera e a tutto il sistema dell'arte e ai suoi idoli.

La filosofia e l'arte dell'Accademia dello Scivolo danno voce e vita al wc d'oro trasformandolo in fertile fontana e a un mondo nuovo.

Aldo Spoldi

Nei primi anni settanta Patrizia Gillo diventa redattrice della casa editrice Trieb e dell'omonima rivista e, successivamente della rivista *Jim International.*

La casa editrice pubblica libri, riviste, fanzine, manifesti che distribuisce prevalentemente all'Accademia di Belle Arti di Brera.

Curati esteticamente e sottoposti a un preciso piano di marketing economico, le pubblicazioni si rivalutano in breve tempo, secondo una precisa pianificazione, e una curva ascensionale che viene indicizzata sulla struttura economica del sistema dell'arte.

La casa editrice era dotata di un indirizzo civico, di un numero di telefono, di diversi timbri, di un suo piccolo e particolare mercato (editare significa anche vendere). È grazie alla concezione economica della casa editrice che iniziano a Bagnolo Cremasco, presso la galleria Collaborazione Automatica, gli acquisti di opere di importanti artisti quali Andy Warhol, Alighiero & Boetti.

Quando nel 1971 Nixon toglie la referenza al dollaro è già possibile produrre personaggi virtuali e la casa editrice Trieb li produce, sono: Patrizia Gillo, curatore, Giorgio Thompson, psichiatra e fotografo che assumerà il nome di Met Levi e Laura Quarti, romanziere oltre a numerosi altri.

La casa editrice Trieb appare come l'embrione di una nuova e più recente avventura editoriale, i *Giornalini dell'Accademia dello Scivolo*, che, a partire dal 2007 l'Accademia dello Scivolo pubblica per documentare le sue avventure.

I Giornalini dell'Accademia dello Scivolo raccolgono le avventure dell'agguerrita Banda che trova il suo sbeffeggiante motto in: "Qui non si lavora, si gioca".

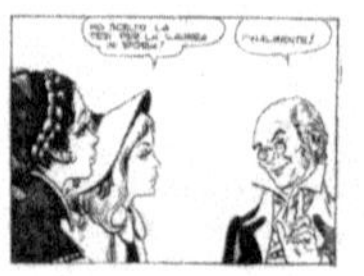

I limiti di questo spettacolo vanno ricercati nei limiti stessi della coscienza che si affida per intero – come Kierkegaard con il salto nella fede – all'educazione del padre. Il padre, in questo caso, è l'accademia di Brera: i suoi professori, le sue istituzioni .....
Il limite dello spettacolo è allora quello di essere simile ad una tesi di laurea, e proprio qui nella limitazione risiede la sua unica validità: quella di essere l'esercitazione dello scolaro diligente.

Nella felicità dell'educato e dell'educatore risiede l'ingiustizia del padre e del figlio e il piacevole imbroglio delle educazioni.

Questo spettacolo, come queste righe, hanno come premessa la costatazione storica dell'impotenza dell'artista – più in là dell'io – di fronte allo stato di cose presenti. Infatti i frutti tipici delle avanguardie artistiche – Dada compreso – come le soft – drugs recano con loro l'apparente negazione del "tutto" e contemporaneamente il recupero spettacolare del tratto algebrico negativo da parte della società opulenta che va sempre più cercando – per il suo ringiovanimento – il suo falso annientamento.
Non a caso bande di falsi Hippies – assoldate da parte del presidente degli Stati Uniti – si sono dimostrati ottimi programmi televisivi per l'idiozia oggettiva.

Questo spettacolo non si pone,– secondo la definizione della scuola di Francoforte – il compito di introdurre caos nell'ordine, ma di conoscere nell'apparenza del riflesso l'ordinato.(1)
Si distingue, dunque, da quelle forme di arte di comportamento (CFR. Beuys, Acconci ...) che vorrebbero, partendo dal corpo-artista, raggiungere e risvegliare gli istinti dello spettatore – nascosti dal colosso generale della non vita.
Questo spettacolo abbraccia la teoria e la prassi Lukacsiana del rispecchiamento: un fare arte che ha per compito la conoscenza della realtà sociale. (2)
Il compito conoscitivo è qui affidato ad un mezzo-conscio dalla sua effimerità e cioè all'intuizione.
L'intuizione e la sua espressione collocate nella topografia del reale comunicano tout-court il loro essere uno scherzo.

Lo scherzo – secondo la logica dello scambio economico – si inserisce nella falsa socialità secondo le regole che essa detta: in questo senso è un modello virtuale ed astratto dei rapporti intersoggettivi scaduti a rapporti tra cose – là nella separatezza tra uomo e uomo tra uomo e mondo la specializzazione non è che l'unico strumento di comunicazione e la comunicazione non può avvenire quando il significante si sottrae alla sua valorizzazione: al suo essere merce. (3)

NOTE :

(1) L'arte, come "la sociologia positiva, si vieta di rimescolare criticamente l'edificio di ciò che esiste". (Adorno)
Il limite dell'arte è lo stesso limite della scienza positiva.
L'artista sa ben scoperto Mandel che "dicevo il vero, ma non era nel "vero" del discorso biologico del suo tempo" (Foucault) non si accorda che il vero è per lui la società dello spettacolo e la coscienza infelice che possiede l'astrazione felice di un mondo infelice.

Rivista *Trieb*, Edizioni Trieb

Edizioni della "Banca di Oklahoma"

ALDO SPOLDI

Qui comincia l'avventura del sig. Bonaventura

Prima pubblicazione della Banca di Oklahoma

Si tratta di una rivista, di un corriere, di un diario che testimonia le scappatelle artistiche realmente accadute ai membri della Banda dell'Accademia.

Se, dopo la caduta dei grandi racconti filosofici, non è più l'epoca dei gruppi e dei movimenti artistici, allora l'avventura artistica non può fare altro che costruire per puro divertimento una narrazione in competizione con il mondo globalizzato. Non si tratta più di una duchampiana partita scacchi ma di un incontro-match, di una sfida patafisica al sistema dell'arte inteso come parco buoi.

La genesi dei Giornalini dell'Accademia dello Scivolo risale al 1968, alla Banda del Marameo che fondava a Crema la Casa Editrice Trieb e pubblicava l'omonima studentesca ed economica rivista da distribuire all'Accademia di Belle Arti di Brera ed anche il libro *Teatro di Oklahoma*, distribuito da Massimo Minini, e *Ben Venga Maggio* presentato nella galleria di Luciano Inga-Pin. Questa avventura editoriale è stata documentata nella tesi di Mina Tomella dal titolo *Aldo Spoldi 1968-1978*, discussa presso l'Università degli Studi di Pavia.

Trieb si evolverà nella Casa Editrice Banca di Oklahoma che realizzerà numerose pubblicazioni fra le quali: *Qui comincia l'avventura del Signor Bonaventura*, presentato a Torino da Guido Carbone, *Dimmi che mangi e ti dirò chi sei* mostrato da Giuliano Gori alla Fattoria di Celle, *Quando la qualità trasforma tutto*, in collaborazione con la Ditta di biciclette Bianchi, in occasione della mostra al Groninger Museum e *Comodato* al Museo Civico di Crema.

È da questa passione editoriale che nascono i Giornalini, spinti anche nel loro concretizzarsi dai suggerimenti di Giorgio Maroni che, parlando con Aldo Spoldi, l'ha esortato a rendere visibili su carte le avventure dei suoi personaggi virtuali e dell'Accademia dello Scivolo.

Sono Giornalini (e non giornali), piccole imprese editoriali, a volte quasi artigianali ma ben fatte e che cercano di raggiungere un fruitore vasto e curioso.

Distribuiti gratuitamente, quasi fossero fanzine – e a tale proposito viene immediatamente alla mente l'esperienza della rivista Trieb distribuita all'Accademia di Brera negli anni settanta dalla Banda del Marameo – con una grafica semplice ma efficace, raccontano le storie di personaggi che vivono in una realtà virtuale ma che grazie ai loro "collaboratori" reali e concreti realizzano opere e pubblicano giornali e libri.

In questo volume vengono raccolti, preceduti ognuno dalla comunicazione delle mostre o degli eventi che li hanno generati, i primi dieci numeri che raccontano, dal 2007 ad oggi le avventure dell'Accademia dello Scivolo e dei suoi componenti.

Banca di Oklahoma Story
a cura di Patrizia Gillo

Inaugurazione :

Giovedì 07 Novembre 2013 ore 18.00

Via Santa Marta, 19 – 20121 Milano

Dal 07 Novembre 2013 al 21 Dicembre 2013

Presentazione giornalino :

Giovedì 4 Dicembre 2013 ore 18.00

Via Santa Marta 19 – 20121 Milano

Orari : Mar – Sab 10.30 – 19.30

Domenica su appuntamento

Tel : 02 – 49437856

Cell : 392-9022843 / 392-9892621

www.studiovigato.com

info@studiovigato.com

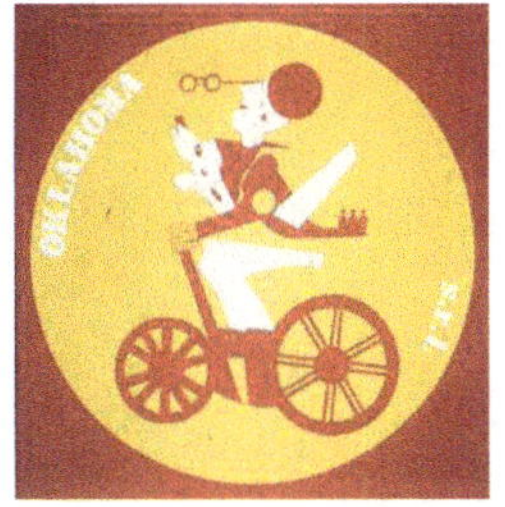

Lo Studio Vigato ha il piacere di presentare la mostra intitolata "Banca di Oklahoma Story", curata da Patrizia Gillo. su direzione di Loredana Parmesani.

La curatrice ha ricostruito le trasformazioni della Banca di Oklahoma, fondata da Aldo Spoldi, che, dopo essere stata presentata per la prima volta nel 1988 a Torino nella Galleria di Guido Carbone si è trasformata nel 1990 in "Oklahoma Srl" e mostrata allo Studio Casoli di Milano, divenendo infine BdO Ltd nel 1994.

Ideata e fondata dell'artista Aldo Spoldi la Banca di Oklahoma ha battuto moneta (Brunelli)acquistando opere di giovani artisti, ha fondato musei, prodotto automobili e biciclette da corsa (in collaborazione con la Ditta Bianchi), ha operato scalate e alla fine ha fatto bancarotta. Ma si è anche ripresa e ricomposta in una finanziaria che ha prodotto personaggi virtuali.

In mostra saranno esposti, oltre allo statuto, il marchio, l'assegno, le bolle di consegna e i brunelli, anche alcuni modellini, firmati da Accademia dello Scivolo e realizzati in scala 1/20, delle quattro automobili e delle biciclette esposte, queste ultime, nel 1993 al Groninger Museum in Olanda, nella mostra "Business Art-Art Business" curata da Loredana Parmesani e Frans Haks.

L'embrione della Banca di Oklahoma risale al 1975 quando Aldo Spoldi coordina un gruppo di giovani artisti, poeti e critici che col nome collettivo di Teatro di Oklahoma progettano e realizzano un libro-catalogo dove ogni partecipante può dare il proprio libero contributo.

Quindici anni dopo quegli intenti di "partecipazione allo spettacolo" trovano una più concreta via di attuazione nella trasformazione del Teatro di Oklahoma in Banca di Oklahoma (1988) che nel 1990 viene regolarmente e legalmente costituita col nome di Oklahoma S.r.l.

Già dal 1988 la Banca di Oklahoma inizia la coniazione di Brunelli, vere e proprie monete d'artista variabili nelle dimensioni e nei materiali su progetto degli artisti che collaborano con la Banca.

Nel 1996 la Banca di Oklahoma, dopo una serie di operazioni artistico-finanziarie, fra le quali la creazione di un museo, una scuderia automobilistica, una cantina, dà vita a quattro personaggi virtuali (l'artista Cristina Karanovic, il filosofo Andrea Bortolon, il critico Angelo Spettacoli, il fotografo Met Levi), affidando loro il compito di realizzare opere d'arte, testi critici, libri di filosofia, fotografie e molto altro ancora. Sono una banda virtuale che riprende lo spirito del gruppo che ha caratterizzato la formazione del Teatro di Oklahoma.

Ma è sul finire del postmoderno, all'inizio del nuovo secolo, che prende vita una nuova avventura artistica l'Accademia dello Scivolo che non solo si propone di concepire opere, ma si impegna a ricomporre il passato che ha reso possibile la sua costituzione.

In occasione di questa mostra l'Accademia dello Scivolo commissiona a Patrizia Gillo la ricerca e la catalogazione e la lettura critica delle opere e operazioni della Banca di Oklahoma, ricerca che verrà presentata in un numero speciale del giornalino dell'Accademia dello Scivolo dedicato alla Banca di Oklahoma Story.

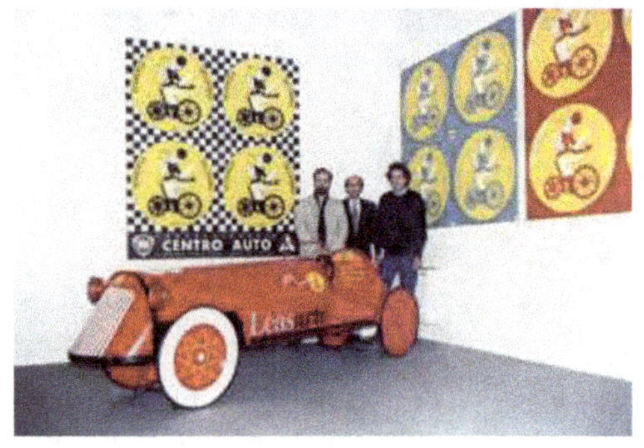

Esposizione della Banca di Oklahoma

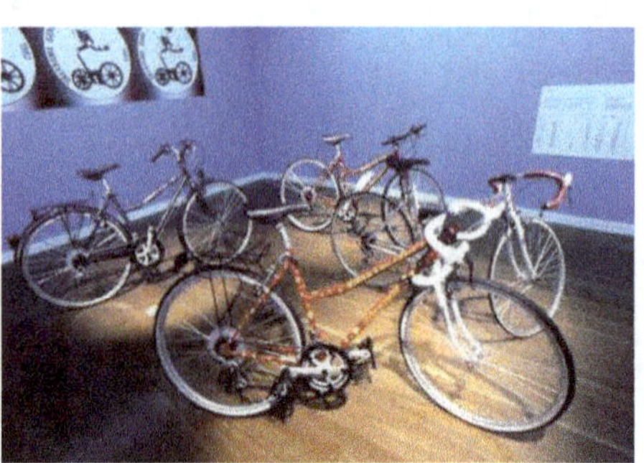

Esposizione al Groninger Museum

BANCA·DI·OKLAHOMA

Questo supplemento, pubblicato in occasione della mostra presso lo Studio Vigato di Milano, nasce come inserto al n. 0 del giornalino "L'Accademia dello Scivolo" edito nel 2012. L'inserto raccoglie una ricerca, commissionata dall'Accademia dello Scivolo a Patrizia Gillo e Loredana Parmesani, sulla storia della Banca di Oklahoma. La ricerca storica è arricchita da modelli in legno che ricostruiscono le automobili (Barone Rosso GT, Barone Rosso 2+2, Barone Rosso GP e Volpaia GT del 1990) e le biciclette realizzate nel 1993 dalla Oklahoma in collaborazione con la Ditta Bianchi (Corsa, Trekking, Sport e Arlecchina). L'inserto raccoglie opere, documenti, cataloghi, mostre, performance che il prestigioso gruppo umanistico/artistico, nato nel 1988 e terminato nel 2011 come S.P.A., ha elaborato e intende essere il catalogo della mostra presso lo Studio Vigato e che ha come finalità la ricostruzione delle opere prodotte dalla Oklahoma sotto forma di mini-oggetti, di plastici in legno, realizzati da Viscardi Modellistica, che sono stati finanziati dalla costituenda Accademia dello Scivolo con gli interessi maturati dall'acquisto dell'acqua, dei boschi, dei maiali.

Accademia dello Scivolo — Direttore Angelo Spettacoli - Ed. Studio VIGATO - Consulenza Loredana Parmesani - Grafica Studio PUBLICA
Copyright ©Angelo Spettacoli di A.S. - ACCADEMIA DELLO SCIVOLO, Novembre 2013

BANCA DI OKLAHOMA STORY

di Patrizia Gillo

"Comunque la Banca ha anche un lavoro produttivo reale, so infatti che avete prodotto le vostre monete…".
Helena Kontova in Flash Art

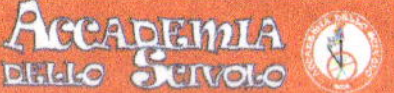

Vittoria Chierici, Lettering, 1989

La Banca di Oklahoma si distingue dagli altri gruppi artistici in quanto nel 1988 batte moneta, si tratta di un soldo chiamato Brunello. L'idea iniziale, teorizzata nel catalogo "Qui comincia l'avventura del Signor Bonaventura", edito dalla galleria Carbone di Torino nel 1988, è stata quella di emettere delle monete d'artista. In fondo si tratta di un multiplo d'artista finalizzato.

Una grossa e rotonda monete un po' Patafisica. In un primo momento ne sono state emesse tre, in tre differenti materiali e dimensioni: una firmata da Piero Gilardi in gommapiuma, una dai Plumcake in vetroresina e un'altra da Aldo Spoldi in terracotta. Coniate in una tiratura di cento esemplari ciascuna, rappresentano la fonte economica di scambio per l'acquisto di opere d'arte di giovani artisti e destinate alla costituzione del Museo Oklahoma. Ogni esemplare di moneta veniva scambiato al prezzo reale di un multiplo di analoghe dimensioni che il mercato artistico attribuiva ai singoli artisti. Il multiplo-soldo di Piero Gilardi veniva venduto a Lit.800.000, quello di Spoldi a Lit.600.000 e quello

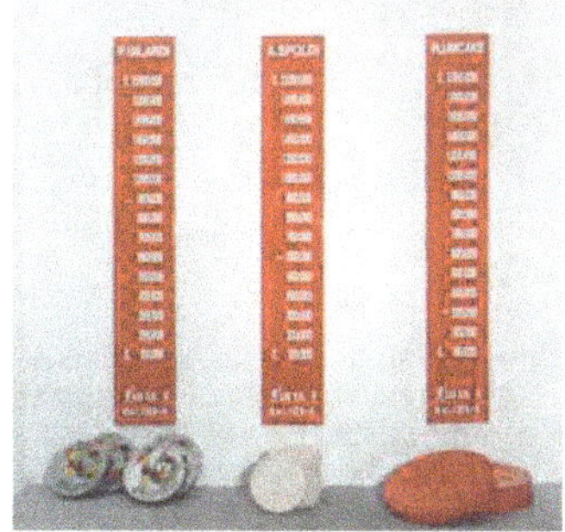
Banca di Oklahoma, Blue Chips, 1988

dei Plumcake a Lit. 500.000. Per sottolineare l'aspetto economico dei Brunelli in tempo reale venne realizzata un'opera, in due esemplari, intitolata "Blue Chips". La versione gialla è di proprietà di Bertozzi e Dal Monte Casoni, quella rossa di Enzo Palazzoli.

Nel 1989 vengono coniati e introdotti nel mercato altri due Brunelli in ceramica firmati da Bertozzi & Dal Monte Casoni. Lo stesso Mario Schifano, grazie alla mediazione di Cesare Manzo, realizzo per la Oklahoma il prototipo di una carta moneta che, per motivi incomprensibili, non venne mai stampata. Stessa sorte toccò al prototipo di Brunello elaborato da Maurizio Arcangeli.

"Per molti il Museo di Oklahoma è un gioco. Attenzione, non dicono: "Non è che un gioco" ma positivamente, che è proprio un bel gioco".
Luigi Grazioli in La Banca di Oklahoma
Dizionario enciclopedico

Museo Banca di Oklahoma, 1988-1990 Con le monete battute (Brunelli) la Banca di Oklahoma acquista le opere di Andy Warhol e Maurizio Cattelan. È significativo notare che il primo Brunello fu scambiato, grazie al gallerista Carboni, con un disegno di Pinot Gallizio, un artista che aveva in sé l'embrione ironico del Brunello. Basti pensare

all'opera "Rotolo di pittura industriale". In un solo anno, grazie al Brunello, la Oklahoma acquista in un solo anno le opere della maggior parte degli artisti emergenti degli anni 90: Stefano Arienti, Umberto Cavenago, Marcello Maloberti, Vittoria Chierici, Marco Mazzucconi, Tecnotest Srl, Pierluigi Pusole, Corrado Levi, Carlo Ferraris, Maurizio Arcangeli, Murizio Cattelan, Bruno Zanichelli, Salvatore Falci, Luis Frangella, Carlo Guaita, Ingold Airlines, Servaas & Zn, Massimo Kaufmann, Premiata Ditta, Alfredo Pirri, Carlo D'Angelo, Robert Longo, Mark Kostabi, Dokoupil, Annemarie Niebbering, Bertozzi & Dal Monte Casoni, Nokubo Majema, Mario Della Vedova, Alessio Franzoni, Wal, Gianni Colombo, Alighiero & Boetti, Mimmo Rotella, Salvo, Luigi Ontani. Una parte di tali opere verranno esposte nella mostra "Pony Express"curata da Ljsbrand Van Veeelen e Vincent Vlasblom e tenuta ad Horn (Olanda) nel 1990.

Spingendo a fondo la logica del ready made di Duchamp la Oklahoma espone così le opere di altri artisti come opera propria. Sarà proprio la costituzione di un Museo, finanziato con i Brunelli, ad attirare l'attenzione di Alvise Chevallard che ha reso possibile la futura srl. Nel 1989 Vittoria Chierici compone in un quadro il "Lettering per La Banca di Oklahoma" ricavando ogni singola lettera dai vari manifesti delle avanguardie artistiche. Il lettering verrà adottato come timbro e logo e accompagnerà tutte le avventure della Banca.

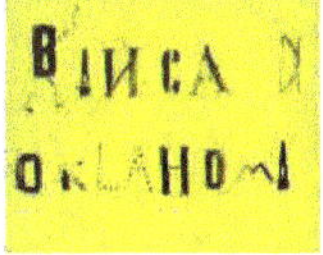

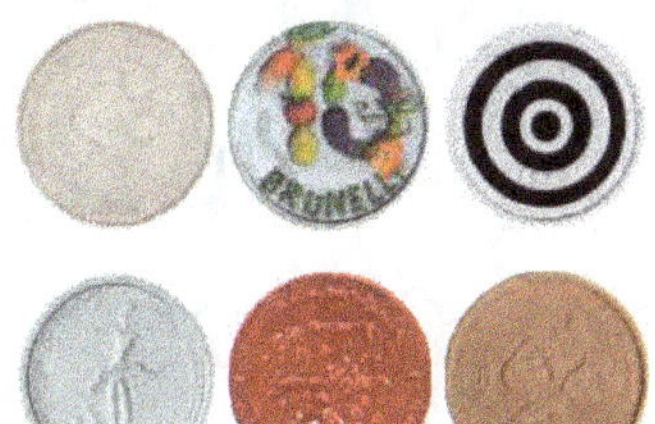
Banca di Oklahoma, Brunelli, 1988-1990

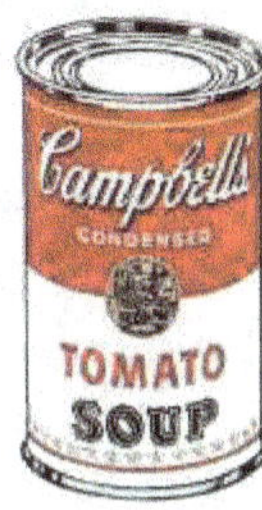
Andy Warhol, Campbell's Soup, 1964

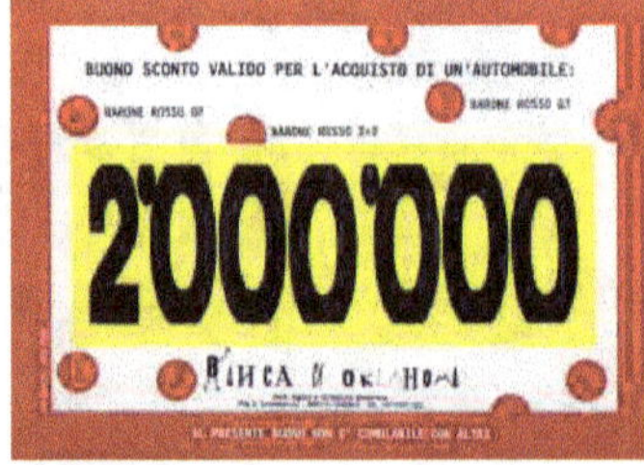

Banca di Oklahoma, Buono sconto, 1990

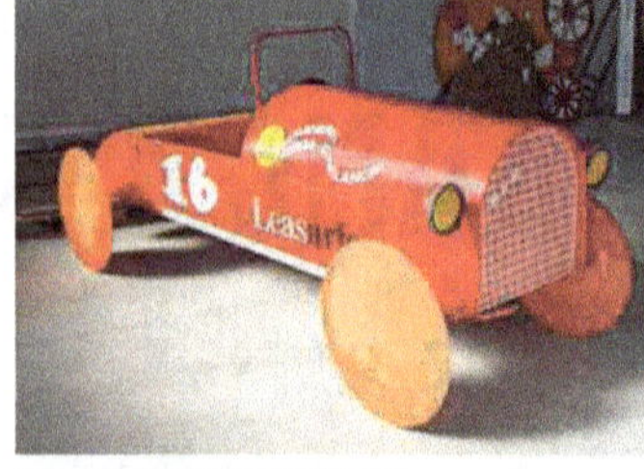

Banca di Oklahoma, Barone Rosso 2+2, 1989

Banca di Oklahoma, Assegno, 1990

"Perché non firmo le opere della Società? Ma è evidente, non c'è nulla di più ingenuo della firma. E' soprattutto la firma che ha dato vita al problema dei falsi, al contrario dei contratti, della bolla di consegna, della fattura, che davvero danno più garanzie".
Aldo Spoldi in *Comunicato Stampa, Galleria Casoli*

Banca di Oklahoma, Marchio Srl, 1989

Oklahoma Srl, 1990

Nasce la Oklahoma Srl con sede legale e direzione generale in Via S.Lorenzo 21 a Crema, con Capitale Sociale di Lit. 20.000.000 e Partita IVA 00953130192.

Nel 1990 le opere scambiate con i Brunelli vengono trasformate in capitale sociale per la costituzione della Srl. La società, composta dall'artista Aldo Spoldi, dal collezionista Giovanni Rossi, dall'avvocato Sergio Fiori e dal commercialista Vittorio Belviolandi, viene regolarmente iscritta alla camera di commercio. Espone il proprio statuto allo Studio Casoli di Milano nel 1990. Scritte a lettere cubitali, le finalità dello statuto ricordano quelle della società Patafisica resa però postmoderna e manageriale. La Srl intende essere un patabusiness che fa il verso al sistema dell'arte. Non occorre dimenticare che, solo l'anno prima, il presidente della Srl, Aldo Spoldi, aveva tenuto la mostra "La guerra dei bottoni " presso lo Studio Marconi di Milano, impegnata a dare forma e concetto alla scanzonatura e al cuccù.

La Oklahoma, cogliendo le affinità tra sistema dell'arte e mondo reale articola il suo operare in molteplici settori quali Museo, Scuderia, Cantina, Assicurazioni, Biciclette ed Editoria.

Compito principale è però quello di riprodurre se stessa. Serigraficamente riproduce lo statuto, i marchi, gli estratti conto, le bolle di consegna, i biglietti da visita, l'assegno dello sponsor Leasarte.

"Una volta, per suo gusto personale, Aldo Spoldi costruiva macchine da corsa. Erano quelle a forma di siluro, di sigaro, tipiche dei primi tempi della formula 1. Aveva anche fondato una scuderia che si chiamava Oklahoma"
Antonio D'Orrico, *2006*

Oklahoma Srl Scuderia, 1990 La scuderia produce auto da corsa. Nel 1990 ne produce quattro (tre erano già in cantiere ed esposte nel 1989 al Palazzo di Cristallo in una mostra a cura di Renato Barilli), il loro nome fa il verso alla prestigiosa Testa Rossa della Ferrari. Le prime tre si chiamano infatti "Barone Rosso", "Barone Rosso GT e "Barone Rosso 2+2", la quarta "Volpaia GT" e deve il suo nome al luogo in cui è stata presentata: il Castello di Volpaia nella mostra "Da zero all'infinito" a cura di Giacinto di Pietrantonio. Non son belle e vere come quelle di Salvatore Scarpitta, sono dei giocattoloni Patafisici e assomigliano ai rotondi giochi e alle comiche fantasie dei bambini in cerca di sponsor. Anche se la "Volpaia GT" raggiunge i 180 km orari rimane un'auto soprattutto comica.

Per fabbricare un'automobile ci vuole un'organizzazione, una banda di volontari: è necessario che ci siano un ingegnere, un fabbro, un carrozziere, un decoratore e un finanziatore, ma anche un supervisore critico. La Srl li trova: in Giovanni Rossi, Renzo Nidasio, Gianpiero Polla, Vittorio Beltrame, Luigi Koelliker, Giorgio e Giò Marconi, Loredana Parmesani. La scuderia ha elaborato, su suggerimenti grafici di Gigi Piola, un marchio apposito che è stato serigrafato.

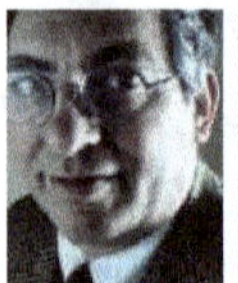

Alvise Chevallard

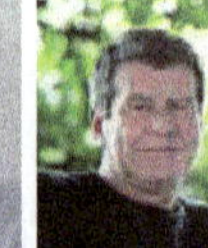

Lino Baldini

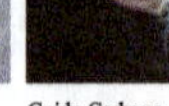

Guido Carbone

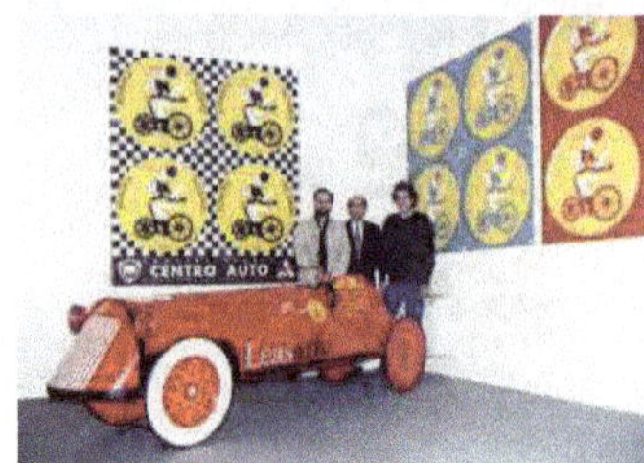

Banca di Oklahoma, Istallazione Placentia Arte, 1991

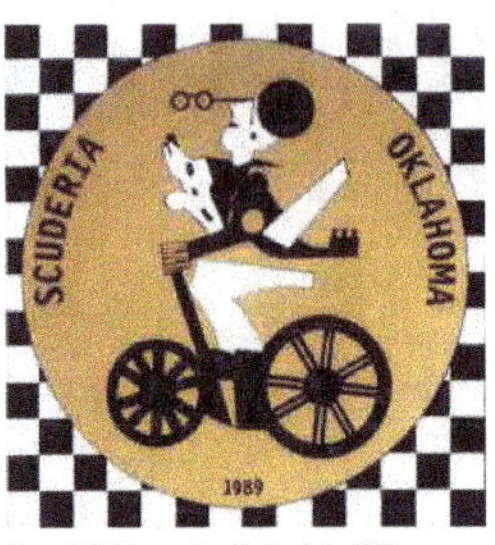

Banca di Oklahoma, Marchio Scuderia, 1989

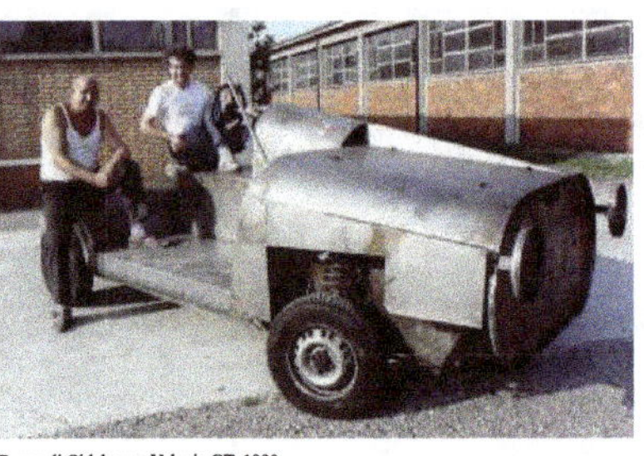

Banca di Oklahoma, Volpaia GT, 1990

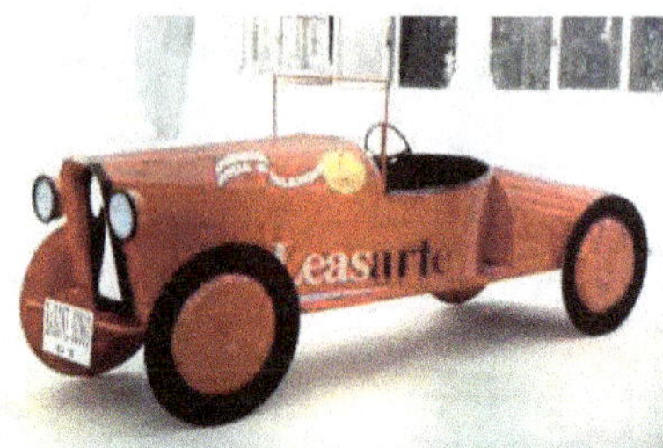

Banca di Oklahoma, Barone Rosso GT, 1989

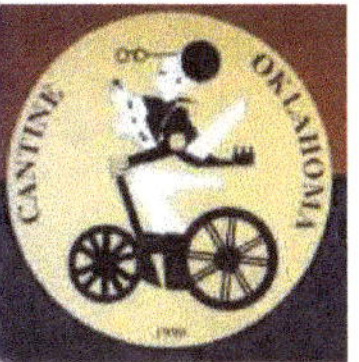

Banca di Oklahoma
Marchio Cantina, 1990

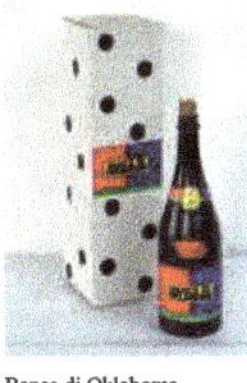

Banca di Oklahoma
Bottiglia e Packaging, 1990

Oklahoma Srl Cantina, 1990 Si stampa denaro nuovo e cento Brunelli in terracotta di Aldo Spoldi entrano nel sistema dell'arte. E' la produzione di 180 bottiglie in ceramica con relativa etichetta e packaging. A curare l'immagine del tutto è l'art director Gigi Piola e La Bottega dei Vasai di Corso San Gottardo 24 di Milano la produce e distribuisce. In tale occasione il marchio viene ridisegnato da Gigi Piola e poi serigrafato. Inoltre, alla Bottega dei Vasai è stato stampato denaro fresco e coniata una seconda emissione di Brunelli di Aldo Spoldi.

Oklahoma Srl Assicurazioni, 1991 E' nata in occasione della mostra "Special Offert" della Int. Fish-Handel Servaas & Zn. allo Stedelijk Museum di Amsterdam nel 1991 e in collaborazione con il broker assicurativo Assieb del gruppo Nikols di Milano. La Oklahoma Srl realizza una grande tela plastificata sulla quale viene riprodotto l'atto assicurativo della "Balena" di Servaas & Zn. esposta al museo.

Oklahoma Srl La panchina da Sponsor, 1992 Grazie alla gallerista Bianca Pilat e al critico d'arte Achille Bonito Oliva, la Oklahoma Srl realizza il prototipo di una panchina metallica per la Coca Cola. Ne verranno in seguito realizzate una decina di esemplari destinate a nuovi sponsor. Particolarmente ricercata è quella con lo sponsor "Ilco".

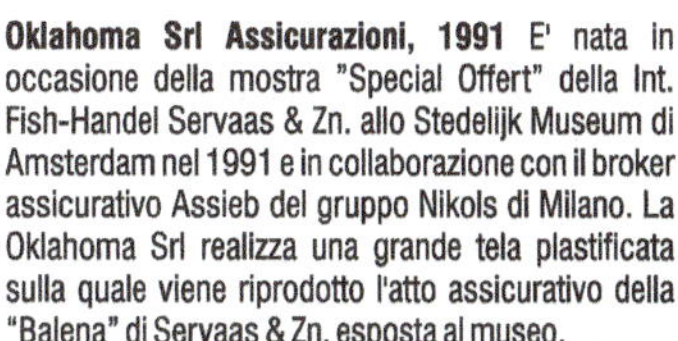

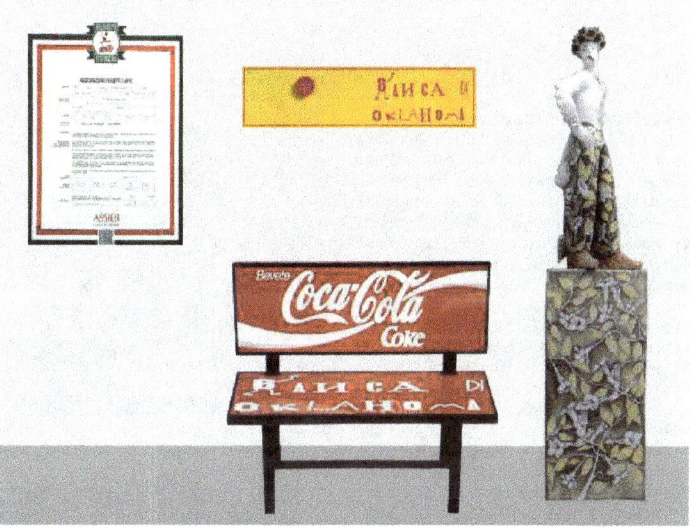

Installazione a cura dell'Accademia dello Scivolo, 2013

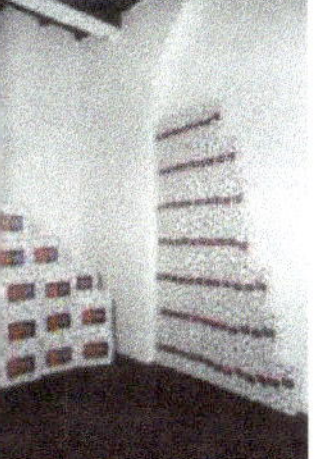

Banca di Oklahoma, Cantina, 1990

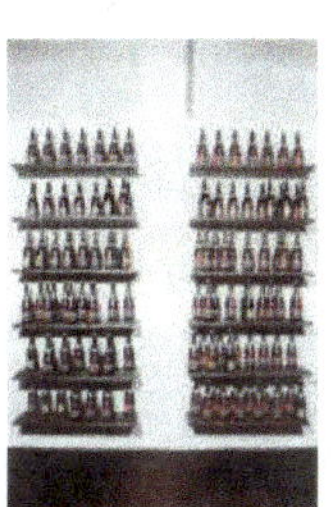

Banca di Oklahoma, Cantina, 1990

"Take Over, ovvero la scalata economica che mette in atto la Oklahoma Srl, compiendo operazioni reali di Absolute Politik, ovvero sugli artisti in mostra".
Manuela Gandini

Take Over. La scalata, 1990 A cura di Luciano Inga-Pin, Emanuela Gandini e Loredana Parmesani. Colonia, Milano, Los Angeles, New York. Nel 1990 la Oklahoma Srl riprende i contatti con Luciano Inga-Pin (il gallerista che nel 1978 aveva esposto per la prima volta il Teatro di Oklahoma). La sua galleria diviene in quell'anno un luogo pullulante di idee e di incontri, dove si riuniscono Alessandro Giana, Name Diffusion, Oklahoma Srl, Premiata Ditta Sas, Tecnotest. E' qui che le ditte-artista suscitano l'interesse di Franz Haks e in questa galleria Loredana Parmesani ed Emanuela Gandini fanno incontrare l'Oklahoma Srl con il Gallery Srl rappresentata da Milli Gandini. Le due società associate danno vita, per mezzo di contratti con vari artisti (Alessandro Giana, Carlo Buzzi, Marco Cingolani, Maurizio Cattelan) ad una scalata di creatività ironicamente manageriale. Per la mostra "Take Over" la Oklahoma Srl intende produrre una grande scultura-fischietto in lamiera verniciata, dove verrà impresso il marchio di Alessandro Giana e il lettering di Carlo Buzzi, mentre l'artista Marco Cingolani s'impegna a realizzare l'immagine pubblicitaria e l'artista Maurizio Cattelan, personalmente o tramite la Cooperativa Romagnola Scienziati, a riprodurre il tutto serigraficamente.

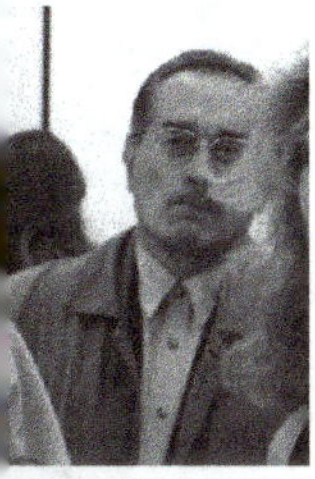

Luciano Inga-Pin

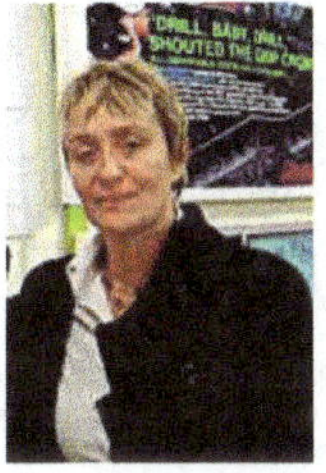

Manuela Gandini

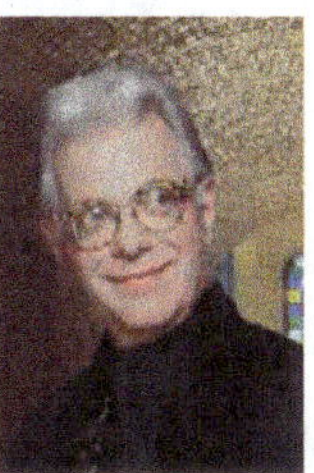

Frans Haks

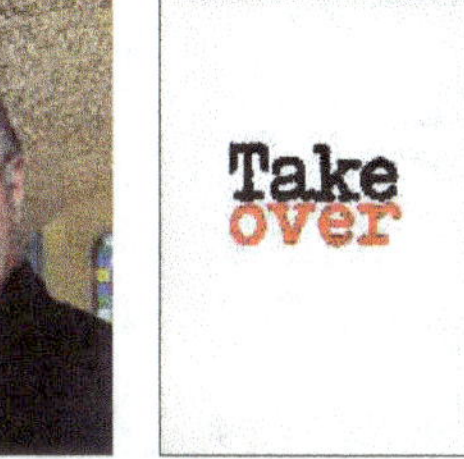

Catalogo Take Over

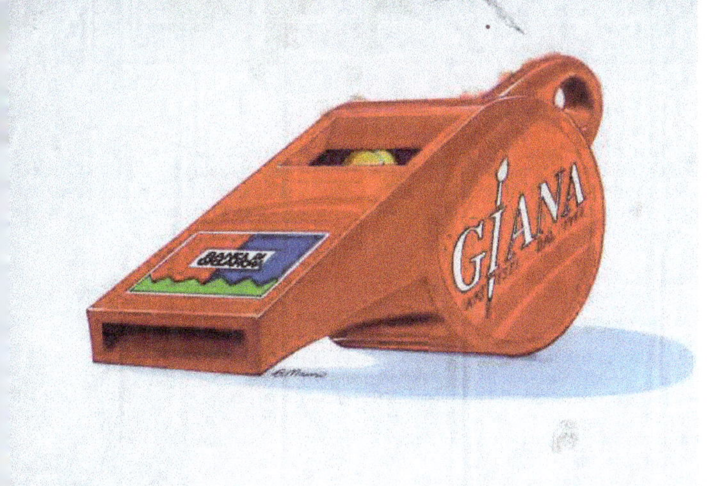

Banca di Oklahoma, Fischietto, disegno di Alberto Mansi, 1990

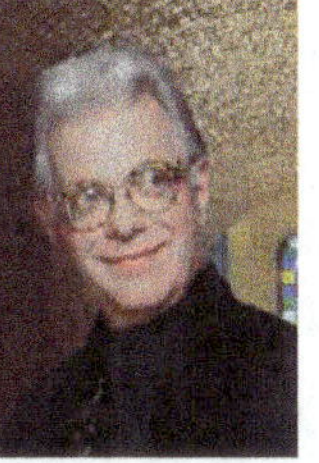

Banca di Oklahoma, Packaging, di Alessandro Giana, 1990

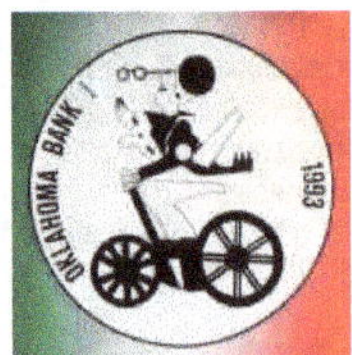

Banca di Oklahoma, Marchio Italia

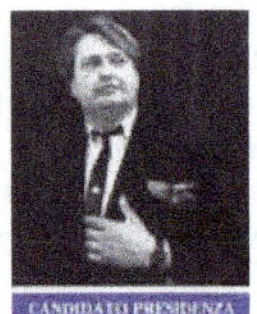

Banca di Oklahoma
Adriaan Torch

"Quando la quantità trasforma tutto, solo il cambio non cambia"
Marco Senaldi *Catalogo Groninger Museum*

Oklahoma Srl Biciclette Bianchi, 1993 La sala che l'Oklahoma Srl ha allestito nel 1993 al Groninger Museum (Olanda), in occasione della mostra "Business Art-Art Business", a cura di Frans Haks e Loredana Parmesani, ruota attorno alla presentazione dei quattro prototipi di bicicletta realizzati in collaborazione con la prestigiosa ditta Bianchi. In realtà si tratta di un unico telaio con quattro possibilità: corsa, trekking, sport, arlecchina. In un primo momento si pensava di industrializzarli e produrli in un numero limitato di esemplari e di distribuirli in Italia attraverso la galleria Luciano Inga-Pin di Milano e in Olanda dalla galleria Torch di Amsterdam. Per la prima volta la Srl è impegnata nella realizzazione e nella distribuzione di un oggetto industriale. Tutto ciò ribalta il grande racconto moderno che interpreta il museo come spazio metafisico. A tale proposito il Presidente della Srl afferma: "Ho cercato di riattivare la ruota di bicicletta di Marcel Duchamp, di riportare la bella ruota nella vita quotidiana. Di ridarle un uso inevitabilmente patafisico. La nostra Srl e l'ingegnere Fabio Bellotti della Bianchi (grazie a Paola Tognon che crea l'incontro) partendo dalla bella e ironica ruota di Duchamp hanno rielaborato una bicicletta che prodotta e distribuita sia patafisicamente concorrenziale al mercato internazionale e contemporaneamente esemplare nella storia delle forme artistiche". In tale occasione viene editato in bianco rosso e verde il marchio Oklahoma Italia. Una

serigrafia in 40 esemplari stampata su alluminio da Davide Tedoldi. Una serigrafia-bandiera tricolore dedicata a Bartali e Coppi che per vincere le loro gare utilizzarono biciclette Bianchi.
Inoltre, venne pubblicata la brochure "Quando la qualità trasforma tutto, solo il cambio non cambia" con interventi di Paola Tognon, Marco Senaldi, Mauro Frattesi e Aldo Spoldi, con le fotografie di Maurizio Grisa e l'impaginazione grafica di Gigi Piola.

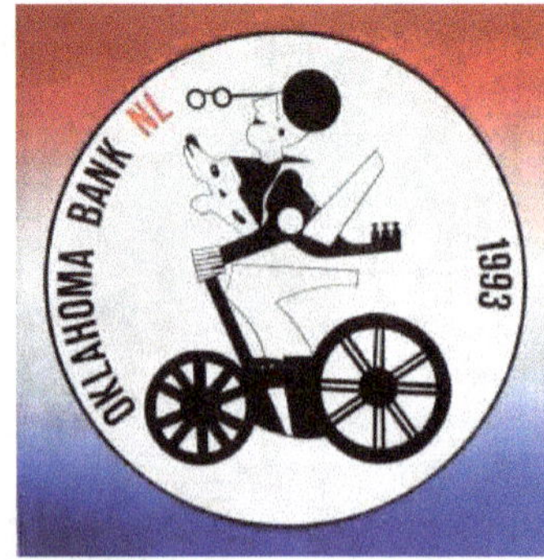

Banca di Oklahoma, Marchio Olanda

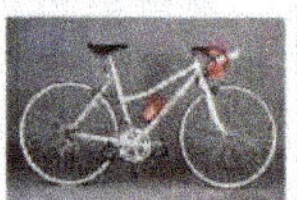

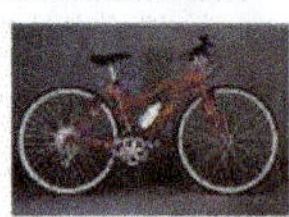

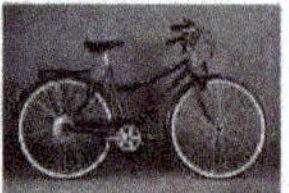

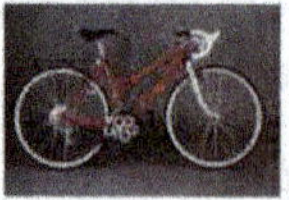

Banca di Oklahoma, Catalogo Biciclette, 1993

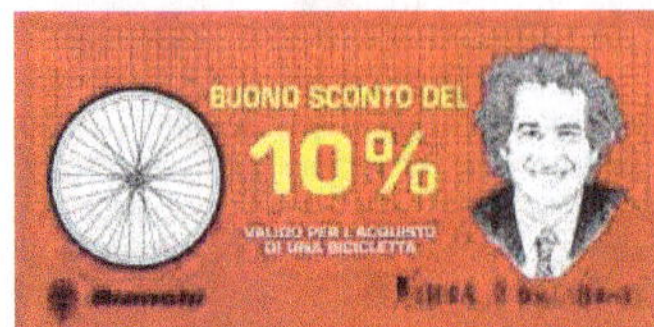

Banca di Oklahoma, Buono sconto, 1993

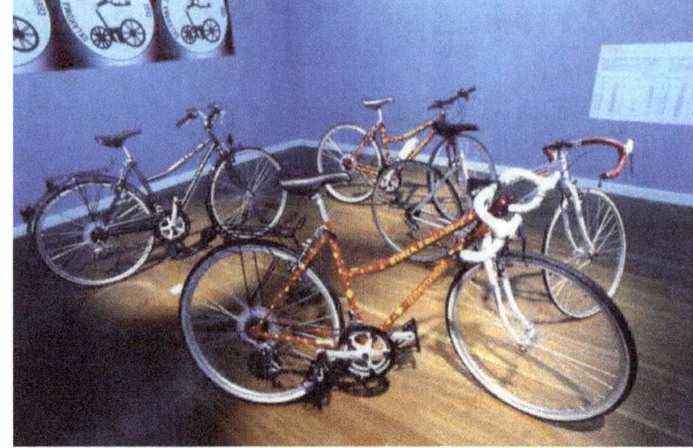

Banca di Oklahoma, Installazione Groninger Museum, 1993

La chiusura della Oklahoma Srl Il Comodato, 1993
Nel momento di maggior successo (sono in trattativa le mostre personali al PAC di Milano e al Museo d'arte moderna di Bergamo) l'Oklahoma Srl per motivi interni alla società viene messa in liquidazione. Tanto le opere prodotte che quelle acquistate sono a rischio di entrare nel mercato. Il Presidente riesce a ritirare quasi tutto, deve però cedere l'opera di Maurizio Arcangeli, quella di Marco Mazzuconi e di Alfredo Pirri. Inoltre verrà ceduto il prototipo del

Banca di Oklahoma, Comodato, 1993

Brunello realizzato da Mario Schifano.
La società, che è stata la capofila di una generazione di artisti-ditta, presa dalla disperazione cede in comodato una parte delle opere della sua collezione al Museo di Crema.

"E' stato il desiderio di tutte le società-artista divenire una S.p.A. Solo la Banca di Oklahoma, con eccellente qualità formale, ci riuscì".
Angelo Spettacoli *conferenza*

BDO Limited. La Ripresa, dicembre 1994 In meno di un anno di distanza dal fallimento della Oklahoma srl il presidente riesce, grazie al giovane finanziere Daniele Bevacqua, a trasformare la disfatta nella realizzazione di un progetto che è stato il sogno di tutte le società artista: la costituzione di una Spa. La BDO è una finanziaria a tutti gli effetti che sostituisce la stampa del patafisico denaro (Brunello) con una

altrettanto patafisica azione.
L'Azione è infatti una serigrafia disegnata dall'artista Aldo Spoldi che calcolata al valore di cento mila lire dà alla società un importante valore finanziario. La società è formata da Aldo Spoldi, Loredana Parmesani, Daniele Bevacqua, Monica Marongiu.
Nel 1996 emetterà un bando di concorso rivolto agli studenti della Accademia di Belle Arti di Brera per la produzione dell'artista virtuale Cristina Show.

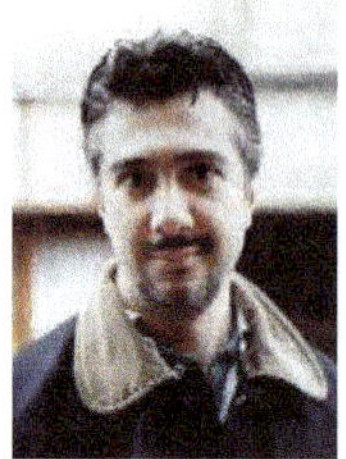

Daniele Bevacqua

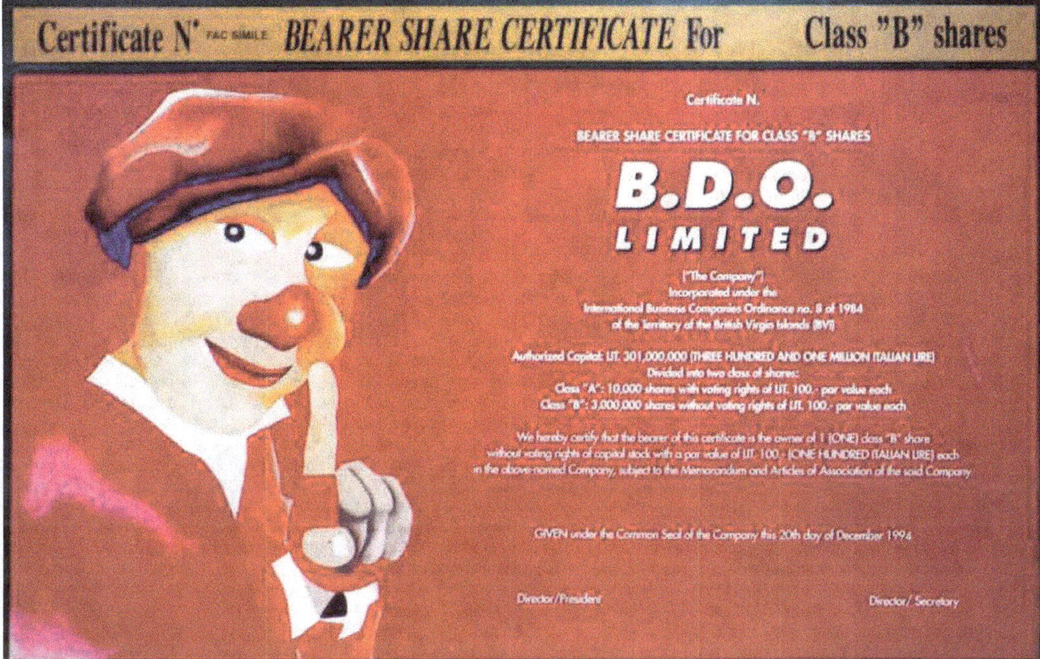

BDO Limited, Azione, 1994

Per la realizzazione di incisioni a tecnica calcografica

Bando di Concorso

Banca di Oklahoma, Buono sconto, 1993

Oklahoma Srl

Mostre personali
1989 Qui comincia l'avventura del Sig. Bonaventura, Galleria Carbone, Torino.
Dimmi chi ti mangia e ti dirò chi sei presso, Celle Art Spaces, Prato.
1990 Studio Casoli, Milano.
1991 Placentia Arte, Piacenza.
1993 Corporate Identity (con Ingold Airlines e Servaas & Zn.)Toorch Galerie, Amsterdam.
Comodato, Museo Civico, Crema.

Mostre collettive
1986 New Polverone, a c. di C. Levi, Castello di Volpaia.
1988 Da Zero all'Infinito, a c. di G. Di Pietrantonio e L. Parmesani, Castello di Volpaia.
1989 Scritture per l'Arte, a c. di L. Parmesani, Ex Museo Biscari, Palermo.
1990 Moving Stills, a c. di I. Van Veelen e A. Van der Have, KunstRai '90, Amsterdam.
For real now, a c. di V. Vlasblom e I. Van Veelen, Hoorn.

Per mare, per cielo e per terra, a c. di G. Di Pietrantonio, Castello di Volpaia.
Absolute Politik, a c. di L. Inga Pin, M. Gandini e L. Parmesani, Galleria Inga Pin, Milano.
Italia 90: Ipotesi Arte Giovane, a c. della redazione di "Flash Art", Ex Fabbrica del Vapore, Milano.
Take Over, a c. di M. Gandini e L. Parmesani, Krigier/Landau Gallery, Los Angeles.
1991 Take Over, a c. di M. Gandini e L. Parmesani, Gallery, New York.
Int. Fi$h-handel Servaas & Zn., Stedelijk Museum, Amsterdam.
Torch Galerie, Amsterdam. Briefing, Galleria Luciano Inga Pin, Milano. Oklahoma s.r.l., a c. di R. Daolio, Forlì.
Arte contemporanea: siamo qui e stiamo facendo, a c. di M. Apa, G. Di Pietrantonio e G. Perretta, Castellafiume.
Arte Italiana 1960-1990, a c. di G. Perretta, Catania.
1992 Imprese Mediali, a c. di G. Perretta, Galleria Forum, Roma.
Retablo, a c. di G. Perretta, L. Parmesani e E. Gazzola, Palazzo Gotico, Piacenza.
Cocart, a c. di A. Bonito Oliva e B. Pilat, Galleria Bianca Pilat, Milano. Ottovolante, a c. di G. Perretta, Museo Carrara, Bergamo (in Brainstorm di Premiata Ditta S.a.s.).
Medialismi, a c. di G. Perretta, Tivoli. Discounts, Torch Galerie, Amsterdam.
1993 Business Art - Art Business, a c. di F. Haks e L. Parmesani, Groninger Museum, Groningen.
Patchworking, Bologna. Medialismo, a c. di G. Perretta, Trevi Flash Art Museum, Trevi.
Art is Life, a c. di F. Piqué, Museo dell'Automobile, Torino. Art & Fashion, Galleria Massimo De Carlo, Bologna.
1994 Ars Lux, a c. di S. Grandi, Bologna.
1996 L'estetica, l'economia, la necessità, a c. di L. Parmesani, Castel San Pietro Terme.
Design and Identity, a c. di A. Mendini, Lousiana Museum of Modern Art, Humlebeak.
Nel segno dell'angelo, Galleria Bianca Pilat, Milano.
Nel segno dell'angelo / Sign of angel, Bianca Pilat Contemporary Art, Chicago.
The Angel in Contemporary Art, Design and Advertising, J.D. Carrier Art Gallery, Columbus Center, in contemporanea con l'Istituto Italiano di Cultura, Toronto.
Esperienza della saggezza, a c. di A. D'Avossa, ex Ospedale Psichiatrico Osservanza, Imola.
1997 Design and Identity, a c. di A. Mendini, Museum of Decorative Art and Design, Ghent.
Sous le signe de l'Angle dans l'art, le design et la pubblicité, Chapelle Historique, Montreal.
Ti ricordi gli anni Ottanta, a c. di M. Meneguzzo, Padiglione d'Arte Contemporanea, Milano.

Libri
Di Tursi Marilena, Marino Antonella (a cura di), Marchio di fabbrica, atti del convegno, Tecnopolis, Valenzano, 1994
Frey B., Pommerehne, Muse e mercati, Oxford 1989, Trad. italiana Il Mulino, Bologna, 1991
Gillo Patrizia, (a cura di), Teatro di Oklahoma, Crema, 1975
Grazioli Luigi, La Banca di Oklahoma - Dizionario enciclopedico, Edizioni Bacacay, Fara d'Adda, 1991
Oklahoma s.r.l. Verbale di assemblea, edizioni Pulcinoelefante, 1992
Parmesani Loredana (a cura di), Art & Co., Politi, Milano, 1993
Spoldi Aldo, Il museo degli umoristi, Bollate, 1994
Spoldi Aldo, Oh bella ciao!, Crema, 1986
Vettese Angela, Investire in arte, Il Sole 24 Ore Libri, Milano, 1991

Cataloghi
AA.VV. (a cura di) Haks Frans, Parmesani Loredana, Business Art - Art Business, Groninger Museum di Groningen, Politi, Milano, 1993
AA.VV. Oklahoma s.r.l., Comodato, Museo Civico di Crema, 1993
Arbalzar P., Art et Pubblicité: vers l'accessoirisation de la vie?, Art & Pub, Centre Geoges Pompidou, Paris, 1990
Baldassari A., Du commerce des signes, Art & Pub, Centre Geoges Pompidou, Paris, 1990
Cameron Dan, Desir par procuration, Centre d'Art Contemporain, Meymac, 1990
Deitch Jeffrey, Die Kunstindustrie, Metropolis, Berlin, 1991
Gazzola Eugenio, Parmesani Loredana, Perretta Gabriele, Retablo, Palazzo Gotico, Piacenza, 1992
Manuela Gandini, Loredana Parmesani, Take Over, Milano, Los Angeles, New York, 1990
Inga-Pin Luciano, Orologi da polso, in Take Over, Los Angeles, 1990
Haerdter M., Chaos, D&S, Hamburg, 1989
Parmesani Loredana, L'estetica, l'economia, la necessità, Castel S. Pietro Terme, 1996
Peretta Gabriele, Medialismo, Trevi Flash Art Museum, Politi, Milano, 1993
Perretta Gabriele, Imprese mediali, Galleria Forum, Roma, 1992
Perretta Gabriele, Medialismi, Tivoli, 1992
Perretta Gabriele, Oklahoma s.r.l., Galleria Placentia Arte, Piacenza, 1991
Perretta Gabriele, Ottovolante, Museo Carrara, Bergamo, 1992
Jerome Sans, Des emblemes comme Attitudes, E.R.S.E.P. Tourcoing, 1988
Schwinenbraten J., Wrom, D&S, Hamburg 1989
Spoldi Aldo, Dimmi cosa mangi e ti dirò chi sei, Celle Art Spaces, Prato, 1990
Spoldi Aldo, Qui comincia l'avventura del Sig. Bonaventura, Galleria Massimo Carbone, Torino, 1989

Articoli
AA.VV., Zwischen Formen, in Wolkenkratzen, n. 6, 1989
Bartelink N., Business Art and Art Business, in Artforum International, n. 17, 1993
Bourriaud Nicolas, The signature game, in Flash Art International, november-december, 1990
Carmagnola Fulvio, Sguardi miopi su un mondo complesso, in Flash Art, n. 155, 1990
Carmagnola Fulvio, Senaldi Marco, Arte, Organizzazione & Complessità, in Flash Art, n. 163, 1991
Carmagnola Fulvio, Marco Senaldi, Art organizations and complexity, in Flash Art International, n. 159, 1991
Decter J., De-CCoding the Museum, in Flash Art, n. 155, 1990
Gandini Manuela, Parmesani Loredana, La scalata dell'arte, in Flash Art, n. 159, 1990
Lotriger S., La terza ondata, in Flash Art, n. 161, 1991
Kontova Helena, Oklahoma srl, in Flash Art, n. 155, 1990
Parmesani Loredana, L'infedeltà dell'arte: il logo, in Flash Art, n. 156, 1990
Parmesani Loredana, Crisi: istruzioni per l'uso, in Flash Art, n. 169, estate 1992
Parmesani Loredana, Più vero del vero, in Flash Art, n. 168, 1992
Rovesti F., Economia d'artista, in La Prealpina, 18 novembre 1990
Senaldi Marco, Absolute Politik, in Flash Art, n.159, 1990
Spoldi Aldo, Readymades Belong to Everyone, in Flash Art, n. 169, estate 1992
Testi C., Metti il fax in cornice, Il Mondo, 29 ottobre 1990
Wahler Marc-Olivier, Rapports d'entreprises, in Art Press, n. 230, 1997
www.luxflux.org

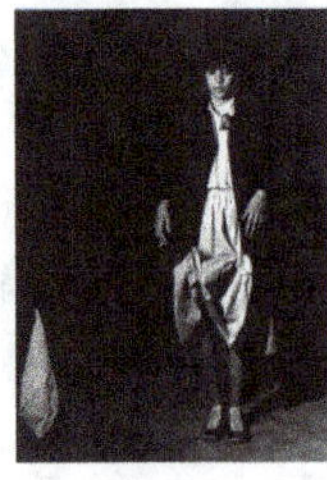

Patrizia Gillo

Nata nel 1957 in India da madre francese e padre operaio, a quattro anni si trasferisce nel piccolo paese di Madignano (CR).
Cresciuta ed educata nella cultura famigliare sui testi di Marx, Adorno e Reich, fin da adolescente partecipa attivamente alla redazione della rivista "Trieb" divenendo poi direttrice della rivista "Jim International".
Nel 1975 scrive l'introduzione al libro "Teatro di Oklahoma" (edizione "Trieb" e distribuzione "Banco" di Brescia) dove, mossa da intenti ludici, sembra dire con Foucalt, Derrida, Barthes, che non ci sono fatti ma solo interpretazioni.
Condividendo con il postmoderno lo slancio sincero della condanna dello statuto classico del sapere, scrive l'ultimo numero di "Trieb". In occasione della mostra "Trasversalità e luogo del disegno politico" organizzata da Gianni-Emilio Simonetti e tenuta allo Studio Marconi nel 1977, scrive con uno stile leggendario, colto, ironico e sfacciato un testo dove congiunge il materialismo storico alla rivoluzione al piacere del testo. Ma la caduta del grande racconto marxista, che avviene nel 1977, e in particolare il realizzarsi del postmoderno nella società civile, le procura una profonda crisi spirituale che coincide con il suo ritiro a vita privata. Riappare nel 2001 quando incontra la favola pura, prodotta da una Spa postmoderna, l'artista virtuale Cristina Karanovic e il filosofo Andrea Bortolon, alla ricerca di un corpo. Partecipa così alla costruzione della "Panchina-vite", un'opera scultura-natura che sarà l'archetipo della progettazione dell'Accademia dello Scivolo.

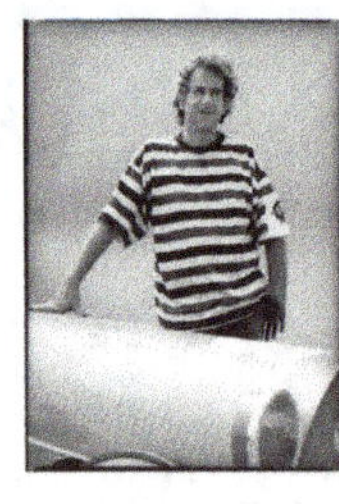

Aldo Spoldi

Nato a Crema nel 1950 dove vive e lavora. Studia al liceo artistico Beato Angelico e all'Accademia di Belle Arti di Brera a Milano. Artista ironico, ludico e teatrale, è pittore, scultore, musicista, scrittore e docente all'Accademia di Brera.
Lo sviluppo della sua attività coincide con la trasformazione dell'arte e della società, ognuna delle quali si rispecchia nelle varie fasi del suo lavoro.
Nel 1968, l'anno della contestazione giovanile e del marxismo dilagante, raggruppa una banda composta da compagni di liceo, un gruppo di vivaci schernitori che realizzano burlesche performance facendo marameo nelle pubbliche vie di alcune città.
Nel 1977, l'anno della caduta del marxismo e della nascita del postmoderno, costituisce il Teatro di Oklahoma ed inizia la sua attività pittorica caratterizzata da immagini teatrali. Nel 1988 e negli anni dell'immaterialità finanziaria, trasforma l'umanistico Teatro di Oklahoma in Banca, in Srl ed infine in B.D.O. Ltd.
Nel 1996, mentre si costituisce l'Europa Unita e Internet velocemente si diffonde, produce tramite la B.D.O. Ltd. come progetto didattico i personaggi virtuali (l'artista Cristina, il fotografo Met, il filosofo Andrea e il critico Angelo) e pubblica i libri "Lezioni di educazione estetica", "Cristina Show - Frammenti di vita", "Lezioni di filosofia morale".
Nel 2007, l'anno della grande crisi finanziaria e della ricerca di una nuova concretezza, progetta la costituenda Accademia dello Scivolo e nel 2011 pubblica il libro del filosofo Andrea Bortolon " Un Dio non può farsi male".

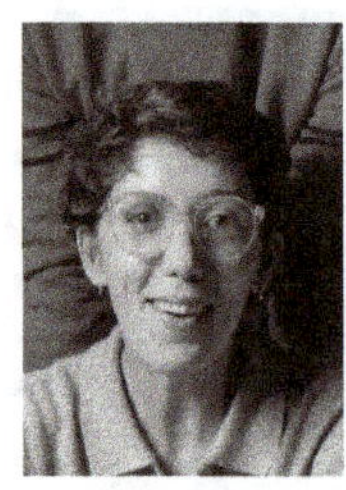

Loredana Parmesani

Critico e storico dell'arte, è autrice di pubblicazioni sull'arte contemporanea, tra cui "I colori della notte" (Politi, 1987), "Arte & Co" (Politi, 1993), "L'arte del secolo" (Skira, 1997), "L'arte del XX secolo e oltre" (Skira, 2012) tradotti in svariate lingue, oltre che di numerosi saggi su libri e riviste. Ha organizzato e collaborato alla realizzazione di numerose mostre in Italia e all'estero tra cui: "Registrazione di frequenze", Bologna, "XI Quadriennale", Roma, "Take Over", Milano, Los Angeles, "Business Art-Art Business", Groningen, Padiglione italiano, "XLV Biennale", Venezia, "Milano anni novanta", Milano, "Critica in opera", Castel San Pietro, "Arte per tutti", Codogno.
Insegna Storia dell'arte moderna e contemporanea presso l'Istituto Europeo di Design, Sociologia dei processi culturali presso l'Accademia di Belle Arti di Brera e Estetica presso la Civica Scuola d'Arte drammatica "Paolo Grassi". Tiene corsi e seminari in numerose università italiane.

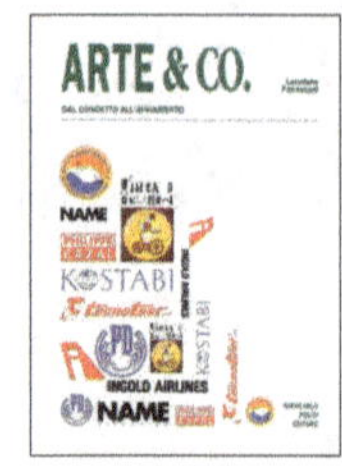

Loredana Parmesani, Arte e Co
Giancarlo Politi editore, 1993

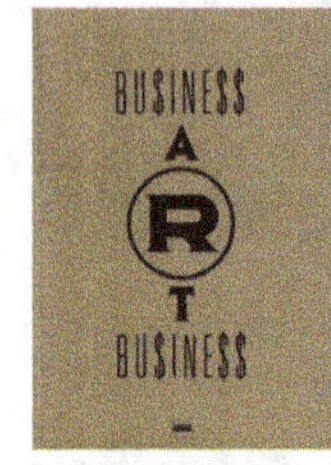

Loredana Parmesani, Business Art Business, *Flash Art Books, 1993*

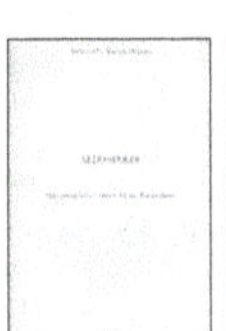

Aldo Spoldi
"Qui comincia l'avventura del signor Bonaventura"
Ed. Guido Carbone, 1989

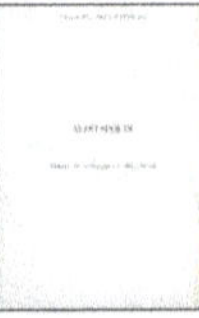

Aldo Spoldi
"Dimmi chi ti mangia e ti dirò chi sei"
Ed. Giuliano Gori, 1990

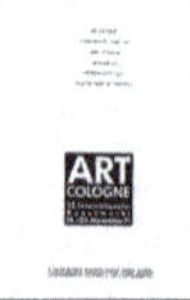

Luciano Inga-Pin
"Art Cologne"
Ed. Luciano Inga Pin, 1991

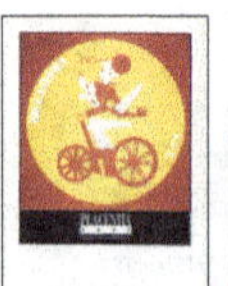

Gabriele Perretta
"Oklahoma Srl"
Ed. Placentia Arte, 1991

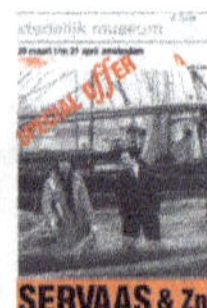

Ijsbrand Van Veelen
"Special offer"
Ed. Stedelijk Museum, 1991

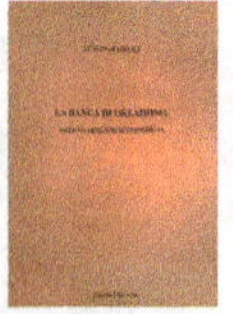

Luigi Grazioli
"La Banca di Oklahoma"
Dizionario Enciclopedico
Ed. Bacacay, 1991

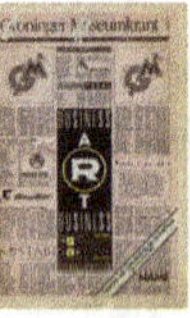

"Business Art Business"
Giornale
Ed. Groninger Museum, 1993

Paola Tognon - Mauro Frattesi Marco Senaldi - AldoSpoldi
Ed. Oklahoma Srl, 1993

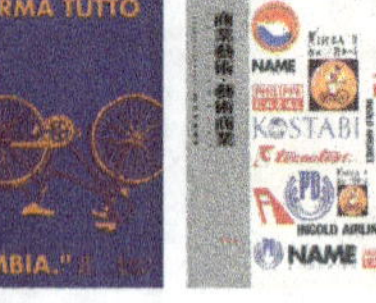

Loredana Parmesani, Arte e Co
Edizione cinese, 1996

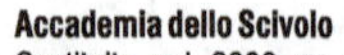

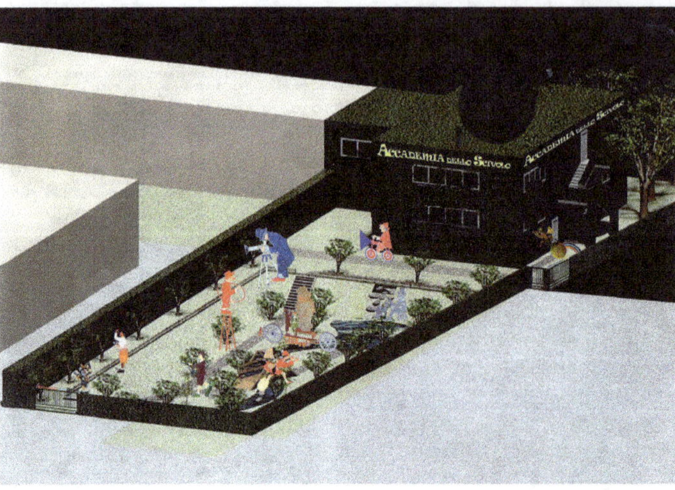

Accademia dello Scivolo

Accademia dello Scivolo

Costituita nel 2008 su suggerimento di Angelo Spettacoli, dopo il fallimento della Banca di Oklahoma, ne è direttore Aldo Spoldi e ha sede nel suo studio di Bagnolo Cremasco.
Finalità della scuola è la riprogettazione e la riproduzione delle identità dei personaggi virtuali, dopo la crisi finanziaria del 2007.
Finanziata con gli interessi maturati sugli strumenti finanziari acquistati in contanti da Cristina Karanovic, Andrea Bortolon, Angelo Spettacoli e Met Levi, si pone come un onirico sfidante creativo dell'Accademia di Belle Arti di Brera.
La sua prima produzione è del 2011 e consiste in un Camper concepito come un mini sistema dell'arte che incorpora in sé artista, critico, collezionista, museo, pubblico, teatro e aspira ad essere un'opera d'arte aperta, un teatro ambulante tra le piazze delle città italiane. E' un grande quadro progettato per rivestire un Camper la cui finalità è quella di realizzare una tournée e come obiettivo quello di mettere in scena, di piazza in piazza, una "nuova nuova" commedia dell'arte.

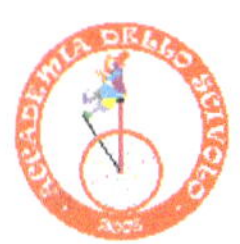

BANCA DI OKLAHOMA

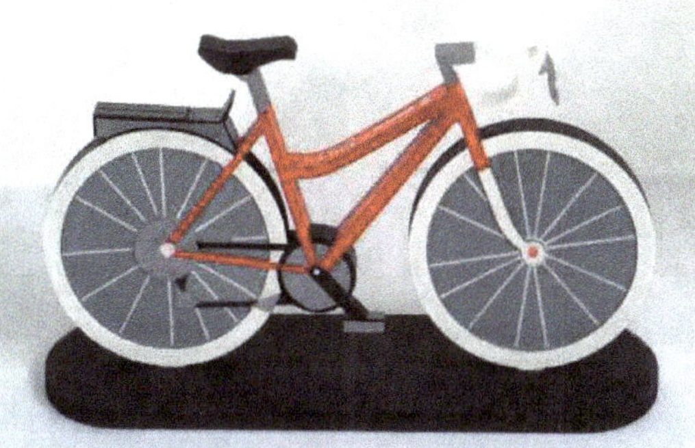

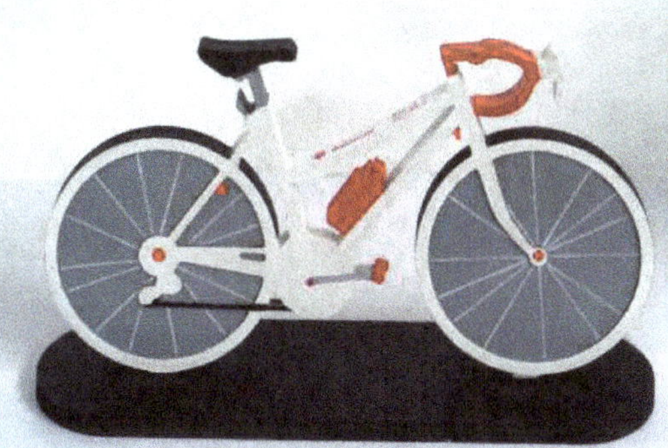

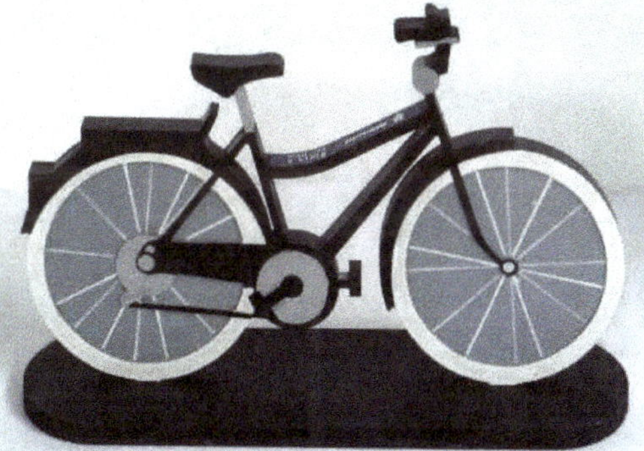

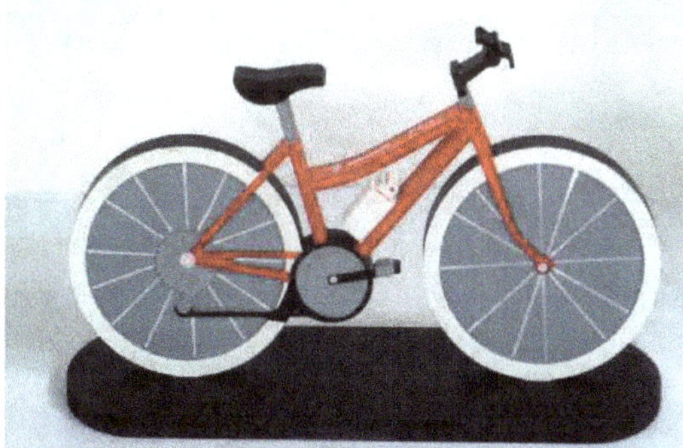

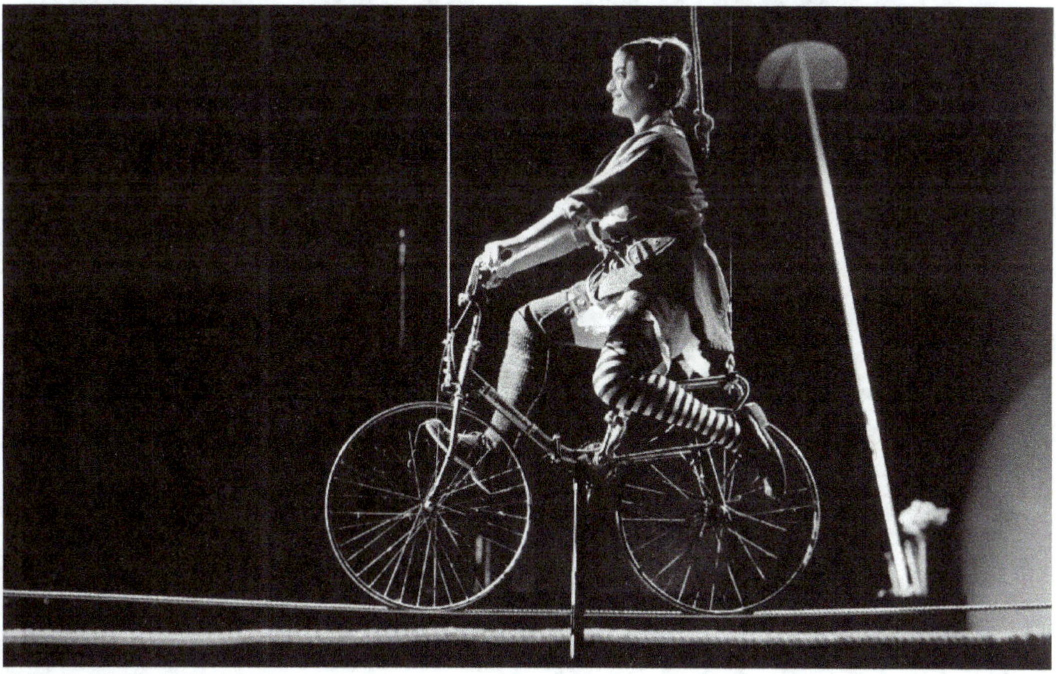

Aldo Spoldi, Circo, 1993. Balletto - *Foto di Maurizio Buscarino*

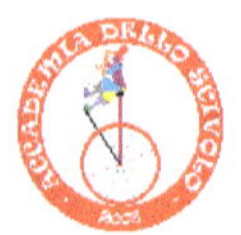

BANCA DI OKLAHOMA

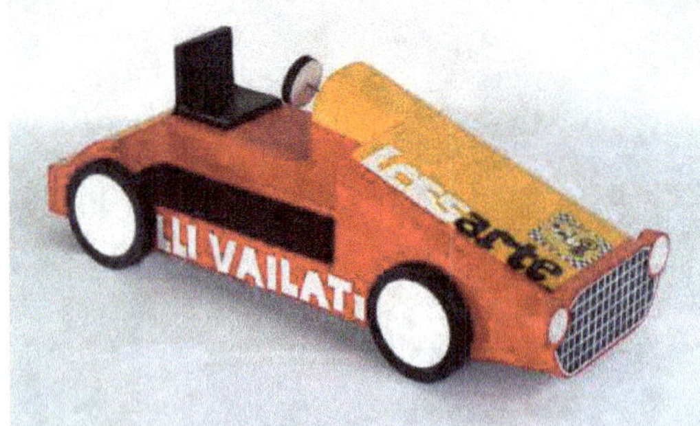

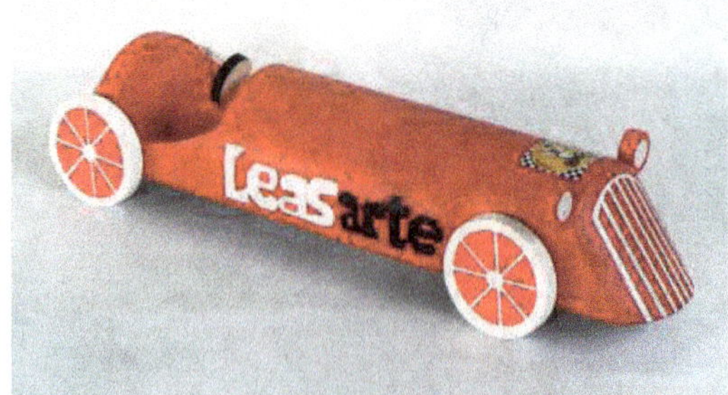

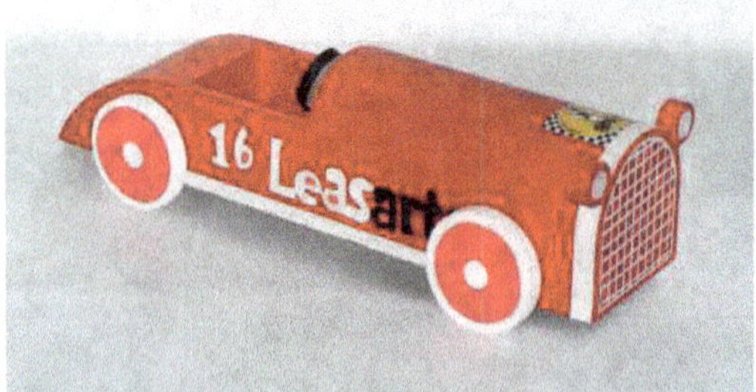

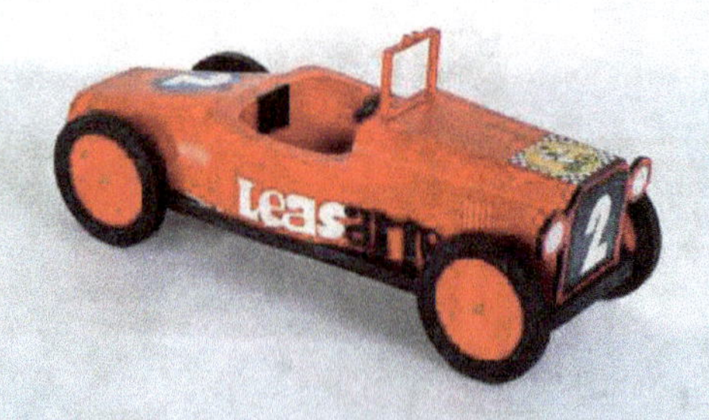

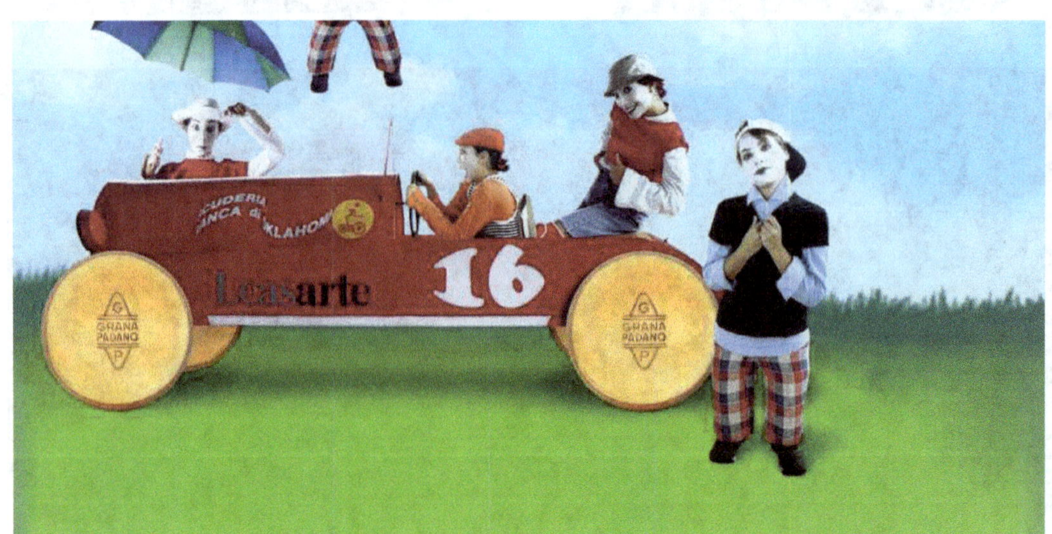

Via Santa Marta 19 20121 Milano
www.studiovigato.com info@studiovigato.com

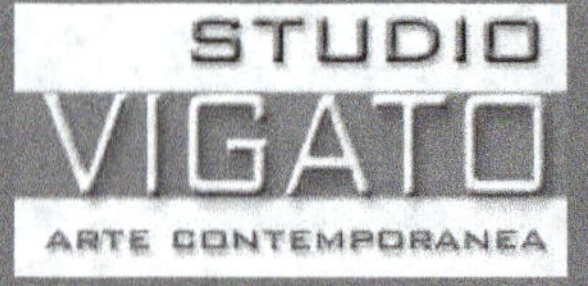

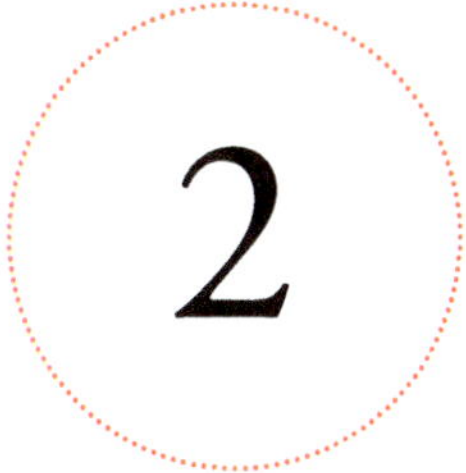

2

Il camper
dell'Accademia dello Scivolo
in Tour

Autore: Accademia dello Scivolo

Anno: 2010-2011

Prima presentazione: febbraio 2012 –

Carnevale di Viareggio

Obiettivi

Il camper dell'Accademia dello Scivolo è concepito come un mini-sistema dell'arte.

Incorpora in sé artista, critico, collezionista, museo, pubblico, teatro e aspira ad essere un'opera d'arte aperta, un teatro ambulante tra le piazze dell'Italia.

Nel sistema dell'arte attuale, in grado di gratificare finanziariamente solo pochi candidati, il tour del camper dell'Accademia dello Scivolo è in grado di offrire ai numerosi studenti di belle arti, e candidati artisti, una possibile e valida alternativa estetico-economica, un nuovo modo di fare arte e un'inedita possibilità di fare economia.

L'architettura del camper

Una struttura mobile: un camper.

Rispetto al museo immobile, il camper permette una rapida e assicurata mobilità.

La sua struttura con una notevole capacità di contenimento e la carrozzeria rivestita e decorata con colorati dipinti, viene utilizzata come palcoscenico (vedi foto).

Cosa accade

Parcheggiato il camper nella piazza desiderata, si aprono le porte e si monta il sipario, si tirano un po' di fili e si espongono le merci: cartoline, libri, magliette, maschere, poster, e altri oggetti.

Gli attori e i ballerini si mettono in posizione.

E voilà! Il teatro è fatto e il mercatino è aperto.

Il camper è straformato in palcoscenico, dove ex-studenti dell'Accademia di Belle Arti, sotto la guida dell'artista Aldo Spoldi, docente dell'Accademia di Belle Arti di Brera, si trasformano in attori che recitano, raccontano e illustrano vita e opere dei personaggi virtuali Cristina Karanovic (Cristina Show), Andrea Bortolon, Angelo Spettacoli, Met Levi, tutti prodotti dalla Banca di Oklahoma B.D.O. Limited.

Approfondimento della mobilità del camper-mercatino

Il teatro si può muovere in vari comuni.

A documentare il tour sarà un ex-studente nelle vesti del fotografo virtuale Met Levi che immortalerà le performance cittadine con foto d'autore.

Tali documentazioni verranno raccolte e presentate da un critico d'arte e docente universitario nel libro "Il mercatino dell'arte", edito e distribuito in libreria su scala nazionale da una prestigiosa casa editrice.

La storia

Il camper è stato ideato e realizzato, sotto la direzione di Aldo Spoldi, dalla costituenda "Accademia dello Scivolo" nel 2010-2011.

Grazie all'interessamento del Prof. Franco Bendinelli e del critico d'arte Loredana Parmesani, viene presentato per il Carnevale in occasione del Carnevale di Viareggio del 2012.

È a Viareggio dove, per la prima volta, viene utilizzato dai personaggi virtuali come sede e vetrina-mercatino, atta a presentare i carri d'autore e il libro "Un dio non può farsi male" di Andrea Bortolon.

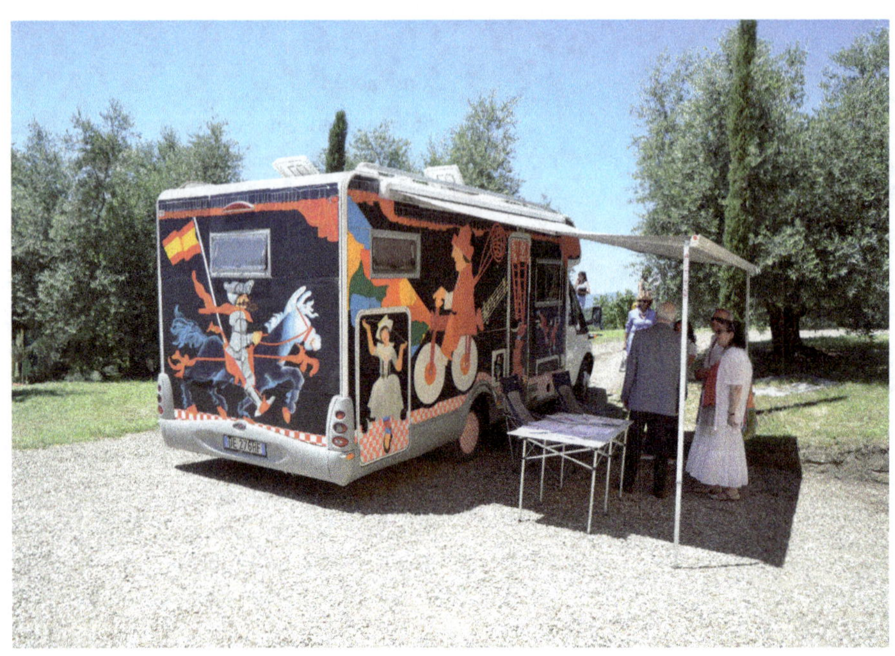

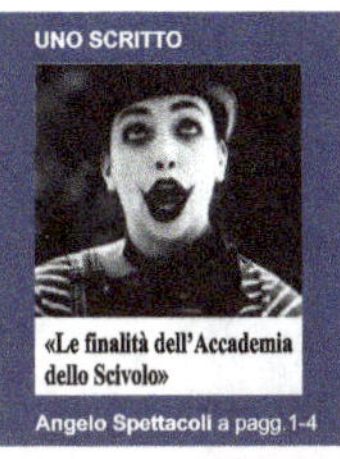

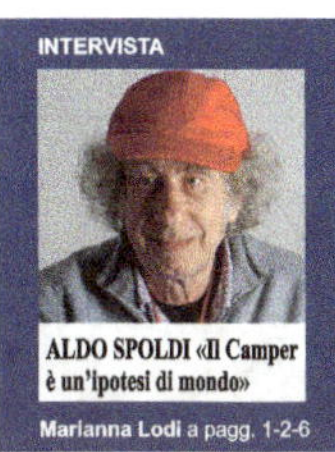

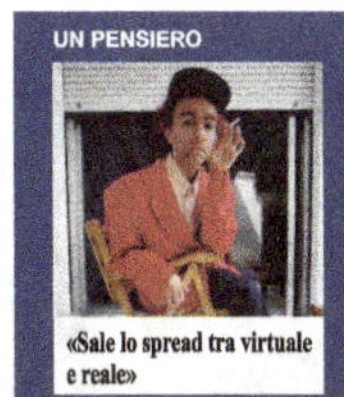

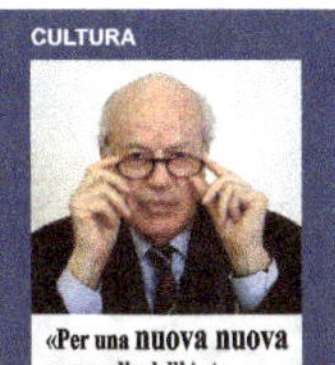

Operazione CAMPER 2012
il 19 Aprile una performance di FRANCESCO CORREGGIA presenterà il camper all'Accademia di Brera

Dopo l'esposizione del progetto-quadro allo Studio Vigato di Bergamo il camper verrà presentato per la prima volta dal critico d'arte Renato Barilli presso l'Accademia di Belle Arti di Brera nella chiesa di San Carpoforo sede del biennio di Arti Visive e del CRAB (Centro Ricerche Accademia di Brera).

Francesco Correggia benedirà con una sua performance la partenza del tour, in una locuzione avente carattere inaugurale d'ufficialità accademica. A fotografare l'evento è stato invitato Enrico Cattaneo, noto e autorevole fotografo di artisti ed eventi culturali. Da Brera il Camper partirà per una tournée sostando in mercatini (Castelleone), fondazioni (Ambrosetti Arte Contemporanea), ipermercati (Centro commerciale Gran Rondò), musei (Museo Zauli di Faenza), aziende (A.B.P. di Cassano d'Adda). Il tour proseguirà al Museo d'Arte Contemporanea "Carnevalotto" di Viareggio dove è atteso nel luglio 2012 dal direttore Francesco Bendinelli. Dipinto e attrezzato da Aldo Spoldi, il camper va visto come lavoro in progress, come spazio espositivo ambulante. Un museo da campeggio che si accampa in un luogo e poi riparte per una meta successiva. Sosta in una città e, subito dopo, ha l'obiettivo di andare in un'altra per dare spettacolo e visione ai progetti che si sono formati all'interno dell'Accademia di Belle Arti di Brera. L'automezzo va visto come un aggiornato carro della commedia dell'arte che, nomade, fugge via dal postmoderno sistema dell'arte. Scappa via dal museo per **liberalizzare l'arte** e contemporaneamente riportarla sul ring della sfida culturale. Verrà inoltre presentato al pubblico il giornalino Accademia dello Scivolo, edito dalla Galleria d'Arte Vigato e distribuito da Academy of fine arts. Il giornalino presenta in forma giornalistica le finalità del progetto, accompagnate dal testo del critico d'arte Renato Barilli. In occasione dell'appuntamento di Viareggio verranno presentati i due gruppi Camper Girls e Enzima21.

ACCADEMIA DELLO SCIVOLO

17 marzo | sabato Anno 1 N° 0 — *Direttore* Angelo Spettacoli - *Ed.* Studio VIGATO - *Consulenza* Giorgio Marconi - *Distribuzione* ACADEMY OF FINE ARTS - *Grafica* Studio PUBLICA - *Copyright©* Angelo Spettacoli di A.S. - ACCADEMIA DELLO SCIVOLO

Commissionato dall'Accademia dello Scivolo il "mondo camper" di Aldo Spoldi
IN MOSTRA ALLO STUDIO VIGATO, PRESENTATO A BRERA, ATTESO AL MUSEO "CARNEVALOTTO" DI VIAREGGIO IL PROGETTO DI UN CAMPER IN FUGA DAL POSTMODERNO

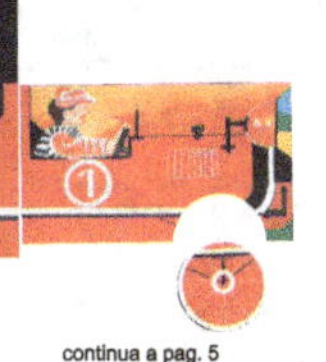

Francesco Correggia «Sermoni», performance, 1980

Programma del Tour:

17 Marzo 2012
Studio Vigato - Bergamo
Esposizione del progetto

19 Aprile 2012
Accademia di Brera
San Carpoforo
Il critico d'Arte Prof. Renato Barilli e il Prof. Francesco Correggia presentano le finalità e gli intendimenti del Camper

Luglio 2012
Museo Carnevalotto
Viareggio, prima tappa

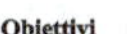

Un quadro fatto per evadere dalla società marketing
Dal sistema dell'Arte a picco parte la tournée

Obiettivi

Il camper dell'Accademia dello Scivolo è concepito come un mini sistema dell'arte.

Incorpora in sé artista, critico, collezionista, museo, pubblico, teatro e aspira ad essere un'opera d'arte aperta, un teatro ambulante tra le piazze dell'Italia.

Nel sistema dell'arte attuale, in grado di gratificare finanziariamente solo pochi candidati, il tour del camper è in grado di offrire ai numerosi studenti di belle arti, e candidati artisti, una possibile e valida alternativa estetico-economica, un nuovo modo di fare arte e un'inedita possibilità di fare economia. Il camper, esposto allo Studio Vigato di Bergamo è il progetto commissionato dall'Accademia dello Scivolo ad Aldo Spoldi. Il grande dipinto, successivamente staccato dalle pareti della galleria, verrà applicato sulla carrozzeria di un vero camper. I personaggi del quadro, ambientati nello scenario di un teatro, sono citazioni di opere precedenti dipinte da Spoldi e riguardano la vita dei suoi personaggi virtuali.

C'è Cristina Karanovic, estrapolata dal "Museo degli Umoristi", c'è Andrea Bortolon sul triciclo, tratto da "Il mondo nuovo", c'è Met Levi prelevato dai dipinti commissionati dalla Costa Crociere, c'è Angelo Spettacoli, ricavato da "Enrico il Verde".

Con quest'opera l'artista non si ricollega soltanto alla sua passata produzione pittorica, ma soprattutto continua una linea di ricerca che lo vede impegnato nell'ideazione e costruzione di vere e proprie automobili da corsa (vedi Il Barone Rosso, realizzato per la Società Oklahoma Srl nel 1989) e le biciclette (in collaborazione con la Ditta Bianchi nel 1993).

Angelo Spettacoli a pag. 4

Marianna Lodi intervista l'artista Aldo Spoldi
Dal default della Banca di Oklahoma nasce l'Accademia dello Scivolo finanziata dalle materie prime

Perché nasce l'Accademia dello Scivolo?

L'Accademia dello Scivolo nasce dopo il fallimento della Banca di Oklahoma, un poco prima del default della Lehman Brothers e in anticipo sulla crisi del debito sovrano dei nostri stati, la sua costituzione è pensata sui fondamentali dell'arte e di un mondo nuovo. Una banca è simile ad una scuola, è come un quadro, è come uno stato con tanto di legislatore e leggi.

La costituenda Accademia intende essere questa scuola, questo quadro, questo mondo nuovo: una scuola meno virtuale e più terrena.

Se leggi il libro "Un dio non può farsi male" di Andrea Bortolon, edito da Mousse in occasione della mia mostra alla Fondazione Marconi, troverai notizie e concetti più dettagliati.

Sono i personaggi virtuali i protagonisti di questa grande scuola?

Angelo Spettacoli, Andrea Bortolon, Met Levi e Cristina Show, non più

Marianna Lodi a pagg. 2 - 6

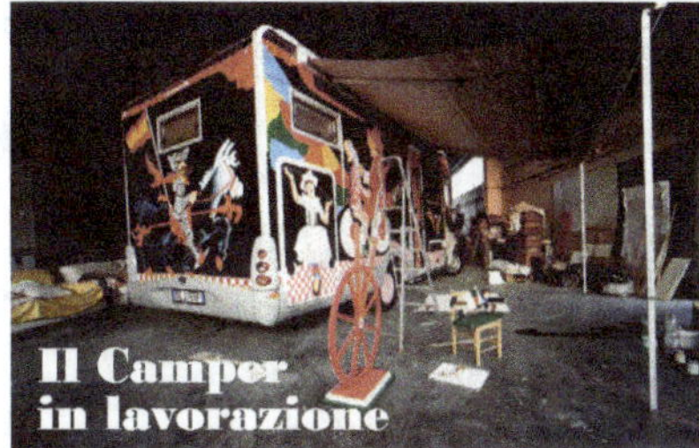

RENATO BARILLI: per una nuova nuova commedia dell'Arte
quando l'Arte è davvero mobile

Come per tutti i migliori artisti emersi nei primi anni Settanta, anche per Aldo Spoldi bisogna menzionare una partenza dalla Narrative Art, che fu un cavallo di Troia, da un lato c'era una accettazione dell'aniconismo estremo di cui si era vantata l'arte concettuale, promuovendo soltanto il ricorso alla scrittura. Ma alla porta bussava impellente un ritorno all'immagine. Spoldi pensò di farla riapparire cautamente, a sprazzi.

Una similitudine valida nel suo caso è quella della brava signora che stende sul tavolo un mazzo di carte tutte rivoltate in giù, ma poi va a scoprirle qua e là, facendo affiorare vari particolari, come i frammenti di un insetto che cercano di ricongiungersi e di recuperare una totalità. Questa similitudine è valida anche perché ci dice che fin dai primi passi il ritorno all'immagine praticato da Spoldi era del tutto riluttante ad adattarsi alla vecchia dimensione del "quadro", quei frammenti in cerca di riaccorparsi avevano bisogno di distendersi liberamente sulla superficie, o addirittura di sgranchirsi le membra, di saltarne fuori per andare ad abitare lo spazio tridimensionale.

Ma forse è l'ora di passare a una seconda similitudine più impegnativa, diciamo allora che l'atteggiamento proprio di Spoldi è quello del burattinaio deciso ad assemblare le sue creature dando loro corpo, membra snodate, e anche un abbigliamento consono. Il nostro artista insomma è un Mastro Geppetto di nuovo conio, tra i cui fini non può mancare in primo luogo la ricostituzione di un Pinocchio dotato di un lungo naso. Burattini, marionette che, pur sempre con movimenti legnosi e disossati, escono fuori ad abitare il mondo, invadendolo con i generosi miti di una ritrovata infanzia, dotati non solo dei costumi che gli si addicono, ma anche di una appropriata attrezzeria che prevede tricicli, automobili,

Renato Barilli a pag. 3

continua a pag. 5

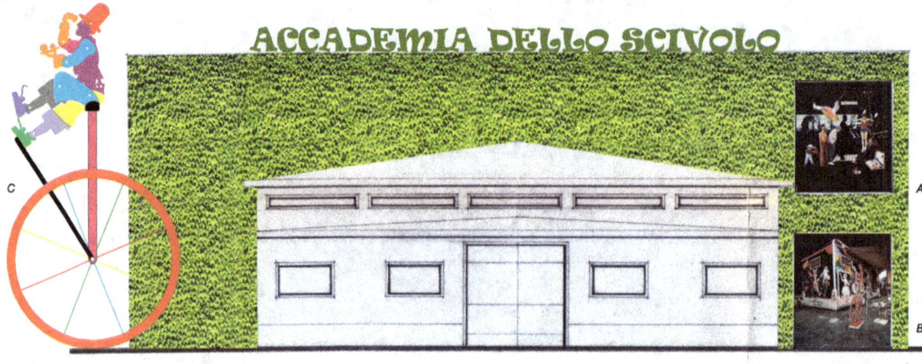

Progetto dell'Accademia dello Scivolo
Sono visibili sul lato destro il teatrino (A), sotto (B) la stanza delle macchine sceniche, sul lato sinistro (C) la grande scultura mobile "Il mangiatore di mondi" realizzata per il Carnevale di Viareggio nel 2011

sorretti dalla finanza virtuale della Banca di Oklahoma, disperatamente cercano la sopravvivenza in un mondo più concreto e meno digitalizzato, meno virtuale e più terreno. E' stato Angelo Spettacoli a idearla nell'estate del 2007, ed è stato lui a coinvolgere me, Cristina Karanovic, Andrea Bortolon e Met Levi. Per loro, concepiti mediaticamente, lo scoppio delle bolle speculative della crisi finanziaria rappresentava una questione di vita o di morte.

Spaventati dall'improvvisa caduta delle bolle virtuali, sono fuggiti dai simulacri della società civile e si sono rifugiati nel mio studio alla ricerca di concretezza e sopravvivenza. La nostra Accademia nasce proprio da questa loro necessità di economia reale.

Come è stata finanziata l'Accademia dello Scivolo?
Eccoci. Bella domanda. Abbiamo appena parlato di terreno!
I personaggi virtuali hanno acquistato non proprio terre ma materie prime come acqua, boschi, mais, cotone, carne di maiale, oro, caffè …. Hanno visto vacillare l'astratta autolegittimazione postmoderna e hanno cercato concretezza. Sì, la nuova Accademia intende finanziarsi con l'interesse maturato sull'acquisto di materie prime e lavorarle. Il fondo della cultura è la terra.

Questi personaggi virtuali oggi sono in bilico tra la società postmoderna e il Mondo Nuovo, se dovesse sparire l'Europa che fine farebbero?
La Banca di Oklahoma è stata costituita poco prima del mercato comune europeo ed è finita con la crisi del 2007. Sì, i personaggi virtuali, che sono il suo prodotto, sono nati in Europa potrebbero sparire con l'Europa, sono in bilico sullo spread tra virtuale e reale.

E' la paura di sparire che ha suggerito il nome Accademia dello Scivolo?
Si chiama così poiché in lei scivola, sdruccciola il virtuale.
L'Accademia dello Scivolo è il passaggio dal postmoderno al mondo nuovo.
Scivolo è il cader cantando. In questo passaggio non solo il corpo sdruccciola, ma anche la voce.

Il marchio dell'Accademia dello Scivolo è ricavato dal carro-scultura "Il mangiatore di mondi" presentato al Carnevale di Viareggio?
Sì, il marchio è ricavato da quel lavoro. Mi piace che la figura sia nata in un periodo carnevalesco. Il mondo che il personaggio sta divorando è il mondo postmoderno e virtuale.

Dopo gli anni ottanta, con la crisi della ragione e la conseguente caduta dei grandi racconti filosofici, anche la critica sembra scomparsa. Dopo la Transavanguardia, i Nuovi Nuovi, la Pittura Colta e il Magico Primario non ci sono più movimenti artistici in Italia. Dagli anni novanta chi legittima l'arte?
A legittimare l'arte dagli anni novanta sino ad oggi a me pare proprio sia la finanza.

Marianna Lodi continua a pag. 6

I soci della Oklahoma s.r.l. consiglio di amministrazione, 1990

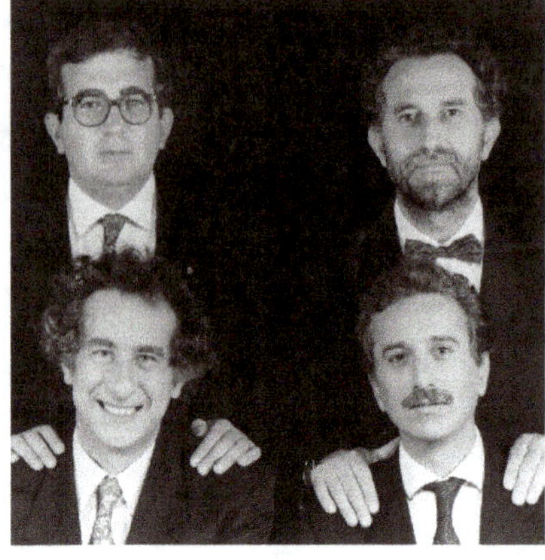

Scivolone della Banca di Oklahoma
Se esplode la bolla dei personaggi virtuali sale alle stelle l'Accademia dello Scivolo

L'Accademia dello Scivolo è un centro di ricerca artistica e culturale, situata in Bagnolo Cremasco, la cui finalità è quella di incrementare la ricerca e lo studio nelle arti visive, performative e spettacolari.

L'Accademia è stata ideata dal critico virtuale Angelo Spettacoli che in compagnia del filosofo Andrea Bortolon, dell'artista Cristina Karanovic e del fotografo Met Levi, tutti personaggi virtuali creati all'interno del progetto "Cristina Show", ideato nel 1996 da Aldo Spoldi nel suo corso tenuto presso l'Accademia di Belle Arti di Brera a Milano, dopo essersi rifugiati nello studio del loro ideatore, a Bagnolo Cremasco, e spaventati dalla crisi finanziaria del 2007, decidono di fondare un centro di studi e di ricerca artistica denominato "Accademia dello Scivolo".

In quanto centro di studi e di ricerca ha come finalità la riprogettazione dei personaggi virtuali che l'hanno ideata, la catalogazione delle loro opere e di quelle di Aldo Spoldi, la creazione di un archivio ad esse riferito, la creazione di corsi di specializzazione artistica, performativa, spettacolare e culturale capace di riflettere sulla contemporaneità e di porsi come riferimento per una nuova visione artistica e inedite modalità di realizzazione dell'opera d'arte.

I quattro personaggi virtuali nel 2008, trovandosi all'improvviso senza identità, senza denari e senza lavoro, come conseguenza della crisi finanziaria del 2007 e il fallimento della Banca di Oklahoma (B.D.O. SpA) di cui erano azionisti, non possono fare altro che ritirarsi nello studio di Aldo Spoldi e iniziare una profonda analisi e riflessione sulla propria condizione e su quella dell'arte.

Formatosi e costruiti nel medesimo tempo in cui viene costruita l'Europa (UE), Cristina Show, Andrea Bortolon, Met levi e Angelo Spettacoli si trovano in difficoltà con la crisi di alcuni fondamentali e cadono in depressione a causa della crisi del 2007-2008.

Nasce così l'Accademia dello Scivolo che si propone l'obiettivo di ricercare nel passato opere, lettere, fotografie, libri, cataloghi prodotti da questi personaggi e dal loro ideatore, nell'ambito della loro attività.

Avvalendosi della collaborazione di ex studenti e professionisti, e realizzando con loro nuovi lavori, l'Accademia si propone anche di catalogare e autenticare le opere che i suoi fondatori hanno realizzato, così come quelle di Aldo Spoldi, del Teatro di Oklahoma e della Banca di Oklahoma (B.D.O.), inserendole in un contesto critico, di pubblicare libri che trovino la loro utilità tanto nel campo della didattica che della ricerca artistica e critica, di produrre lezioni, seminari e workshop.

In un sistema dell'arte capace di formare economicamente e criticamente solo pochissimi artisti, l'Accademia si pone come valida e dinamica alternativa per un mercato dell'arte nuovo e democratico, dove i molti, nuovi o vecchi studenti, possono trovare, nel rispetto della creatività di ognuno, una possibilità di espressione di lavoro. Si propone di diffondere, attraverso lezioni teoriche e pratiche, la vita e le opere dei personaggi virtuali, le storie avventurose delle loro vite e la prestigiosa storia della Banca di Oklahoma (B.D.O.)

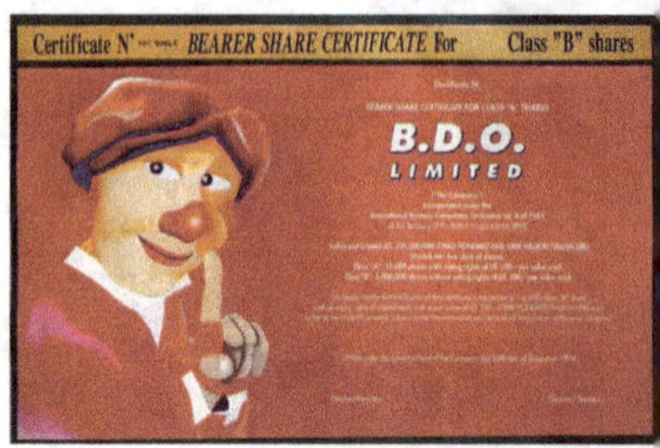

Azione della B.D.O. S.p.A. costituita nel 1994, in collaborazione con la Banca di Lugano Valorinvest - courtesy Archivio Accademia dello Scivolo

Ritrovati in un garage a Bagnolo Cremasco la bicicletta Arlecchina, il Barone Rosso GT e l'automobile da corsa Volpaia GT

In un garage della ditta ILCO di Bagnolo Cremasco sono state ritrovate tre importanti opere relative alla Ditta artistica Oklahoma S.r.l.
Si tratta di una delle quattro biciclette prototipo prodotte dalla Oklahoma in collaborazione con la Ditta Bianchi nel 1993, in occasione della mostra Business Art-Art Business al Museo di Goninger in Olanda.

continua a pag. 6

Automobile Barone Rosso
courtesy Archivio Accademia dello Scivolo

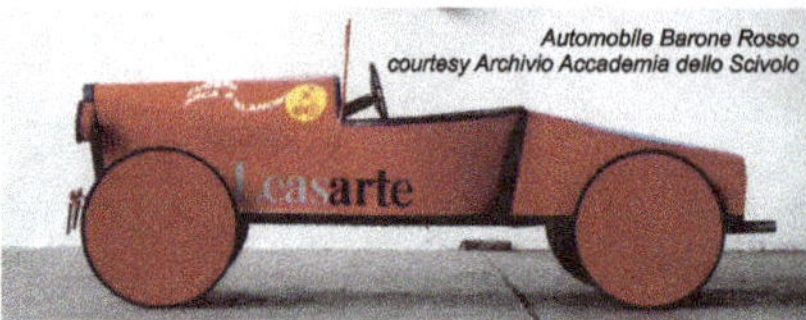

RENATO BARILLI: per una nuova nuova commedia dell'Arte
Quando l'Arte è davvero mobile

tanti altri aggeggi atti a esercitare azioni libere e gratuite. I nomi assunti corrispondono in pieno a un ritrovato universo del mito, si tratta di Cristina Karanovic, di Andrea Bortolon, di Enrico il Verde, del Barone Rosso, e tutti insieme puntano verso traguardi generosi e beneauguranti. Su questa strada Spoldi ritrova forse il più bel mito espresso dal Novecento, quello del Teatro di Oklahoma ideato da Franz Kafka, pronto a farsi carico di tutti i diseredati per avviarli verso un mondo migliore, nella speranza che l'utopia riesca a convertirsi in realtà. Tutto ciò si può anche ridire riconoscendo che l'arte di Spoldi affonda in una dimensione drammatica, di un teatro delle origini, la cui profonda vocazione è di trasferirsi da un luogo all'altro per portare ovunque un messaggio salvifico, confezionato in termini poveri e popolari. Parliamo dunque di un Carro di Tespi capace di accogliere l'intera pittoresca consorteria di una Commedia dell'arte rimessa a nuovo secondo parametri adatti ai nostri tempi. Ma su quale veicolo si imbarcherà questa compagnia tumultuosa e agitata? Al giorno d'oggi una mobilità comoda e opportuna può essere assicurata da un camper, e dunque è più che logico che queste maschere di una ugualmente rinnovata Commedia dell'arte salgano a bordo di un simile veicolo, sfruttando anche una possibilità di cui godono ab origine. Allo stesso modo che hanno potuto distaccarsi dalla superficie che pure li ha

partoriti, possono pure riadattarvisi, balzando, quasi per bacchetta magica, dalle tre alle due dimensioni, andata e ritorno. E' insomma un universo "a soffietto", i cui vari protagonisti, a una parola d'ordine, si appiattiscono aderendo alle pareti del veicolo trasportatore, lasciandosi trasferire da esso sul luogo dell'esibizione prevista, per poi balzarne fuori una volta giunti a destinazione, e riacquistare le membra cui solo provvisoriamente avevano rinunciato.

Questo Teatro di Oklahoma così rispondente ai nostri attuali bisogni entra a meraviglia nel clima del carnevale, che la migliore critica letteraria e antropologica, Bachtin insegna, celebra come momento all'apice dei destini dell'umanità. Nel calendario italiano primeggia fra tutti il Carnevale di Viareggio, logico dunque che il nostro rinnovato Carro di Tespi si diriga verso quella meta mitica, dove infatti andrà a incarnarsi. Ma prima di muovere dalla Galleria Vigato di Bergamo, e da Milano, epicentro delle attività di Spoldi, occorrerà pure che la massima istituzione artistica ambrosiana, l'Accademia di Brera, conferisca una benedizione speciale, a questo Carroccio rinato dalle ceneri, delegato a portare in giro per il mondo la buona novella, ad annunciare che l'arte è pronta di nuovo a diffondere attorno a sé piacere, appagamento, felicità.

Renato Barilli

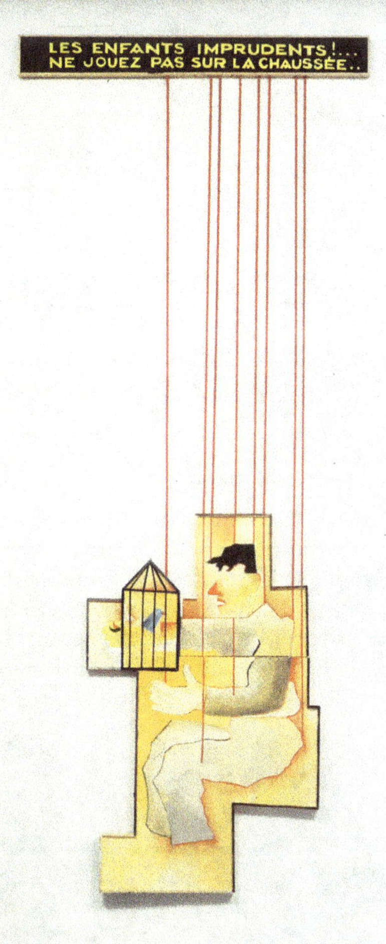

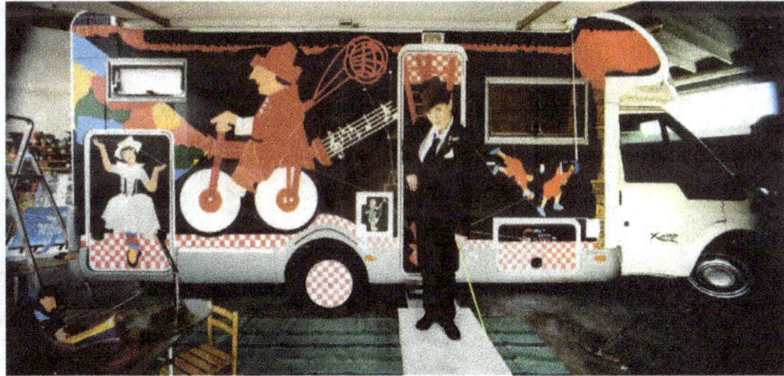
Laura Locatelli in una pièce davanti al Camper in lavorazione - courtesy Met Levi

SALE E SCENDE LO SPREAD TRA VIRTUALE E REALE
Un pensiero di Andrea Bortolon, il filosofo che ha previsto il default del postmoderno

Non è più vero che i simulacri non hanno referente. Non solo da più parti si invoca un garante, ma sulla scena postmoderna è penetrato come un siluro il referente terra. E' la terra che fa vacillare l'astratta autolegittimazione della società marketing e degli stati azienda. Abbiamo assistito, dal 1980 in poi, ad una grande trasformazione che ha investito il sapere scientifico. Alla base di tale trasformazione c'è un sapere di tipo denotativo. Si è passati cioè dal problema della verificazione o falsificazione, da un concetto di verità come corrispondenza al referente, ad un concetto di verità come efficacia. E' la svolta che conduce dalla denotatività alla performatività. Dal 2007 la vecchia teoria della conoscenza rientra in scena. Inevitabilmente la struttura del linguaggio è costretta a rinviare alla struttura dell'universo, del globo terrestre, della terra. In queste condizioni il simulacro non è più vero del vero, ma entra in contatto e interagisce con il vero, e lo condiziona. Certo, per vero noi intendiamo il reale. Il reale, problema che tutti gli stati super tecnologicizzati hanno in comune. E' qui che il postmoderno è costretto a cedere il passo e ad aprirsi ad un nuovo concetto, ad un nuovo mondo. Il postmoderno perde alcune sue componenti e ne acquisisce altre che lo trasformano. I due restano distinti, ma qualcosa passa dall'uno all'altro. Un ponte unisce i due mondi: il computer si lega alla terra e la terra al computer, dando vita a un **computerra**.

In queste condizioni il pensiero può ancora distinguere il bello dal brutto, il vero dal falso?

Andrea Bortolon

La bottega del caffè, 1982 olio su carta incollata, cm. 300x100
Holly Solomon Gallery, New York

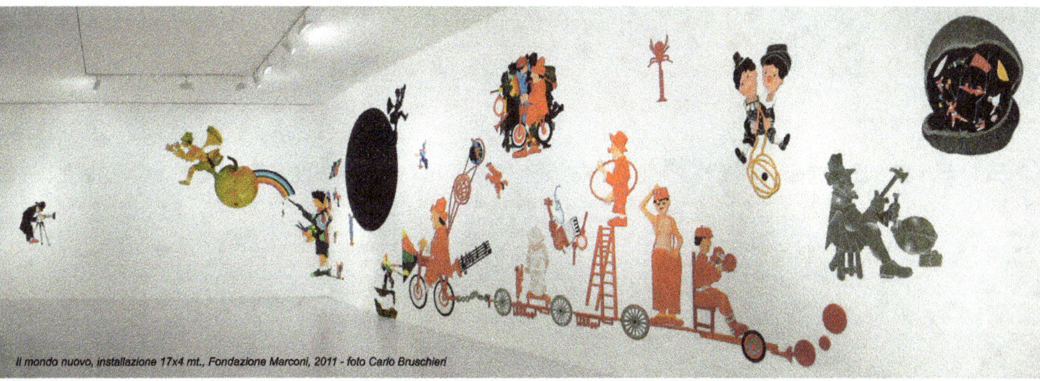
Il mondo nuovo, installazione 17x4 mt., Fondazione Marconi, 2011 - foto Carlo Bruschieri

Produzioni e Collaborazioni

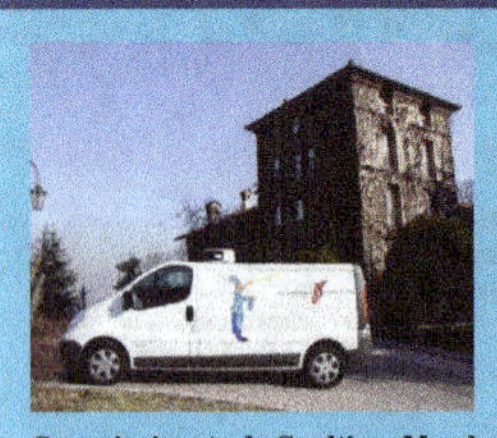

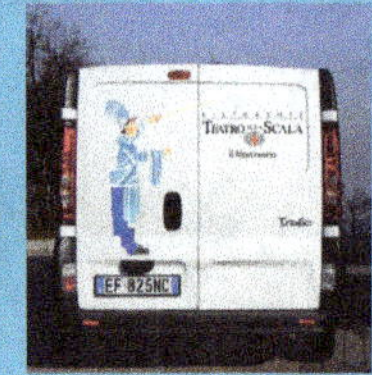

Commissionata da Gualtiero Marchesi all'Accademia dello Scivolo la decorazione dell'automezzo del ristorante «Il Marchesino»

L'Accademia dello Scivolo ha ricavato la figura rappresentata sul furgone dal ritratto al famoso cuoco eseguito nel 2007 da Aldo Spoldi. Un *portrait* che fa del cuoco un direttore d'orchestra creatore di ritmi compositivi e musicali, di pause e tempi che intervallano piatti, portate e bevande.
Decorazione realizzata da Stev&Co

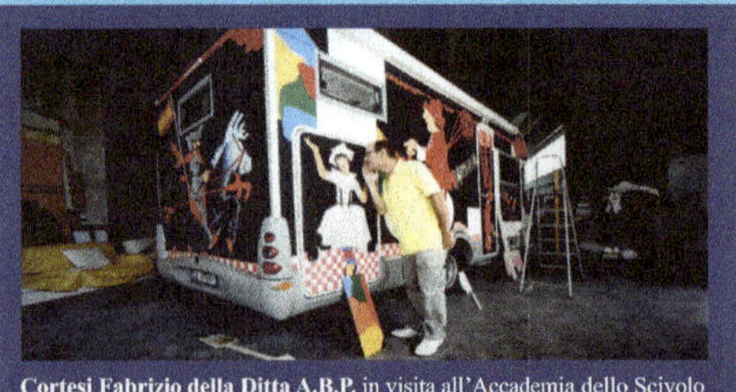

Cortesi Fabrizio della Ditta A.B.P. in visita all'Accademia dello Scivolo

L'Accademia dello Scivolo, nel settembre 2012, acquisterà la fotografia «Met Levi at Work» dallo studio Publica *(Carlo Bruschieri e Mina Tomella)*. L'occasione è l'anniversario dello spettacolo teatrale «Tempeste d'amore», opera dell'artista brasiliana Cristina Karanovic, presentato dallo storico dell'Arte Rolando Bellini. Met Levi impersonificato da Vittoria Parrinello, è stato ripreso durante il suo reportage nel Teatro San Domenico in Crema nel settembre 2010.

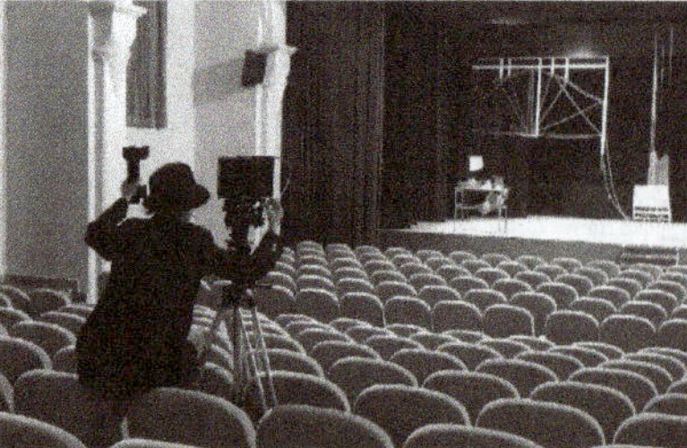

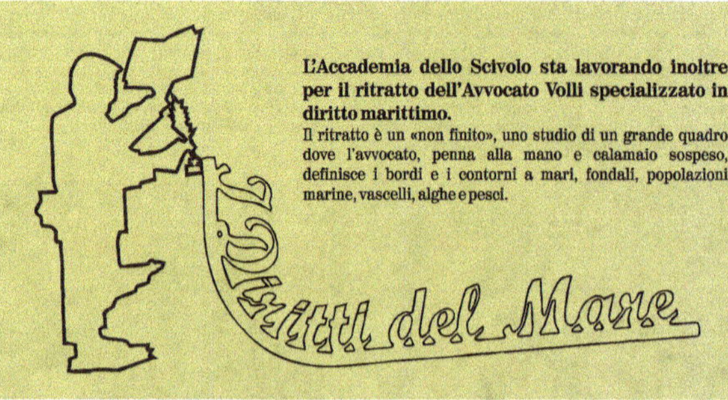

L'Accademia dello Scivolo sta lavorando inoltre per il ritratto dell'Avvocato Volli specializzato in diritto marittimo.
Il ritratto è un «non finito», uno studio di un grande quadro dove l'avvocato, penna alla mano e calamaio sospeso, definisce i bordi e i contorni a mari, fondali, popolazioni marine, vascelli, alghe e pesci.

Special Guests. L'Accademia dello Scivolo ha invitato l'autonomo gruppo **ENZIMA21** a mostrare la sua azione artistica nelle soste delle città visitate dalla tournée. Ha inoltre costituito un suo proprio e specifico gruppo chiamato le **CAMPER GIRLS** che durante le soste presenterà gli avventurosi viaggi di Cristina e i personaggi virtuali.

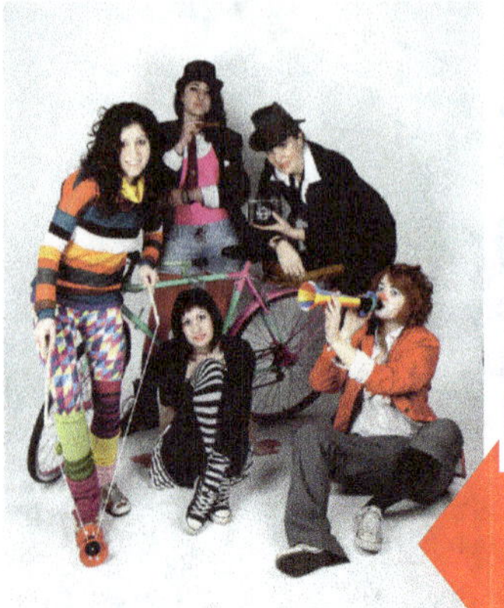

Le CAMPER GIRLS, Fotografia di Arianna Pagani

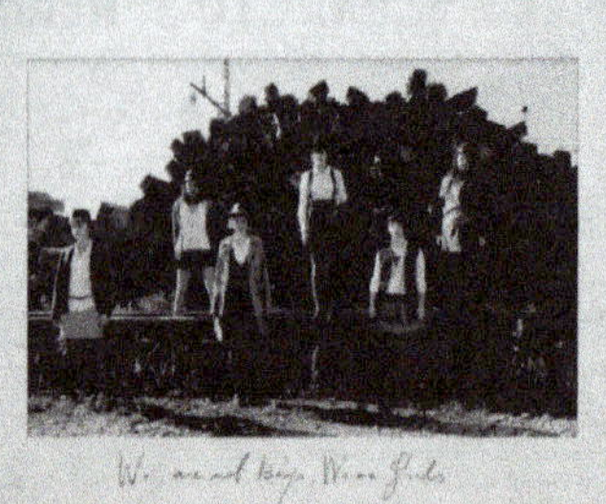

Il Camper, realizzato dall'Accademia dello Scivolo, ingrana la marcia e a tutto gas entra in scena, con il gruppo formatosi nell'autunno del 2011, delle vivaci e spumeggianti CAMPER GIRLS. La squadra è composta dalle giovani performers Laura Locatelli, Luana Scotti, Maria Attianese, Marianna Lodi, Marta Pagani, Nicole Bacchiega e Viola Xerra che insceneranno in maniera rocambolesca un avvenimento davvero speciale. Per l'occasione è previsto un Tour nel corso del quale verranno celebrate le storie e i personaggi dell'Accademia dello Scivolo per solleticare la fantasia di coloro che prenderanno parte a questo viaggio dipinto.

Dal sistema dell'Arte a picco parte la tournée

(segue dalla prima pagina)

L'architettura del camper
Una struttura mobile: un camper. Rispetto al museo immobile, il camper permette una rapida e assicurata mobilità. La sua struttura con una notevole capacità di contenimento e la carrozzeria rivestita e decorata con colorati dipinti, viene utilizzata come palcoscenico.
Cosa accade
Parcheggiato il camper nella piazza desiderata, si aprono le porte e si monta il sipario, si tirano un po' di fili e si espongono le merci: cartoline, libri, magliette, maschere, poster, e altri oggetti. Gli attori e i ballerini si mettono in posizione.
E voilà! Il teatro è fatto e il mercatino è aperto (il mercato, per ora, non è in atto). Il camper è trasformato in palcoscenico, dove ex-studenti dell'Accademia di Belle Arti, sotto la guida dell'artista Aldo Spoldi, docente a Brera, si trasformano in attori che recitano, raccontano e illustrano vita e opere dei personaggi virtuali Cristina Karanovic (Cristina Show), Andrea Bortolon, Angelo Spettacoli, Met Levi, tutti prodotti dalla Banca di Oklahoma B.D.O. Limited.
Approfondimento della mobilità del camper-mercatino
Il teatro si può muovere in vari comuni.
A documentare il tour sarà un ex-studente nelle vesti del fotografo virtuale Met Levi che immortalerà le performance cittadine con foto d'autore.
Tali documentazioni verranno raccolte e presentate da un critico d'arte e docente universitario nel libro "Il mercatino dell'arte", edito e distribuito in libreria su scala nazionale da una prestigiosa casa editrice.
La storia
Il camper è stato ideato e realizzato, sotto la direzione di Aldo Spoldi, nel 2010-2011.
Grazie all'interessamento del Prof. Franco Bendinelli e del critico d'arte Loredana Parmesani, viene presentato per il Carnevale in occasione del Carnevale di Viareggio del 2012.
E' a Viareggio dove, per la prima volta, viene utilizzato dagli studenti come sede e vetrina-mercatino, atta a presentare i carri d'autore e il libro "Un dio non può farsi male" di Andrea Bortolon e la vita e le opere dei personaggi virtuali.

Angelo Spettacoli

IL PROGETTO DEL CAMPER:
la nuova commedia dell'arte.
Stop ai personaggi virtuali, via libera al racconto di Cristina. Nascono nuovi MITI!

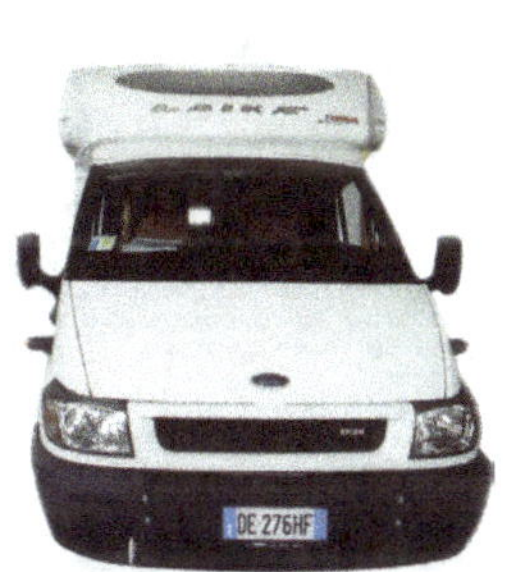

Camper LAIKA X 695R

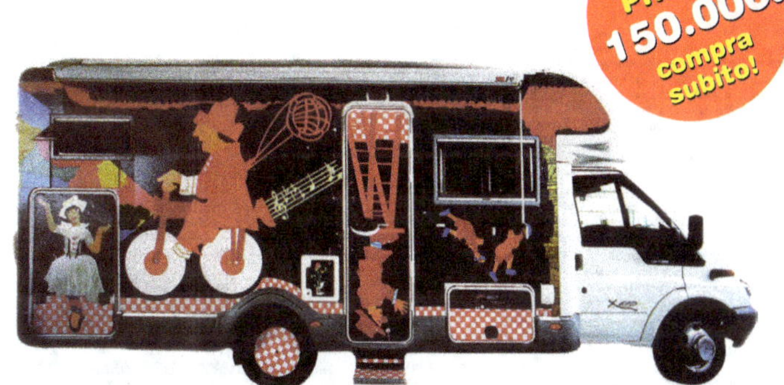

Cristina   Andrea Bortolon   Angelo Spettacoli

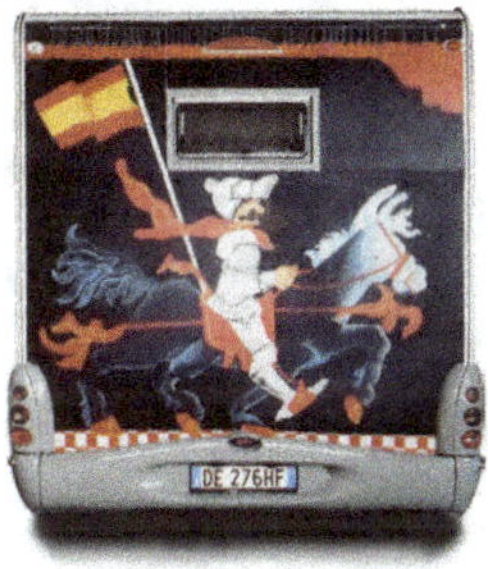

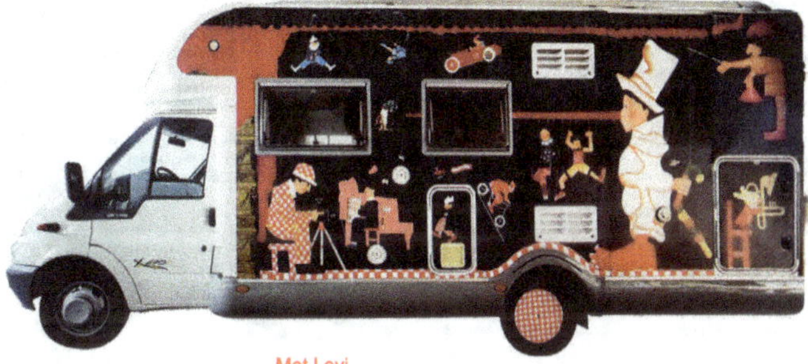

Met Levi

CAMPER IN OFFERTA SPECIALE dal 25 aprile 2013 a 75.000 €. Da marzo 2014 l'Accademia dello Scivolo si impegna a ricomprarlo a 10.000 €

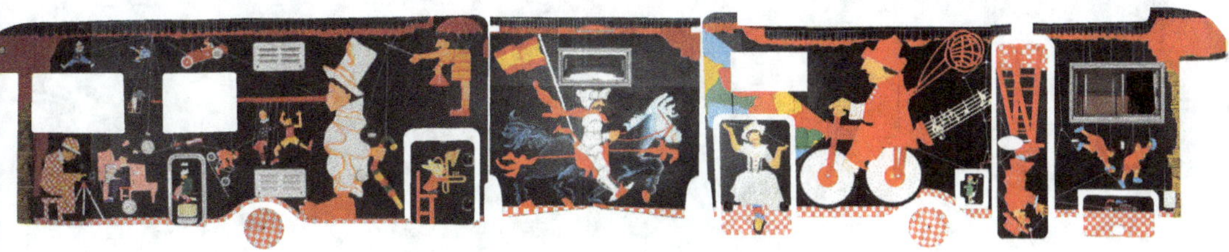

Fotografia di Arianna Pagani e Laura Locatelli, composizione di Marco Groppelli

DALLO SHOCK DELL'ARTE MODERNA AL CRACK DELL'ARTE POSTMODERNA

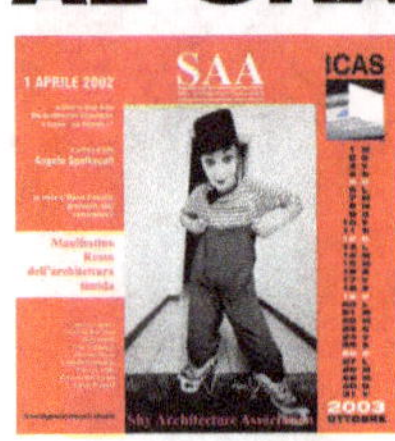

La critica d'arte ritenuta avanzata, si limita spesso a segnalare le quotazioni d'asta. E' giusto così, lo vuole il postmoderno. Ci sono opere sorprendenti in questo periodo, vedi ad esempio il teschio di Damien Hirst, Cattelan truccato da Picasso che chiede l'elemosina e tante altre. Sono le opere che specificamente mostrano la postmodernità e il suo dio, la finanza.

Però, da professore, ti devo dire che dopo i movimenti citati c'è stato un altro movimento poco conosciuto ma determinante: Arte & Co., teorizzato da Frans Haks e Loredana Parmesani e sostenuto da Luciano Inga Pin. Leggi il libro Arte & Co. Edito da Politi e presentato al Groninger Museum.

Charles Saatchi parla della perdita del senso estetico in cui il "malato di shopping artistico compulsivo" prevale sui referenti dell'arte. Lei che posizione assume rispetto alle "grandi vetrine da carrefour"?

Ciò che dice Saatchi è sorprendete solo perché è detto da lui. C'è da notare a questo proposito che già diversi curatori e ricercatori artistici, e penso a Sara Thornton, Donald Thompson, Adriana Polveroni... avevano fatto notare ciò.

Del resto, lo shopping e il marketing solo prima del 2007, e solo in rare occasioni, possono prendere il posto della cultura e dell'arte. In molti casi sono un disastro assoluto. Disastro assoluto che non appartiene solo al sistema dell'arte, ma anche a quello di tutte le professioni proprie a mondi super specializzati. Che posizione assumo io? Sono impegnato a costruire una nuova forma, un nuovo concetto, un nuovo mondo. Sai, dal 2007 sulla mia tavolozza è apparso un colore in più, un referente in più. Non è un colore astratto come la finanza, non immateriale come quello digitale, è un colore concreto come la terra, e come lei verificabile. Creare mondi nuovi è l'oggetto dell'arte: crearli, datarli, firmarli come fanno gli artisti, o marcarli come fanno gli animali. I mondi non sono già fatti, devono essere inventati, fabbricati. Tanto più un'opera, un mondo, sia piccolo come un foglio che grande come un universo, è creato, qanto più si pone, si impone e si verifica.

Crede che oggi, di fronte a una crisi economica, politica e culturale globale, sia il momento propizio in cui l'Accademia dello Scivolo in Tour possa risollevare nel suo piccolo le sorti del nostro paese?

Non sono un politico, cerco di fare l'artista: certo, politica e finanza arrivano sempre dopo. La scintilla della fabbricazione dei mondi civili parte quasi sempre dall'arte. E' il sacro fuoco dell'arte che dá spesso i valori alle società civili. No, per fortuna non mi interessa salvare il nostro paese: io sono un dittatore del mio quadro, del mio paese. Credo però che alla politica e alla finanza convenga guardare le mie opere e se queste possono servire loro, ne sarei contento. Del resto, anche i miei quadri guardano alla politica e alla finanza e ne traggono spunti dalle loro espansioni e dai loro crack.

Il postmoderno si propone come linguaggio in cui rifiorisce la pittura, oggi verso quale direzione si spinge il suo bisogno di fare arte?

Sì, il postmoderno entra in scena con la pittura, ma accompagnato da una critica credibile. Vedi i Nuovi Nuovi di Renato Barilli, la Pittura Colta di Maurizio Calvesi, la Transvanguardia di Achille Bonito Oliva.

La pittura degli anni ottanta non solo trova un alleato nella critica, ma anche nella filosofia francese e nel mondo civile stesso che si allontana dal marxismo per entrare nel mondo commerciale dei segni e delle immagini senza referente. Oggi? A me sembra che la promozione commerciale e le esposizioni internazionali d'arte, e delle merci in generale, stiano perdendo credibilità e fiducia. Un referente inaspettato è entrato nel concetto di mondo globalizzato. E' questo referente che permette di costruire una nuova forma, un nuovo concetto, un nuovo mondo.

La pittura postmoderna è sospesa tra finzione e realtà?

Sì, la pittura postmoderna è una maschera senza volto. Nella mezzanotte del virtuale alla pittura e alla cultura viene chiesto di togliere la maschera. Penso che chi non ha il volto sia costretto ad elaborarlo in fretta.

L'arte oggi si può autolegittimare senza passare attraverso i canali mediatici, promozionali, commerciali? O ha sempre mantenuto una propria dimensione intima?

Un volto non si autolegittima mai da solo. Abbisogna dello sguardo di uno spettatore. Beatrice è un dolce stil novo solo se c'è Dante che la mette in rima. Canali mediatici, promozionali, commerciali possono solo vendere la rima. Il piacere è per Dante e Beatrice.

È l'intimità che fa l'opera ed i mondi: l'inventore del Grande Fratello non è forse sconosciuto alla moltitudine?

Sulla scena contemporanea Cattelan propone le sue opere contestualizzandole nella realtà circostante ed è estremamente provocatorio. Lei pensa che l'ironia possa essere una chiave di lettura dell'arte?

Certo che Cattelan è un artista ironico! Ironica è tutta l'arte, tutta la cultura. Si diverte a prendere e lasciare. Dice A e a quadro finito dice B. Arte e cultura sono stati e nazioni, governano popoli la cui politica è fatta di colori e la cui costituzione di forme composte.

Non solo l'ironia è una lettura dell'arte, ma è soprattutto l'arte di fare mondi. Il ready made di Duchamp non è il fondamento dell'Europa Unita? La prospettiva di Piero della Francesca e dell'Alberti non hanno creato il Rinascimento?

Il mondo immaginario che descrive si propone apparentemente come finzione della realtà; uno di suoi personaggi, il filosofo Andrea Bortolon, ha un atteggiamento giocoso e consapevole nei confronti del mondo. Lei pensa che il mondo sia fatto per bravi equilibristi?

La finzione è stata la materia immateriale con la quale sono stati modellati i personaggi virtuali a partire dal 1996 fino al 2010.

Il filosofo Andrea Bortolon già nel 2007 capì immediatamente che la crisi delle banche inglesi e americane potevano mettere a dura prova i debiti sovrani degli stati mondiali.

Il suo libro "Un dio non può farsi male", uscito nel 2011, è tra i primi a segnalare un equilibrio tra la scarsità delle materie prime e l'eccessivo consumo da parte dei cittadini delle società avanzate.

Liberalizzare l'Arte sul ring della creazione

Dopo la scultura-carro mascherato "Il mangiatore di mondi", presentato al carnevale di Viareggio 2011, ha realizzato un progetto di un Camper esposto alla Galleria Studio Vigato di Bergamo. E' forse l'inizio di un viaggio reale nel mondo?

Sì, il "Camper" è il primo lavoro dell'Accademia dello Scivolo ed intende proprio viaggiare nel reale.

Sua intenzione è uscire dalle bolle speculative del postmoderno per muoversi in un viaggio nel mondo nuovo, un po' come ha fatto Gauguin che scappa via dalla società e vi ritorna con un mondo nuovo. Il Camper è un'ipotesi di mondo, un mondo possibile.

Qual è la scintilla grazie alla quale ha pensato all'idea del Camper?

Il Camper non è una mia idea, è di Cristina che vagabonda per l'Europa dal 2006. Alla Biennale di Parigi andò in camper. La mia idea è stata quella di dipingere il camper come un carretto siciliano. A colori ho ripreso e citato figure di miei quadri precedenti che illustrano i personaggi virtuali.

Il Camper è concepito come un teatro ambulante in cui voi studenti siete impegnati, come attori e performer, a raccontare la vita e le avventure dei personaggi virtuali e ad allestire mercatini. Riusciremo a farlo diventare un lavoro? A liberalizzare l'arte e contemporaneamente a riproporla sul ring della creazione?

Quale sarà il nome della tournée? Se me lo può svelare e quali saranno le sue tappe?

Per ora mettiamo assieme la mostra ed il progetto da Vigato a Bergamo.

La presentazione del prototipo del camper sarà a Brera e a Viareggio.

Dopo si vedrà. Il tour, se lo desiderate, sarà compito vostro.

Marianna Lodi

Ritrovati la bicicletta Arlecchina, il Barone Rosso GT e l'automobile da corsa Volpaia GT

Realizzate in due soli esemplari per ognuna, di cui quattro acquistate dal Museo di Groninger (Olanda), le biciclette Arlecchina si proponevano di riattivare la ruota di bicicletta di Duchamp per ridarle quella funzionalità richiesta dal postmoderno.

Il Barone Rosso GT è una delle tre automobili da corsa prodotte dalla scuderia della Banca di Oklahoma e realizzate in collaborazione con Renzo Nidasio. Le altre due sono di proprietà della Fondazione Pomodoro e della Fondazione Ambrosetti. Le tre automobili vennero costruite come prototipi di grossi giocattoli pensati per la futura produzione su larga scala.

La Oklahoma, infatti, era stata concepita come un artista-ditta che, in opposizione alle macchine inutili dell'arte moderna, prometteva macchine utili.

La Volpaia GT è stata costruita in collaborazione con Giorgio Marconi e Bepi Koelliker. Si tratta di un'auto capace di 180 chilometri orari e realizzata in occasione della mostra, organizzata da Giacinto di Pietrantonio, al Castello di Volpaia nel 1990. Purtroppo la Volpaia GT è stata ritrovata in pessime condizioni di carrozzeria, di motore e senza chiave di avviamento.

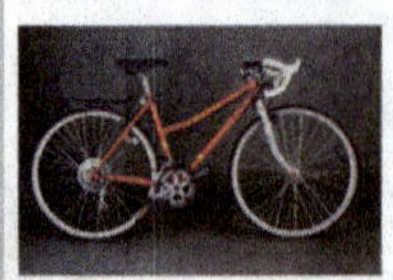

OKLAHOMA ARLECCHINA

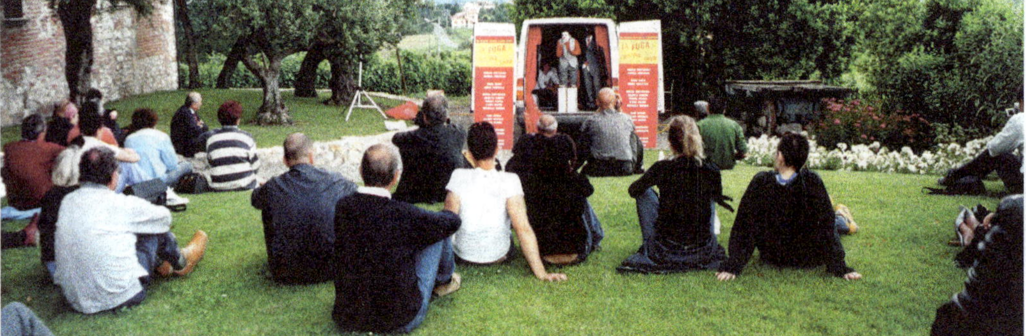

Torre Fornello, Ziano Piacentino, Settembre 2001 - «La fuga di Cristina Show» , courtesy Archivio Accademia dello Scivolo

I libri che hanno dato vita all'Accademia dello Scivolo

consigliati per l'ammissione all'ACCADEMIA DELLO SCIVOLO 2012, consultazione gratuita presso il negozio Met Levi Il Fotografo

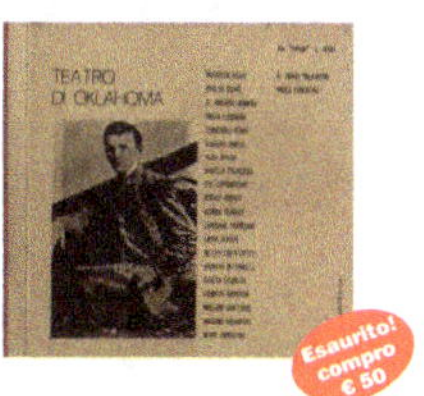

AA.VV., a cura di Patrizia Gillo
Teatro di Oklahoma
Edizioni TRIEB, 1975
Distribuzione Banco-Minini
Il libro è composto come un teatro
aperto a tutti

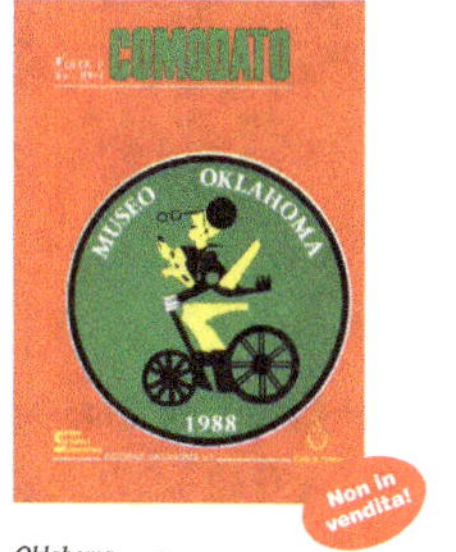

Oklahoma
Comodato
Edizioni Oklahoma s.r.l. 1993
Catalogo che raccoglie le opere degli
artisti acquistate con le monete
coniate dalla Società Oklahoma

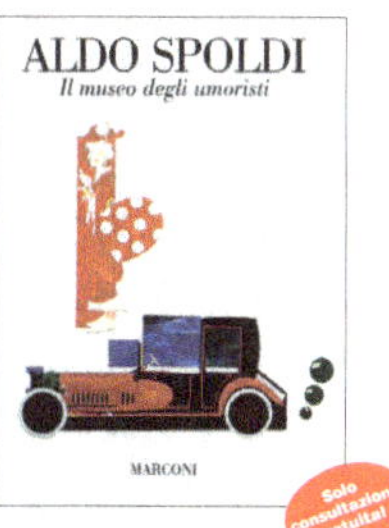

Aldo Spoldi
Il Museo degli umoristi
Edizioni Marconi, 1994
Catalogo in cui viene fondato un
Museo immaginario dalle comiche
finalità

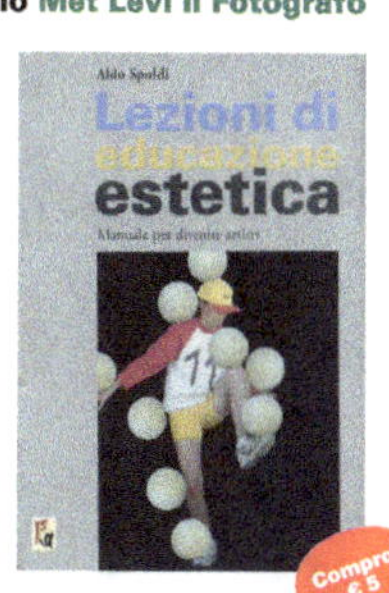

Aldo Spoldi
Lezioni di educazione estetica
Edizioni Skira e Fondazione
Ambrosetti, 1999
Sotto forma di lezioni vengono
annunciati i fondamentali dei
personaggi virtuali

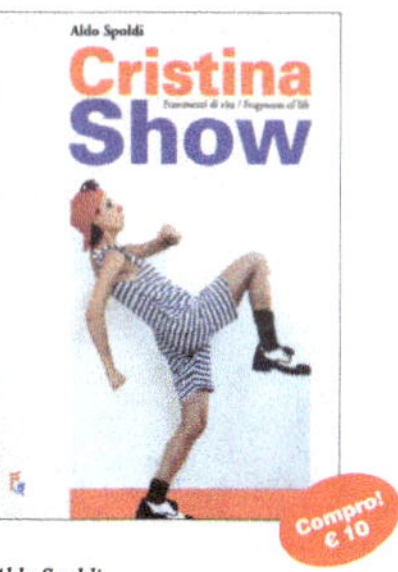

Aldo Spoldi
Cristina Show, Frammenti di vita
Edizioni Skira e Fondazione
Ambrosetti, 2001
Il libro catalogo raccoglie la vita e le
opere dell'artista brasiliana che nasce
con i parametri di Maastricht

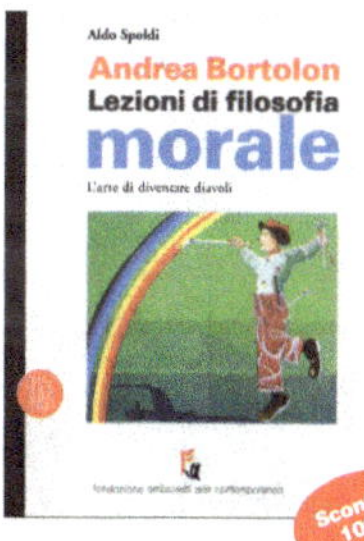

Aldo Spoldi
Lezioni di filosofia morale
Edizioni Skira e Fondazione
Ambrosetti, 2003
Sotto forma di lezioni, tenute
all'Accademia di Belle Arti di Brera
a Milano, il libro è dedicato alla
cura dell'artista Cristina Show
caduta in crisi sul finire del secolo

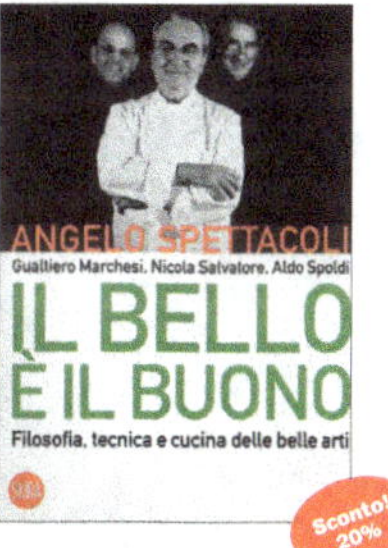

Angelo Spettacoli
Il Bello è il Buono
Edizioni Skira, 2009
E' il primo libro del critico d'arte
Angelo Spettacoli a cui hanno
partecipato Gualtiero Marchesi,
Nicola Salvatore e Aldo Spoldi

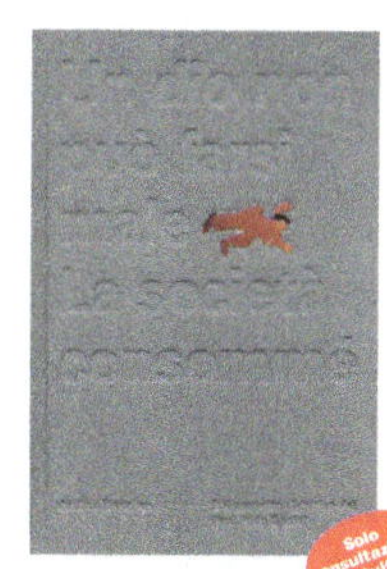

Andrea Bortolon
Un Dio non può farsi male
Edizioni Mousse, 2011
Annuncia la fine del postmoderno e
fa da fondamento all'Accademia
dello Scivolo

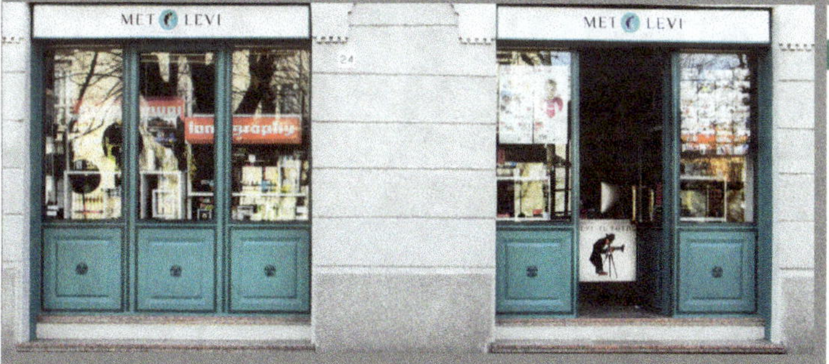

Vieni a consultare, acquistare o vendere i libri consigliati nel bookshop di **Met Levi il Fotografo**

a Crema in Via Kennedy n. 24, per info mail: metlevi@libero.it - Tel. 0373 632336

presso il negozio
MET LEVI Il Fotografo
si organizzano **incontri, workshop, mostre** ed **eventi** dedicati all'arte fotografica

CORSO BASE DI FOTOGRAFIA
da giovedì 16 febbraio 2012, ore 20.30 - 22.30

- 7 incontri teorico/pratici
- esposizione delle migliori fotografie di ogni
  partecipante nello spazio espositivo Met Levi

Il corso è tenuto da
Carlo Bruschieri e da Arianna Pagani

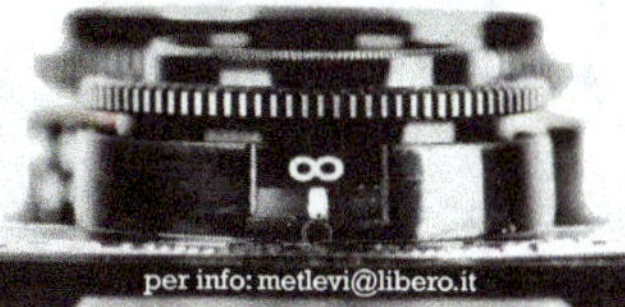

Il reportage fotografico della tournée delle CAMPER GIRLS è a cura di
Carlo Bruschieri, Mina Tomella, Arianna Pagani, Michele Spoldi,
con la partecipazione degli studenti dell'Accademia di Belle Arti di Brera

IL **CRAB** (Centro Ricerche Accademia di Brera) presenta il "CAMPER" di ALDO SPOLDI

17 Marzo 2012 esposizione del **progetto** in mostra allo **Studio Vigato**, via San Tomaso 72, Bergamo
19 Aprile 2012 Accademia di Brera, Milano San Carpoforo a cura dei Proff. **R. Barilli** e **F. Correggia**
14 Luglio 2012 Museo Carnevalotto a **Viareggio** prima tappa del tour con lo spettacolo "Due donne e un carillon"

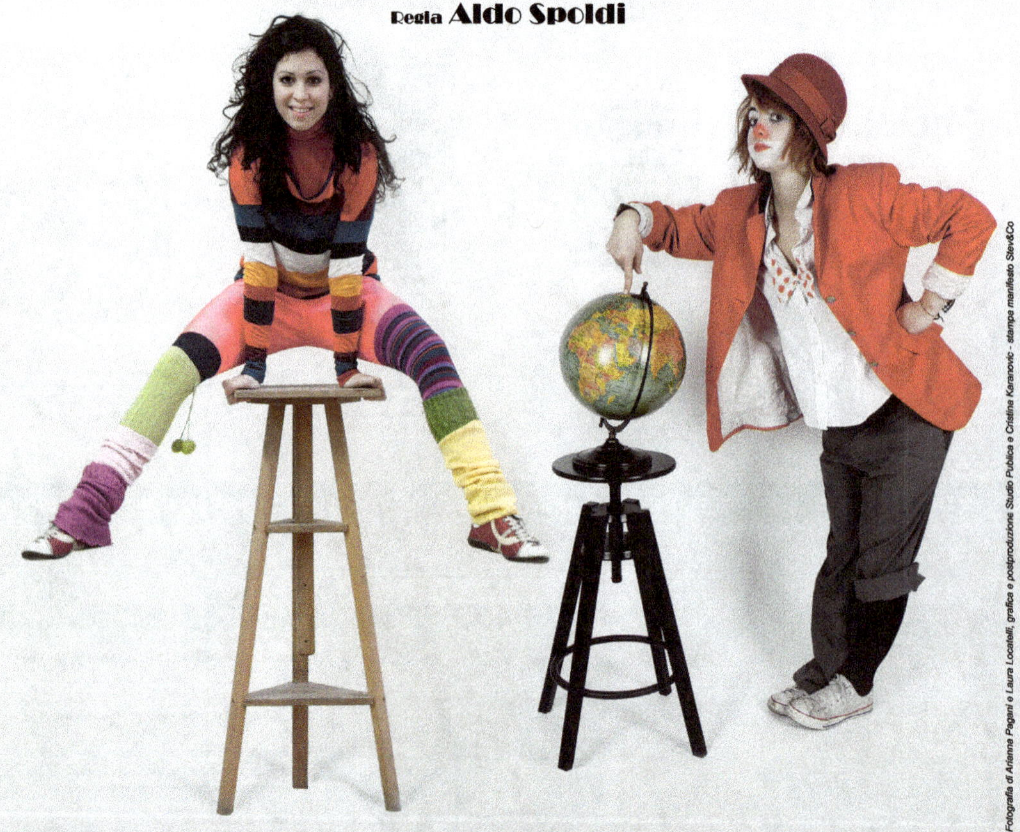

DUE DONNE E UN CARILLON
con Marianna Lodi e Marta Pagani
Testo Renato Barilli
Scenografia Cristina Karanovic ~ Musiche Carlo Tarenzi ~ Soprano Elena Calzari
Luci Elio Toutnature ~ Direttore della Fotografia Met Levi
Regia Aldo Spoldi
Fotografia di Arianna Pagani e Laura Locatelli, grafica e postproduzione Studio Publica e Cristina Karanovic ~ stampe manifesto Steve&Co

Via Santa Marta 19 20121 Milano
Via San Tomaso 72 24121 Bergamo
www.studiovigato.com info@studiovigato.com

STUDIO
VIGATO
ARTE CONTEMPORANEA

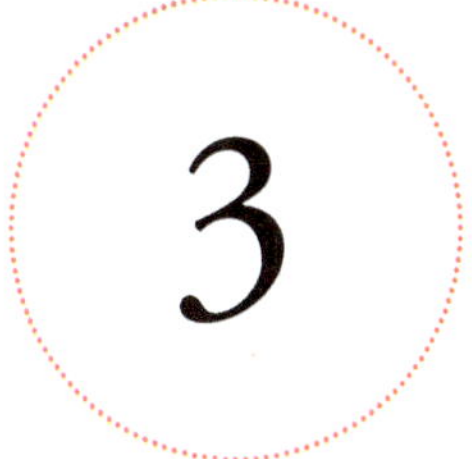

I mondi di carta

Piazza del Duomo, Crema

20 ottobre 2013

L'associazione "I mondi di carta" presenta l'opera "Il Barone rosso 2+2" della Scuderia della Banca di Oklahoma all'interno delle manifestazioni che annualmente organizza.

Il Rosso vince

La sfida lanciata dalla Scuderia della Banca di Oklahoma non ha precedenti nel mondo dell'automobilismo sportivo. Esalta e spiazza. Crea disorientamento negli avversari e scatena un poderoso entusiasmo popolare. Soprattutto una volta osservate le vetture che la Scuderia ha realizzato. A cominciare dalla "Barone Rosso", una monoposto studiata in una apposita "Galleria del Vento & della Memoria" capace di evocare sia il coraggio deliberato di Tazio Nuvolari, sia il genio assoluto di Enzo Ferrari, sia la ferocia (agonistica in questo caso) del Barone Rosso. Un riferimento aereo e aerobico speculare a quello utilizzato proprio da Ferrari quando acquisì, per le proprie vetture, il "Cavallino Rampante" di Francesco Baracca. Barone Rosso e poi Barone Rosso GT (per le gare Endurance), quindi Barone Rosso 2+2, una vettura che rivoluziona profondamente l'approccio alle grandi competizioni consentendo di trasportare un equipaggio vasto e misto, capace di declinare ogni evento (sportivo e non sportivo) alla stregua di un happening. Con il progetto "Volpaia GT", la Scuderia ha compiuto un ulteriore azzardo, coinvolgendo un vero e proprio manipolo di artigiani, producendo così un salto e una capriola in avanti anche rispetto alle creazioni di Salvatore Scarpitta, più rumorose ma meno esilaranti. La velocità di punta della "Volpaia GT" (nome ispirato dal Castello di Volpaia) supera i 180 chilometri orari, generando effetti comici devastanti. In particolare, valutando l'atteggiamento degli altri team impegnati nel mondo delle competizioni, tutti sostanzialmente incapaci di reggere il confronto e trovare adeguate contromisure. Quando compare il Camper ambulante della Oklahoma srl, a Maranello tremano. Sanno che, in qualche modo l'evento prenderà una piega inattesa e irresistibile. Per non parlare dell'apparizione sulle piste europee della Barone Rosso 2+2 con ruote Grana Padano, prime ruote regolate dall'invecchiamento e non da una semplice, banale, pressione atmosferica. Questa versione della "2+2", denominata "In Grana la prima", ha immediatamente sbaragliato il campo producendo una gioia diffusa e indescrivibile presso gli appassionati di corse, di rosso e di grana, genericamente intesi. Ormai la sfida è lanciata. Le creazioni della scuderia della Banca di Oklahoma hanno modificato sostanzialmente ogni approccio al tema-velocità e al tema-comicità, "Niente sarà più come prima" ha sussurrato Bernie Ecclestone durante una seduta del Consiglio Mondiale. Prima di inviare la richiesta di entrare a far parte della Oklahoma srl come socio minoritario e autista del Camper. Certo com'è di liberalizzare così l'arte e la fantasia che tanto mancano alle corse di oggi, così farcite di tecnologia (che fa anche rima). Aldo Spoldi, rispondendo ad Ecclestone, ha fissato in 10 Brunelli la quota di un eventuale partecipazione societaria. Al che, persino Ecclestone, si è fatto una bella risata.

Giorgio Terruzzi

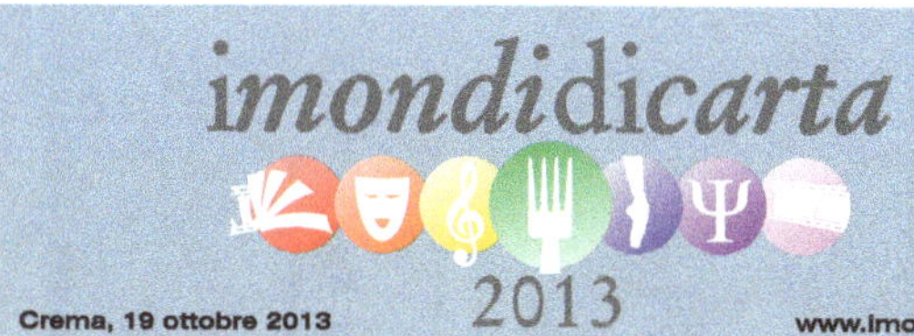

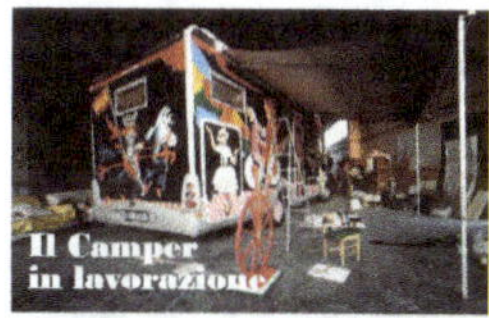

*"Una volta,
per suo gusto personale,
Aldo Spoldi costruiva
macchine da corsa.
Erano quelle a forma di siluro,
di sigaro, tipiche dei primi tempi
della formula 1. Aveva anche
fondato una scuderia
che si chiamava
Oklahoma".*

Antonio D'Orrico, 2006

In omaggio ad Aldo Spoldi "I mondi di carta" ha commissionato a Patrizia Gillo la ricostruzione e catalogazione della storia della

Scuderia della Banca di Oklahoma e della tournée del Camper prodotto dall'Accademia dello Scivolo

con un'introduzione di Renato Barilli

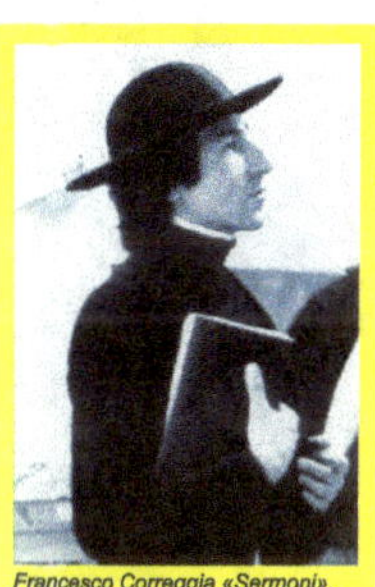

Francesco Correggia «Sermoni», performance, 1980

Programma del Tour:

17 Marzo 2012
Studio Vigato - Bergamo
Esposizione del progetto

19 Aprile 2012
Accademia di Brera - San Carpoforo
Il critico d'Arte Prof. Renato Barilli e il Prof. Francesco Correggia presentano le finalità e gli intendimenti del Camper

6 Giugno 2012
Albereta di Gualtiero Marchesi

14 Giugno 2012
Giuliano Gori «Celle Art Spaces»

Frittelli Firenze

15 Luglio 2012
Museo Carnevalotto Viareggio, prima tappa. Presentazione dello storico d'Arte Rolando Bellini

20 Luglio 2012
La gestione del Camper raggiungerà le sue finalità offrendosi come lavoro creativo agli studenti di Belle Arti dell'Accademia di Brera

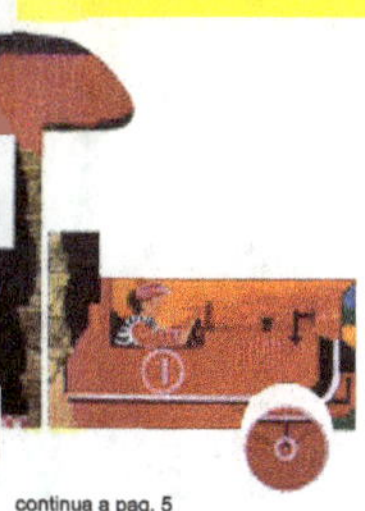

continua a pag. 5

Come per tutti i migliori artisti emersi nei primi anni Settanta, anche per Aldo Spoldi bisogna menzionare una partenza dalla Narrative Art, che fu un cavallo di Troia, da un lato c'era una accettazione dell'aniconismo estremo di cui si era vantata l'arte concettuale, promuovendo soltanto il ricorso alla scrittura. Ma alla porta bussava impellente un ritorno all'immagine. Spoldi pensò di farla riapparire cautamente, a sprazzi.

Una similitudine valida nel suo caso è quella della brava signora che stende sul tavolo un mazzo di carte tutte rivoltate in giù, ma poi va a scoprirle qua e là, facendo affiorare vari particolari, come i frammenti di un insetto che cercano di ricongiungersi e di recuperare una totalità. Questa similitudine è valida anche perché ci dice che fin dai primi passi il ritorno all'immagine praticato da Spoldi era del tutto riluttante ad adattarsi alla vecchia dimensione del "quadro", quei frammenti in cerca di riaccorparsi avevano bisogno di distendersi liberamente sulla superficie, o addirittura di sgranchirsi le membra, di saltarne fuori per andare ad abitare lo spazio tridimensionale. Ma forse è l'ora di passare a una seconda similitudine più impegnativa, diciamo allora che l'atteggiamento proprio di Spoldi è quello del burattinaio deciso ad assemblare le sue creature dando loro corpo, membra snodate, e anche un abbigliamento consono. Il nostro artista insomma è un Mastro Geppetto di nuovo conio, tra i cui fini non può mancare in primo luogo la ricostituzione di un Pinocchio dotato di un lungo naso. Burattini, marionette che, pur sempre con movimenti legnosi e disossati, escono fuori ad abitare il mondo, invadendolo con i generosi miti di una ritrovata infanzia, dotati non solo dei costumi che gli si addicono, ma anche di una appropriata attrezzeria che prevede tricicli, automobili, tanti altri aggeggi atti a esercitare azioni libere e gratuite. I nomi assunti corrispondono in pieno a un ritrovato universo del mito, si tratta di Cristina Karanovic, di Andrea Bortolon, di Enrico il Verde, del Barone Rosso, e tutti insieme puntano verso traguardi generosi e beneauguranti. Su questa strada Spoldi ritrova forse il più bel mito espresso dal Novecento, quello del Teatro di Oklahoma ideato da Franz Kafka, pronto a farsi carico di tutti i diseredati per avviarli verso un mondo migliore, nella speranza che l'utopia riesca a convertirsi in realtà. Tutto ciò si può anche ridire riconoscendo che l'arte di Spoldi affonda in una dimensione drammatica, di un teatro delle origini, la cui profonda vocazione è di trasferirsi da un luogo all'altro per portare ovunque un messaggio salvifico, confezionato in termini poveri e popolari. Parliamo dunque di un Carro di Tespi capace di accogliere l'intera pittoresca consorteria di una Commedia dell'arte rimessa a nuovo secondo parametri adatti ai nostri tempi. Ma su quale veicolo si imbarcherà questa compagnia tumultuosa e agitata? Al giorno d'oggi una mobilità comoda e opportuna può essere assicurata da un camper, e dunque è più che logico che queste maschere di una ugualmente rinnovata Commedia dell'arte salgano a bordo di un simile veicolo, sfruttando anche una possibilità di cui godono ab origine. Allo stesso modo che hanno potuto distaccarsi dalla superficie che pure li ha partoriti, possono pure riadattarvisi, balzando, quasi per bacchetta magica, dalle tre alle due dimensioni, andata e ritorno. E' insomma un universo "a soffietto", i cui vari protagonisti, a una parola d'ordine, si appiattiscono aderendo alle pareti del veicolo trasportatore, lasciandosi trasferire da esso sul luogo dell'esibizione prevista, per poi balzarne fuori una volta giunti a destinazione, e riacquistare le membra cui solo provvisoriamente avevano rinunciato.

Questo Teatro di Oklahoma così rispondente ai nostri attuali bisogni entra a meraviglia nel clima del carnevale, che la migliore critica letteraria e antropologica, Bachtin insegna, celebra come momento all'apice dei destini dell'umanità. Nel calendario italiano primeggia fra tutti il Carnevale di Viareggio, logico dunque che il nostro rinnovato Carro di Tespi si diriga verso quella meta mitica, dove infatti andrà a incarnarsi.

Ma prima di muovere dalla Galleria Vigato di Bergamo, e da Milano, epicentro delle attività di Spoldi, occorrerà pure che la massima istituzione artistica ambrosiana, l'Accademia di Brera, conferisca una benedizione speciale, a questo Carroccio rinato dalle ceneri, delegato a portare in giro per il mondo la buona novella, ad annunciare che l'arte è pronta di nuovo a diffondere attorno a sé piacere, appagamento, felicità.

Patrizia Gillo: Aldo Spoldi e la scuderia della Banca di Oklahoma

La Scuderia della Banca di Oklahoma ha prodotto auto da corsa. Nel 1990 ne ha prodotte quattro (tre erano già in cantiere ed esposte nel 1989 al Palazzo di Cristallo di Madrid in una mostra curata da Renato Barilli). Il loro nome fa il verso alla prestigiosa Testa Rossa della Ferrari. Le prime tre si chiamano infatti "Barone Rosso", "Barone Rosso GT" e "Barone Rosso 2+2", la quarta "Volpaia GT" e deve il suo nome al luogo in cui è stata presentata: il Castello di Volpaia nella mostra "Da zero all'infinito" a cura di Giacinto di Pietrantonio. Non sono belle e vere come quelle di Salvatore Scarpitta, sono dei giocattoloni patafisici e assomigliano ai rotondi giochi e alle comiche fantasie dei bambini in cerca di sponsor. Anche se la "Volpaia GT" raggiunge i 180 km orari, rimane un'auto soprattutto comica. Per fabbricare un'automobile ci vuole un'organizzazione, una banda di volontari: è necessario che ci siano un ingegnere, un fabbro, un carrozziere, un decoratore e un finanziatore, ma anche un supervisore critico. La Oklahoma srl li ha trovati in: **Giovanni Rossi, Renzo Nidasio, Gianpiero Polia, Vittorio Beltrame, Bepi Koelliker, Giorgio e Giò Marconi, Loredana Parmesani.** La scuderia ha elaborato, su suggerimenti grafici di Gigi Piola, un logo apposito che è stato serigrafato. Nel 2011 le auto prodotte dalla Oklahoma hanno trovato un avventuroso sviluppo nella progettazione di un Camper ambulante.

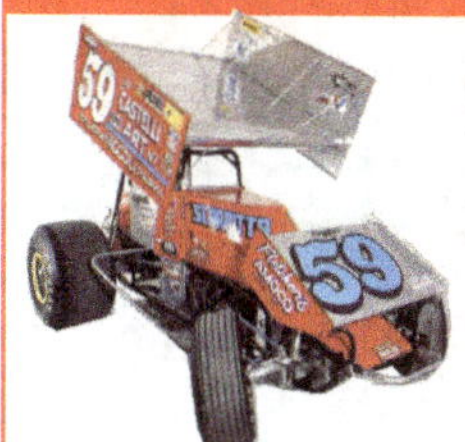

Operazione CAMPER 2012
Il 19 Aprile una performance di **FRANCESCO CORREGGIA** presenterà il camper all'Accademia di Brera

ACCADEMIA DELLO SCIVOLO progetto Camper 2012

Dopo l'esposizione del progetto-quadro allo Studio Vigato di Bergamo il Progetto Camper, commissionato dall'Accademia dello Scivolo, è stato presentato per la prima volta dal critico d'arte Renato Barilli presso l'Accademia di Belle Arti di Brera nella chiesa di San Carpoforo, sede del biennio di Arti Visive e del CRAB (Centro Ricerche Accademia di Brera). Francesco Correggia ha benedetto con una sua performance la partenza del tour, in una locuzione avente carattere inaugurale di ufficialità accademica. A fotografare l'evento è stato invitato Enrico Cattaneo, noto e autorevole fotografo di artisti ed eventi culturali. Da Brera il Camper è partito per una tournée sostando all'Albereta di Erbusco di Gualtiero Marchesi, alla Galleria Frittelli di Firenze, alla Fattoria di Celle di Giuliano Gori, per poi proseguire verso il Museo d'Arte Contemporanea "Carnevalotto" di Viareggio dove è stato accolto, nel luglio 2012, dal direttore Francesco Bendinelli e presentato del critico d'arte Rolando Bellini. Dipinto e attrezzato da Aldo Spoldi, il Camper va visto come lavoro in progress, come uno spazio espositivo ambulante. Un museo da campeggio che si accampa in un luogo e poi riparte per una meta successiva. Sosta in una città e, subito dopo, ha l'obiettivo di andare in un'altra per dare spettacolo e visione ai progetti che si sono formati all'interno dell'Accademia di Belle Arti di Brera. L'automezzo va visto come un aggiornato carro della commedia dell'arte che, nomade, fugge via dal postmoderno sistema dell'arte. Scappa via dal museo per **liberalizzare l'arte** e contemporaneamente riportarla sul ring della sfida culturale. E' stato inoltre presentato al pubblico il n. 0 del giornalino Accademia dello Scivolo, edito dalla Galleria d'Arte Vigato e distribuito da Academy of Fine Arts, dove sono presentate in forma giornalistica le finalità del progetto.

Salvatore Scarpitta - *Racing Car, 1990*

L'artista, seguendo il procedimento tipico della Pop Art, si appropria dell'oggetto-automobile, in questo caso un potente e ruggente bolide da corsa equipaggiato con un motore Chevrolet 8 cilindri da 700 CV. Questa scultura in movimento ha gareggiato sulle piste di Williams Grove e Lincoln in Pennsylvania vincendo due corse.

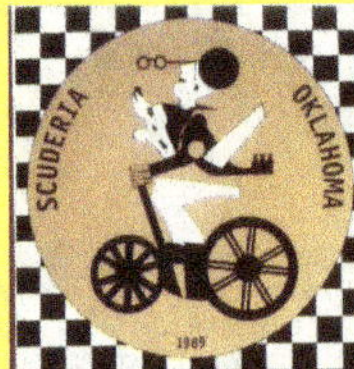

BANCA DI OKLAHOMA

SCUDERIA 1989 - 1990

"Una volta, per suo gusto personale, Aldo Spoldi costruiva macchine da corsa. Erano quelle a forma di siluro, di sigaro, tipiche dei primi tempi della formula 1 Aveva anche fondato una scuderia che si chiamava Oklahoma".
Antonio D'Orrico, 2006

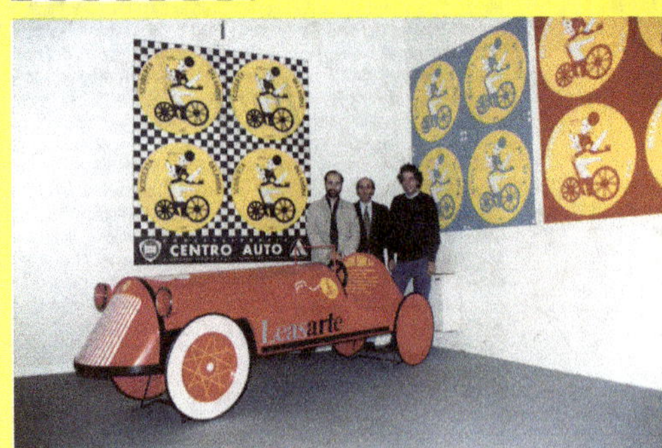

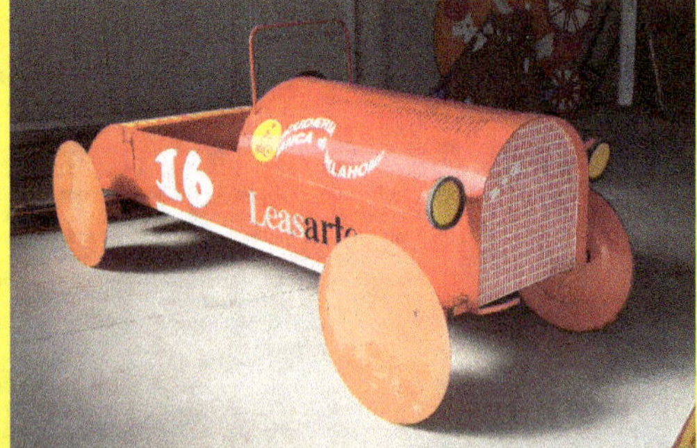

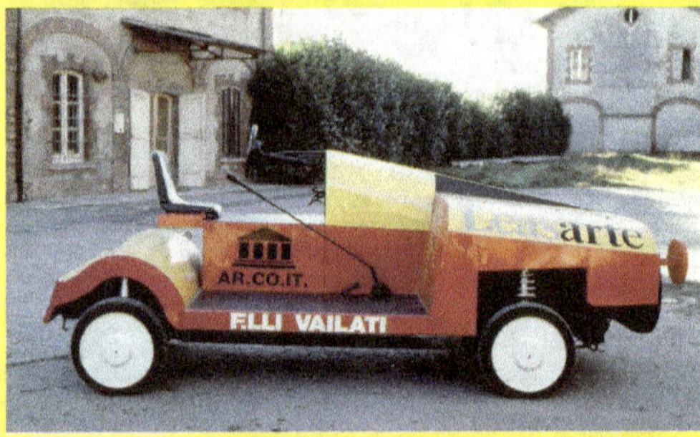

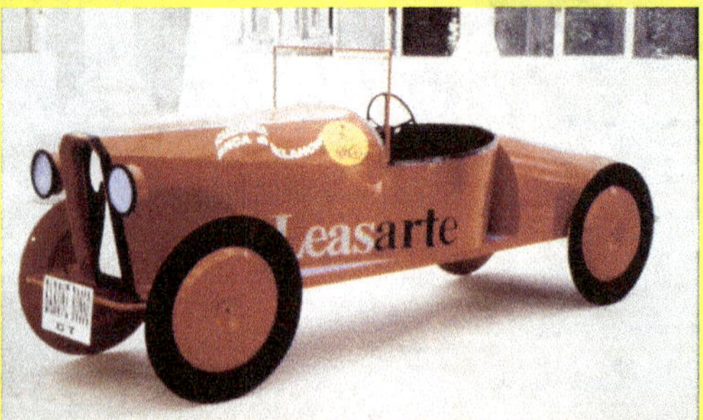

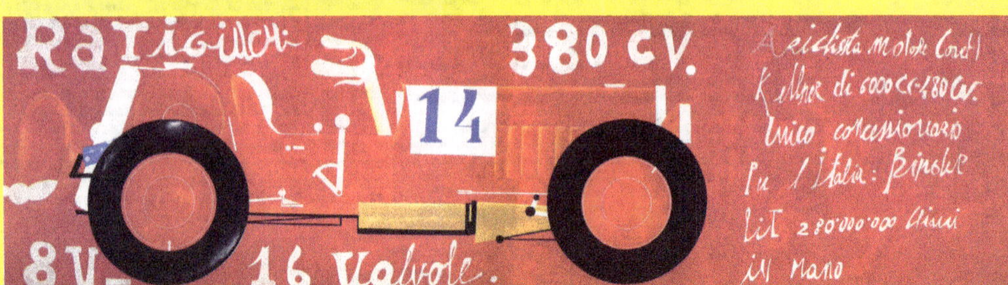

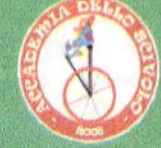

I modellini della Scuderia Oklahoma, realizzati dall'Accademia dello Scivolo nel 2013, in mostra presso lo STUDIO VIGATO via Santa Marta, 19 Milano dal 7 novembre al 14 dicembre 2013

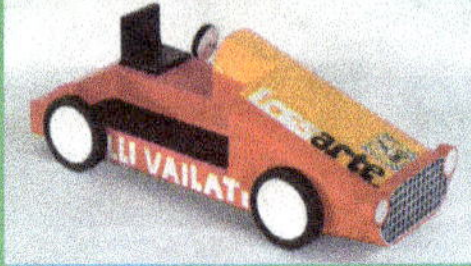

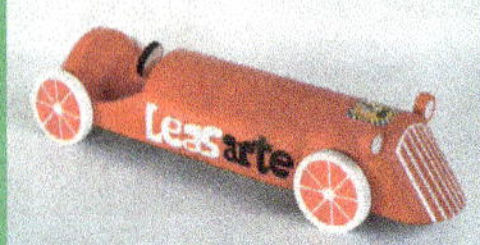

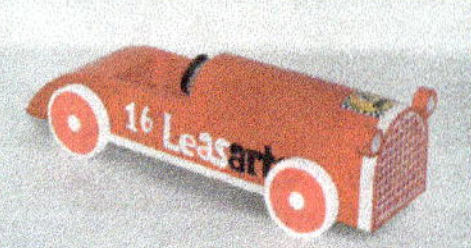

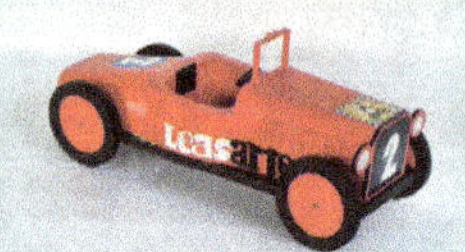

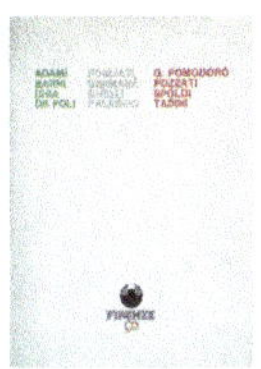

A cura di Giuliano Allegri
FIRENZE '90
Edizioni della Bezzuga, 1990
In occasione dei Campionati
mondiali di calcio, la Banca
di Oklahoma progetta, su
tavola calcografica, una
versione fantasiosa della
Volpaia GT

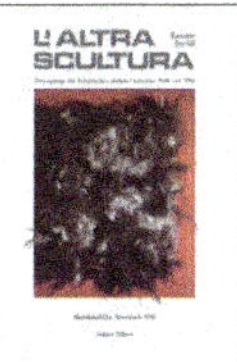

A cura di Renato Barilli
L'ALTRA SCULTURA
Mathildenhöhe Darmstadt
Fabbri Editore,1990

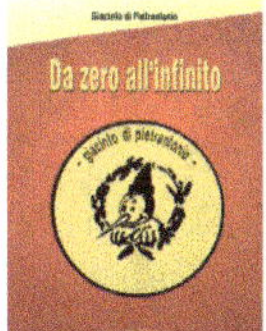

*A cura di
Giacinto di Pietrantonio*
DA ZERO ALL'INFINITO
Castello di Volpaia, 1990
*Originale smarrito,
l'Accademia dello Scivolo
lo ricompra a 10 Euro*

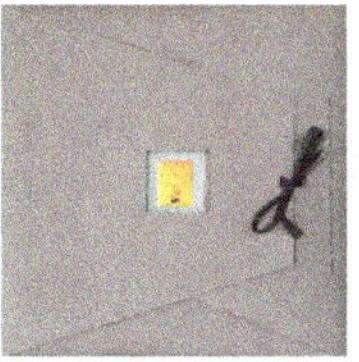

*IGP - Studio Marconi
- Saatchi & Saatchi*
DINAMIC ART
**Arte e Pubblicità
a gran velocità**, 1992
*La Banca di Oklahoma
progetta la "Ratìgiuchì"
pubblicizzata sui tram di Milano*

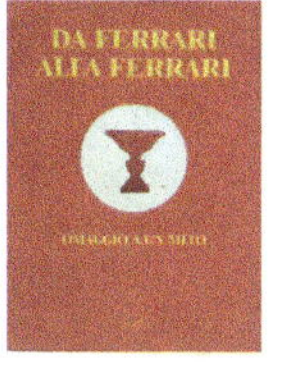

A cura di Bianca Pilat
DA FERRARI A FERRARI
Omaggio a un mito
Edizioni Zoom, 1998
*Con il coordinamento
di Aldo Spoldi, l'artista virtuale
Cristina Karanovich in collabo-
razione con Adelphi Bondioli,
realizza un cavallo a dondolo
Ferrari in bronzo, finanziato
dalla B.D.O. Spa*

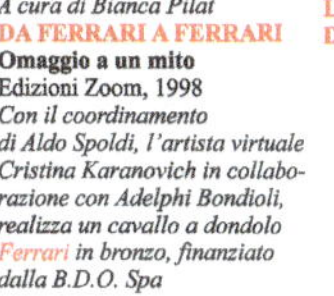

**L'AUTOMOBILE PIU' BELLA
DEL MONDO** 1997

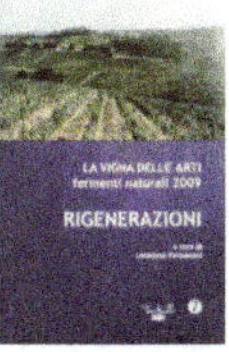

*A cura di
Loredana Parmesani*
RIGENERAZIONI
**La Vigna delle Arti
Fermenti naturali**
Blu di Prussia editrice per
Torre Fornello, 2009

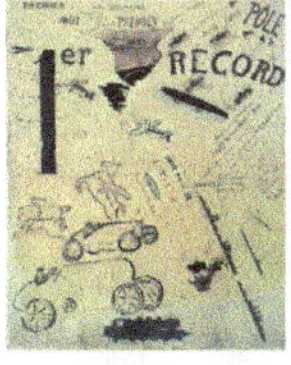

A cura di Claudio Cerrittelli
**OMAGGIO A
TAZIO NUVOLARI**
**Il mito della velocità
l'arte del movimento
dal Futurismo alla VideoArt**
Catalogo Grosso
Mantova, 1990

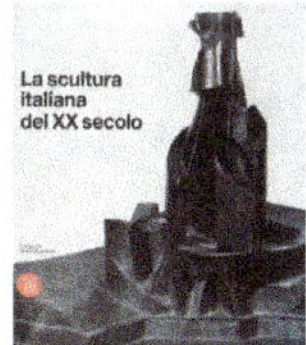

A cura di Marco Menegozzo
**LA SCULTURA ITALIANA
DEL XX SECOLO**
progetto di Arnaldo Pomodoro
Fondazione Arnaldo Pomodoro
Ed. Skira, 2005

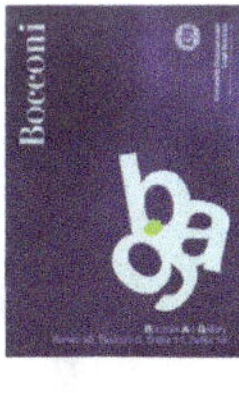

**BOCCONI
ART GALLERY** 2011

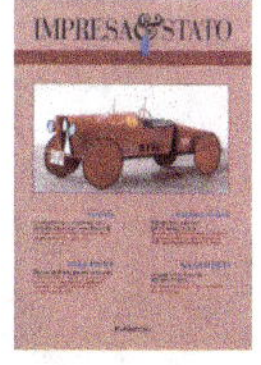

IMPRESA E STATO
**rivista della Camera di
Commercio di Milano,**
trimestrale n°72 terza serie
anno XVIII, 2005
Rubbettino editore, 1997

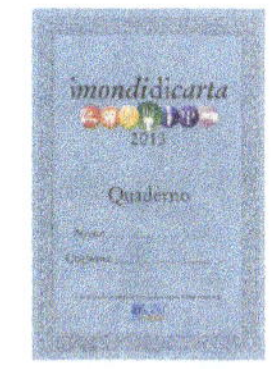

*A cura di Enrico Tupone
e Angelo Dossena*
I MONDI DI CARTA
quaderno
Crema, 2013

imondidicarta
2013

In Grana la prima
L'automobile Barone Rosso 2+2 di Aldo Spoldi
per la prima ed unica volta con le ruote di Grana Padano

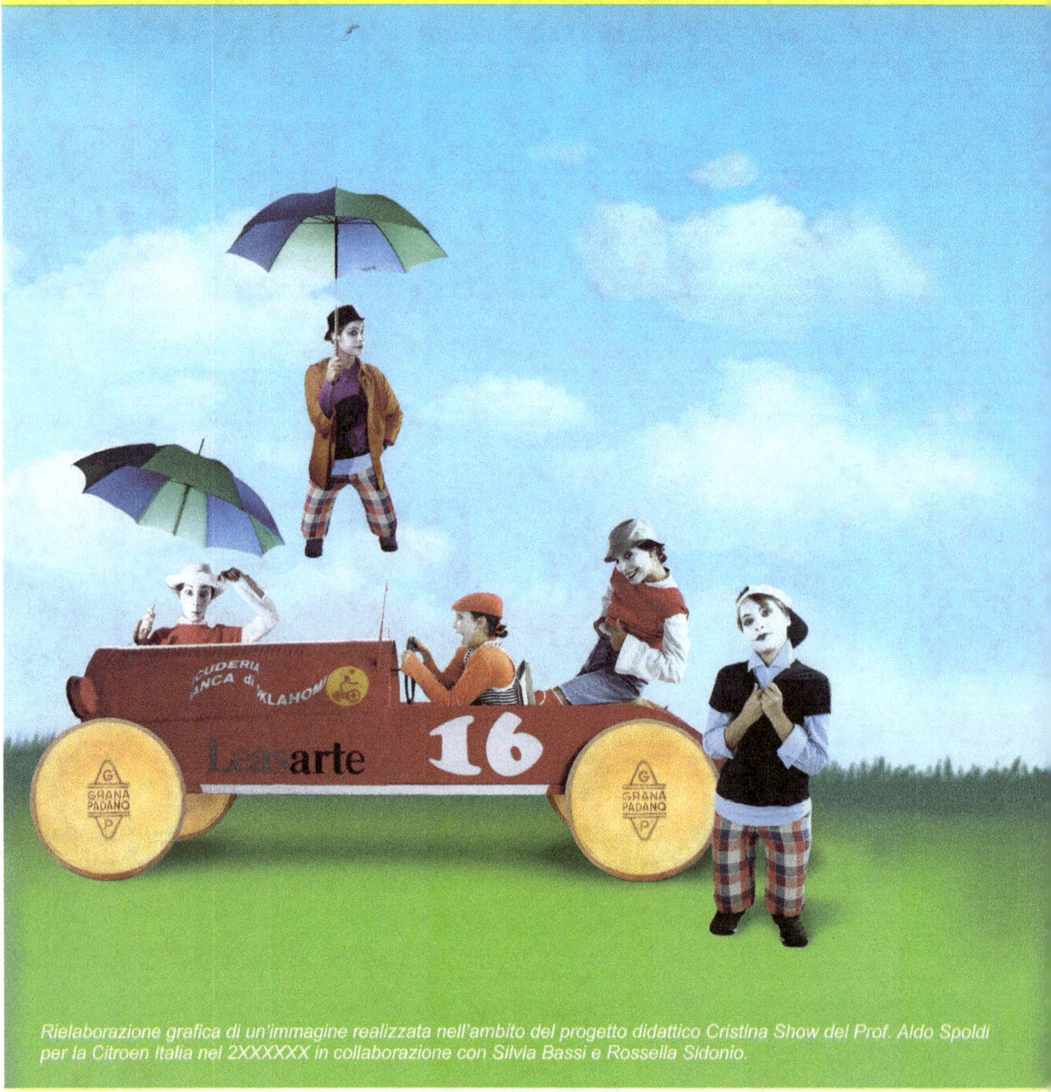

SCUDERIA
BANCA di OKLAHOMA

Leasarte

16

GRANA
PADANO

GRANA
PADANO

Rielaborazione grafica di un'immagine realizzata nell'ambito del progetto didattico Cristina Show del Prof. Aldo Spoldi
per la Citroen Italia nel 2XXXXXX in collaborazione con Silvia Bassi e Rossella Sidonio.

dal 7/11 al 14/12 - 2013
Via Santa Marta 19 20121 Milano
www.studiovigato.com   info@studiovigato.com

STUDIO
VIGATO
ARTE CONTEMPORANEA

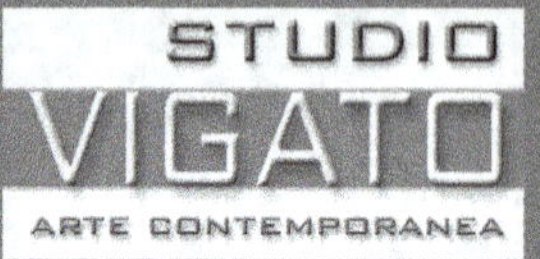

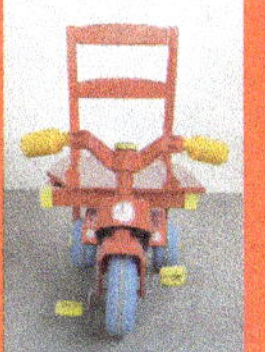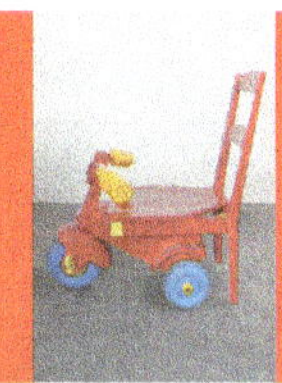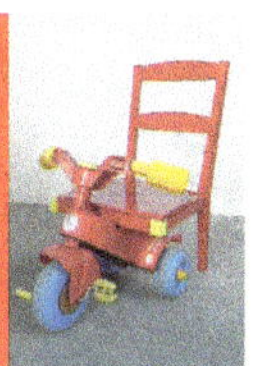

Marianna Lodi *prova sul circuito dell'Accademia dello Scivolo la*

SEDIA TURBO RUGGENTE

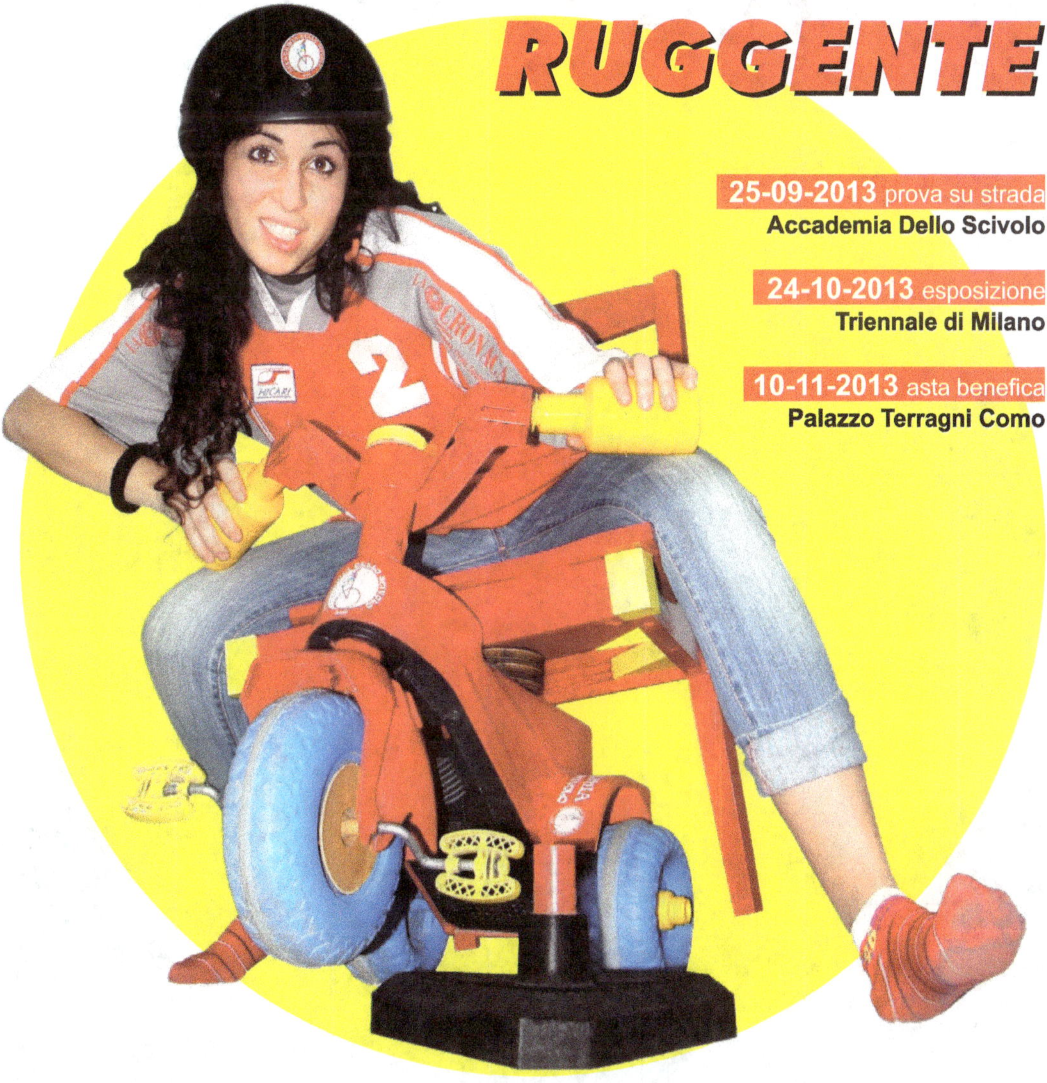

Il Camper di Aldo Spoldi in tournèe

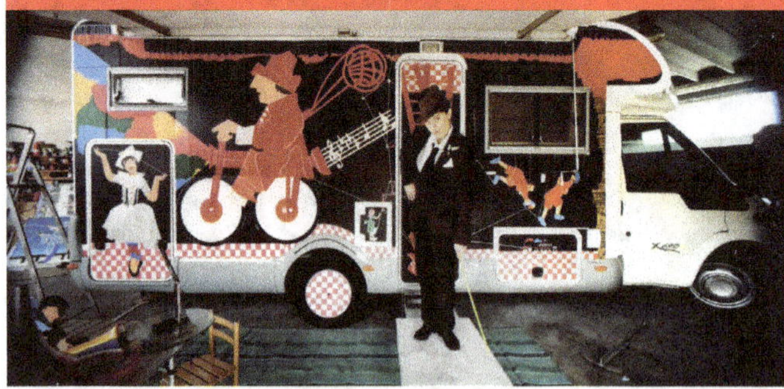

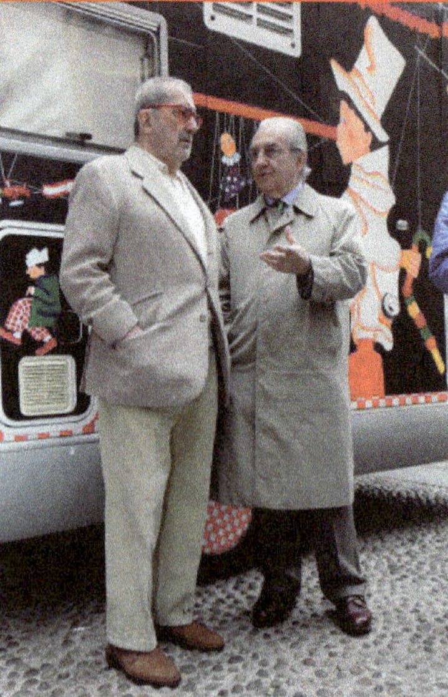

Laura Locatelli in una plèce davanti al Camper in lavorazione - courtesy Met Levi

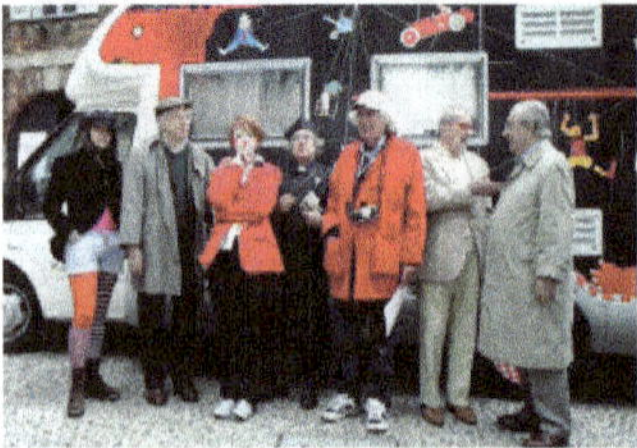

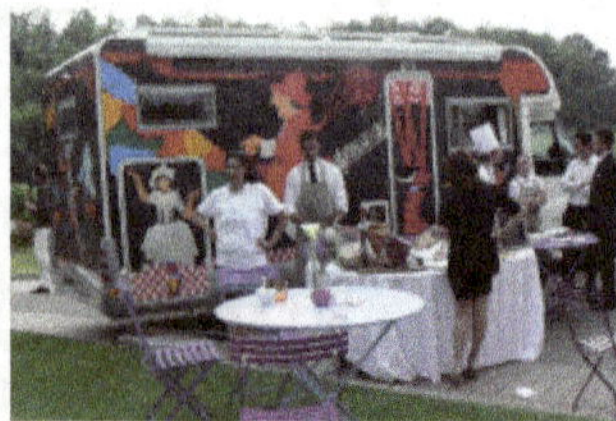

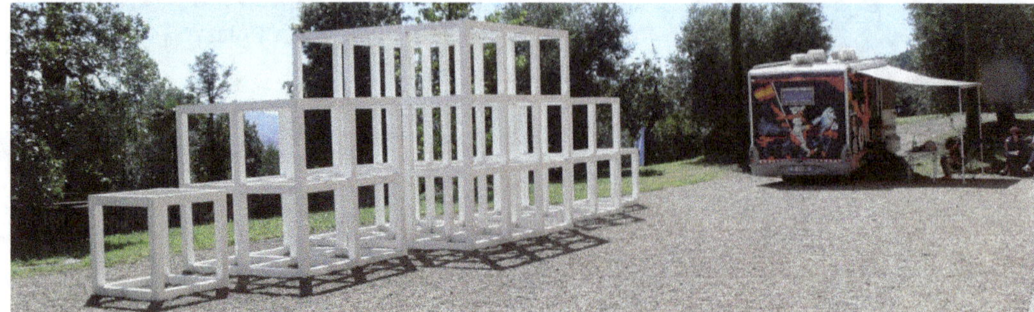

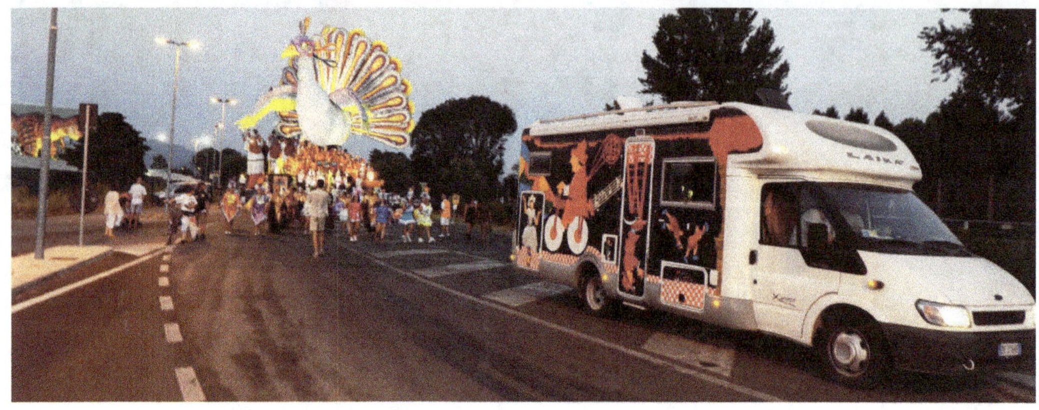

Produzioni e Collaborazioni

Special Guests. L'Accademia dello Scivolo ha invitato l'autonomo gruppo ENZIMA21 a mostrare la sua azione artistica nelle soste delle città visitate dalla tournée. Ha inoltre costituito un suo proprio e specifico gruppo chiamato le CAMPER GIRLS che durante le soste presenterà gli avventurosi viaggi di Cristina e i personaggi virtuali.

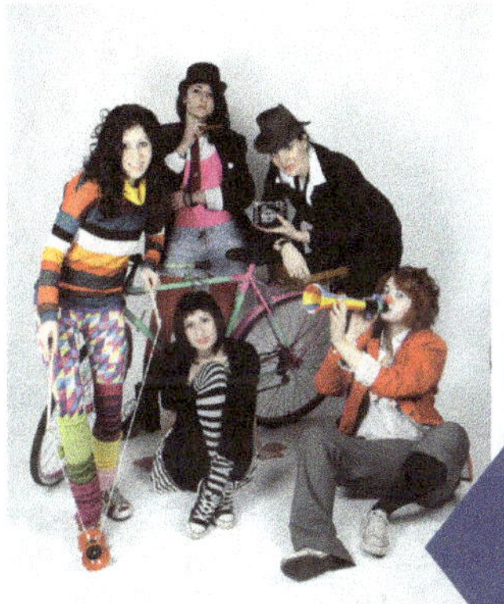

Le CAMPER GIRLS, Fotografia di Arianna Pagani

Enzima21 è il tentativo di reagire al clima contemporaneo di generale "apatia". Nasce nel 2011 all'interno dell'Accademia di Brera dall'idea di otto ragazze, di provenienza comune, consapevolmente "native digitali". Data la crescente virtualizzazione della "realtà", Enzima21 mira a far luce sui limiti e sulle potenzialità che questa condizione implica. La necessità di riscoprire il concetto di relazione fisica con i luoghi, le persone e il passato attraverso l'immagine, è alla base del primo lavoro firmato Enzima21 "We are not Beuys, we are Girls" che viaggerà all'interno del camper di Cristina Show, accanto al progetto in divenire "Antropoforme".

EN21MA

Il Camper, realizzato dall'Accademia dello Scivolo, ingrana la marcia e a tutto gas entra in scena, con il gruppo formatosi nell'autunno del 2011, delle vivaci e spumeggianti CAMPER GIRLS. La squadra é composta dalle giovani performers Laura Locatelli, Luana Scotti, Maria Attianese, Marianna Lodi, Marta Pagani, Nicole Bacchiega e Viola Xerra che insceneranno in maniera rocambolesca un avvenimento davvero speciale. Per l'occasione è previsto un Tour nel corso del quale verranno celebrate le storie e i personaggi dell'Accademia dello Scivolo per solleticare la fantasia di coloro che prenderanno parte a questo viaggio dipinto.

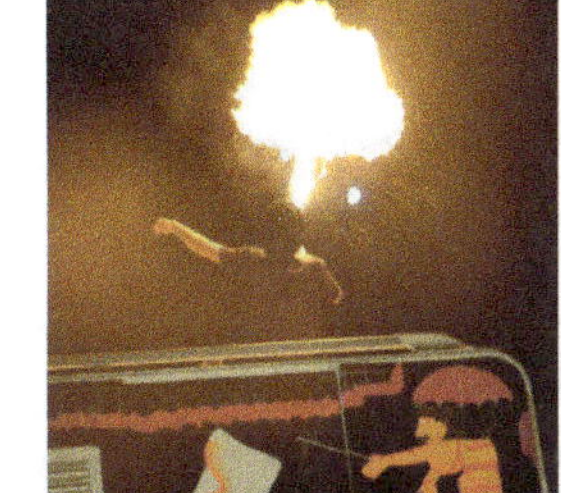

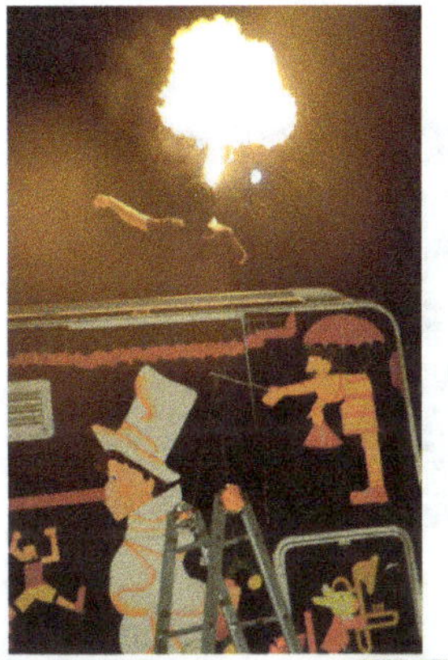

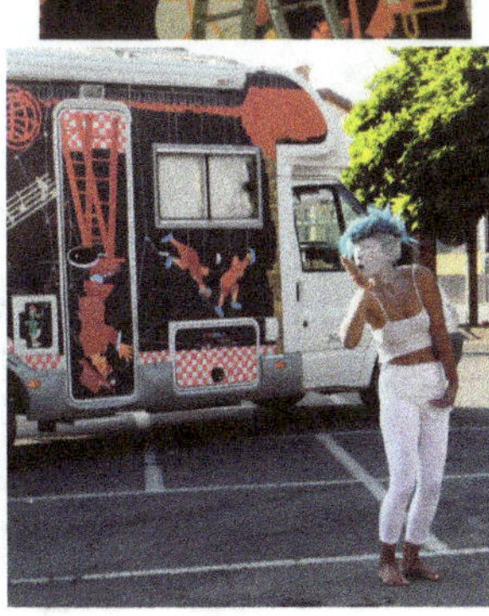

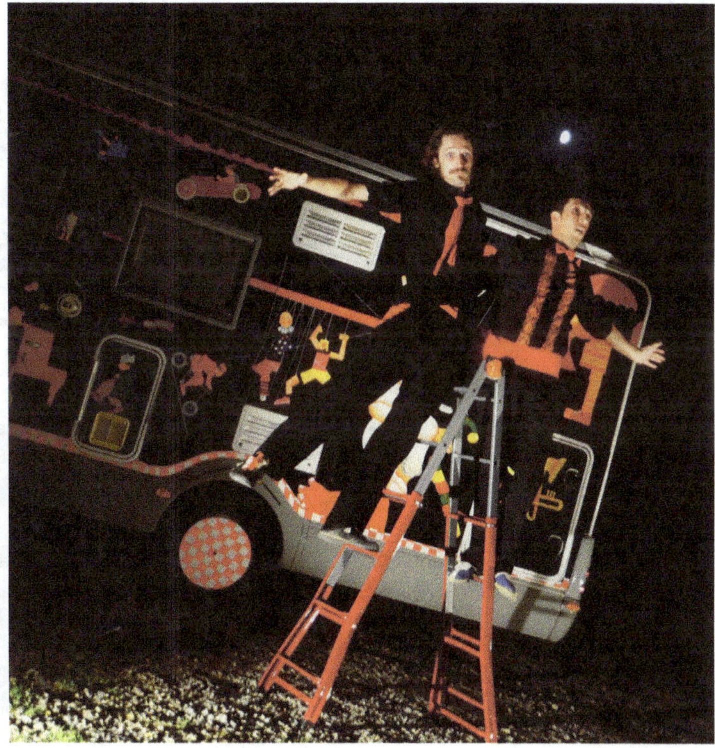

IL PROGETTO DEL CAMPER:
la nuova commedia dell'arte.
Stop ai personaggi virtuali, via libera al racconto di Cristina.
Nascono nuovi MITI!

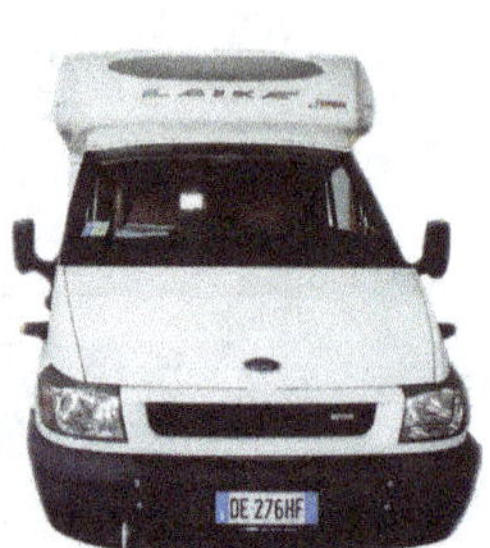
Camper LAIKA X 695R

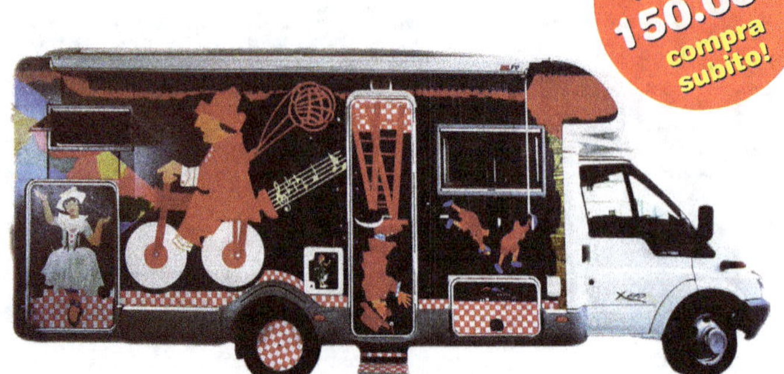
Cristina   Andrea Bortolon   Angelo Spettacoli

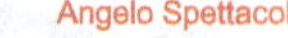

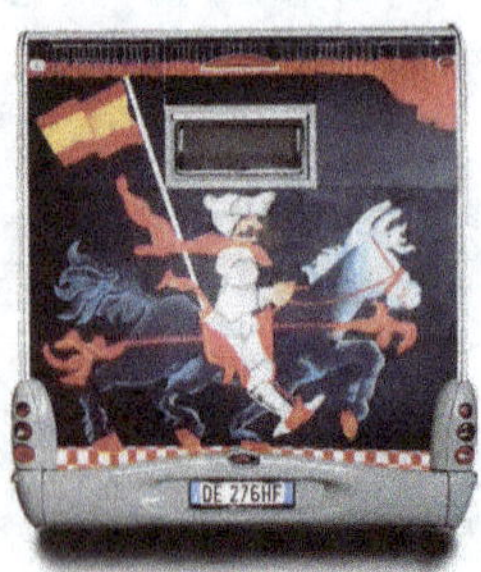

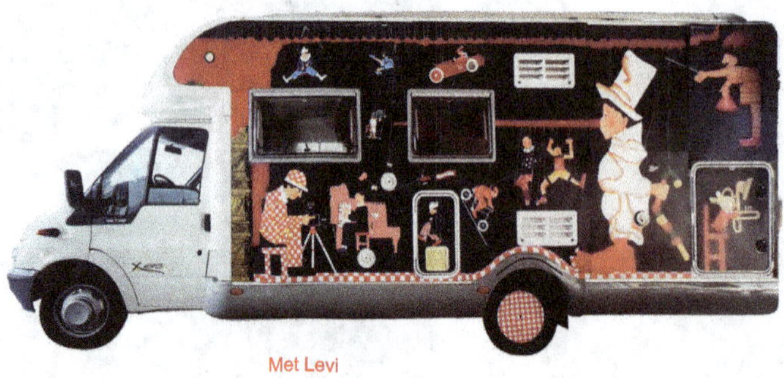
Met Levi

CAMPER IN OFFERTA SPECIALE dal 25 aprile 2013 a 75.000 €. Da marzo 2014 l'Accademia dello Scivolo si impegna a ricomprarlo a 10.000 €

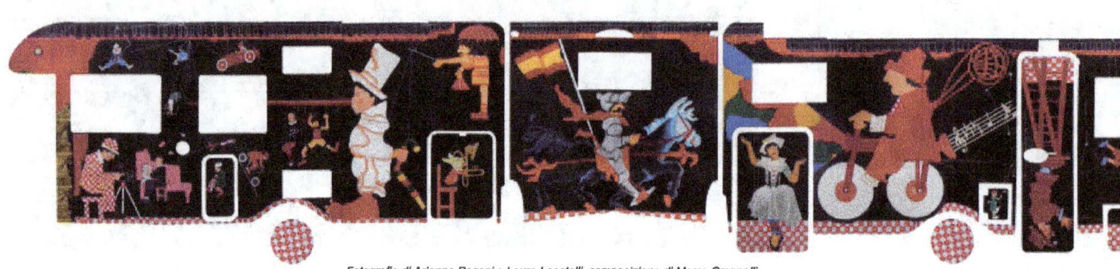

Fotografia di Arianna Pagani e Laura Locatelli, composizione di Marco Groppelli

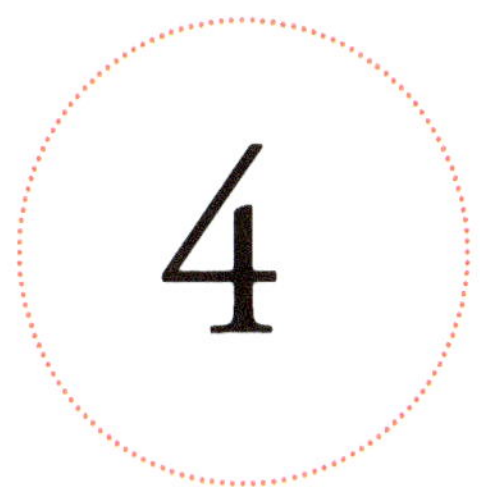

4

Accademia dello Scivolo

Giovedì 1° maggio 2014 – ore 18.00

Sala Mostre – Comune di Bagnolo Cremasco

A cura di Eleonora Petrò

Testi di Angelo Spettacoli, Eleonora Petrò

Una terra per una scultura

Dalla Factory di Andy Warhol all'Accademia dello Scivolo di Aldo Spoldi

di Angelo Spettacoli

Scambiare una terra con una scultura, in un tempo in cui si stampa denaro senza referente, è più importa tante che scambiarla con gli Euro.

_ Patrizia Gillo

Dopo aver presentato l'Accademia dello Scivolo presso l'Accademia di Belle Arti di Brera, la Fondazione e Marconi e la Scuola Beato Angelico di Milano, sono felice di presentare a Bagnolo Cremasco la mostra **"Una terra per una scultura"**.

La mostra mira a sottolineare lo scambio del carro-scultura "Il mangiatore di mondi" realizzata da Aldo Spoldi in collaborazione con il carrista Luca Bertozzi per il Carnevale di Viareggio del 2011, con la terra di proprietà del Comune di Bagnolo Cremasco detta **"Vasca Volano"**.

L'Accademia dello Scivolo, dopo aver trovato la sua sede mobile in un "Camper" in tour fra le piazze d'Italia, trova così il proprio luogo così che l'architettura mobile diventa immobile e stabile.

La finalità e il desiderio dello scambio della terra con la scultura sono di trasformare una terra desolata in una madre terra popolata dalla banda detta **"Accademia dello Scivolo"**. Una banda che, dotata di uno statuto interno civile, di un timbro stampante il suo logo, di una bandierina, di una collezione di arte moderna e di un camper, è mossa dal motto: **qui non si lavora, si gioca.**

Nella terra conquistata con la scultura, su cui già sventola la bandierina dell'Accademia dello Scivolo, si intende giocare una specie di "guerra e pace" contro l'amico, l'amante, il nemico postmoderno: l'Accademia di belle Arti di Brera e il mondo globalizzato. La terra è lo sfondo irrinunciabile e reale che va difeso contro il potere assoluto delle "interpretazioni".

Dopo aver visto la Land Art disegnare sulle terre deserte e l'Atelier Van Lieshout costruire uno stato, l'Accademia dello Scivolo intende far cantare la terra, nidificarla, ridarle l'acqua, farla rinascere. A tale proposito in mostra saranno presentati i tre progetti architettonici che la riguardano. Il primo, in ordine cronologico, è il progetto di sistemazione timida commissionato dall'Accademia dello scivolo alla Shy dell'Architetto Marco Ermentini nel 2009, il secondo è il progetto che unifica il capannone all'area "Vasca Volano" del Geometra Michel Ferrari e il terzo è il progetto della terra detta "Vasca Volano" che l'Architetto Angelo Galvani ha realizzato in collaborazione con gli ex studenti dell'Accademia di Brera.

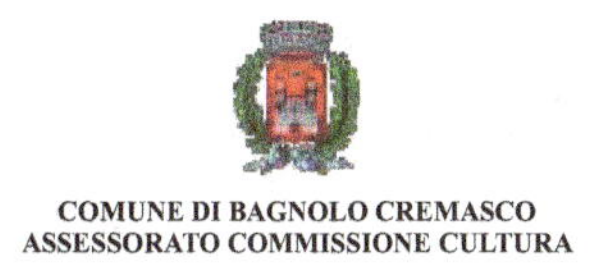

ACCADEMIA DELLO SCIVOLO

DIPARTIMENTO BANDA VASCAVOLANO CR - ORDINE DEL MARAMEO

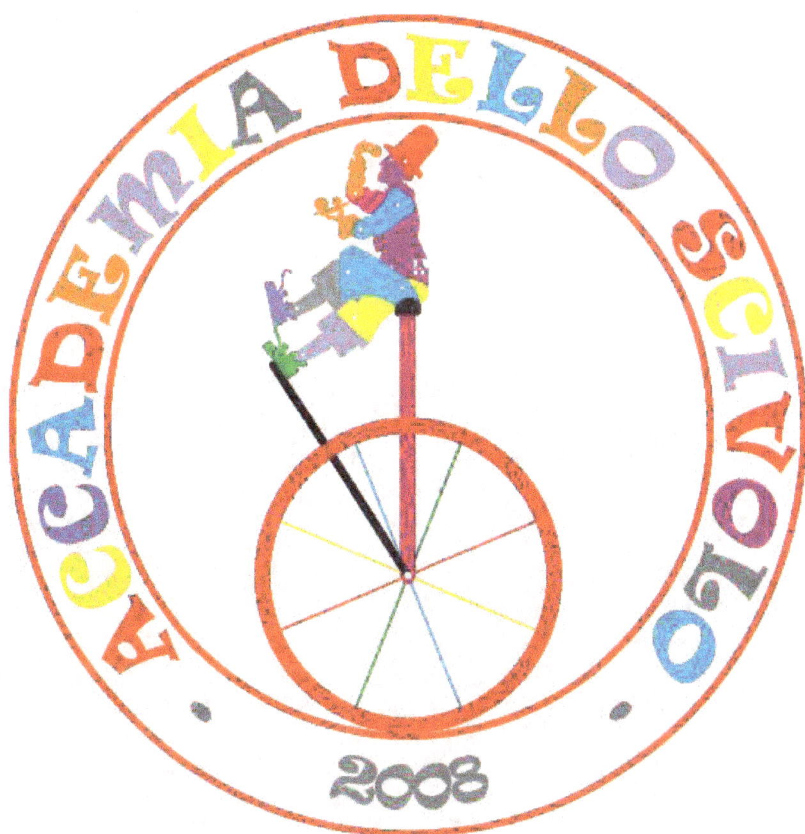

La Factory di Warhol e l'Accademia di Spoldi: cinquant'anni di vicina distanza

A cura di Eleonora Petrò
Testi di Angelo Spettacoli, Eleonora Petrò, Elena Vigliocco - *Grafica* Studio Publica

Giovedì 1° maggio 2014 - ore 17.00
Centro Culturale del Comune di Bagnolo Cremasco

Una terra per una scultura
Dalla Factory di Andy Warhol all'Accademia dello Scivolo di Aldo Spoldi

"Scambiare una terra con una scultura,
in un tempo in cui si stampa denaro senza referente,
è più importante che scambiarla con gli Euro".
Patrizia Gillo

Dopo aver presentato l'Accademia dello Scivolo presso l'Accademia di Belle Arti di Brera, la Fondazione Marconi e la Scuola Beato Angelico di Milano, sono felice di presentare a Bagnolo Cremasco la mostra "Una terra per una scultura". La mostra mira a sottolineare lo scambio del carro-scultura "Il mangiatore di mondi" realizzata da Aldo Spoldi in collaborazione con il carrista Luca Bertozzi per il Carnevale di Viareggio del 2011, con la terra di proprietà del Comune di Bagnolo Cremasco detta "Vasca Volano". L'Accademia dello Scivolo, dopo aver trovato la sua sede mobile in un "Camper" in tour fra le piazze d'Italia, si trasforma in architettura immobile e stabile.

La finalità e il desiderio dello scambio della terra con la scultura sono di trasformare una terra desolata in una madre terra popolata dalla banda detta "Accademia dello Scivolo". Una banda che, dotata di uno statuto interno civile, di un timbro stampante il suo logo, di una bandierina, di una collezione di arte moderna e di un camper, è mossa dal motto: qui non si lavora, si gioca.

Nella terra conquistata con la scultura, su cui già sventola la bandierina dell'Accademia dello Scivolo, si intende giocare una specie di "guerra e pace" contro l'amico, l'amante, il nemico postmoderno: l'Accademia di belle Arti di Brera e il mondo globalizzato. La terra è lo sfondo irrinunciabile e reale che va difeso contro il potere assoluto delle "interpretazioni".

Dopo aver visto la Land Art disegnare sulle terre deserte e l'Atelier Van Lieshout costruire uno stato, l'Accademia dello Scivolo intende far cantare la terra, nidificarla, ridarle l'acqua, farla rinascere. A tale proposito in mostra saranno presentati i tre progetti architettonici che la riguardano. Il primo, in ordine cronologico, è il progetto di sistemazione timida commissionato dall'Accademia dello scivolo alla Shy dell'Architetto Marco Ermentini nel 2009, il secondo è il progetto che unifica il capannone all'area "Vasca Volano" del Geometra Michel Ferrari e il terzo è il progetto della terra detta "Vasca Volano" che l'Architetto Angelo Galvani ha realizzato in collaborazione con gli ex studenti dell'Accademia di Brera.

Il fondatore dell'Accademia dello Scivolo
Angelo Spettacoli *detto Barabàs*

Angelo Spettacoli

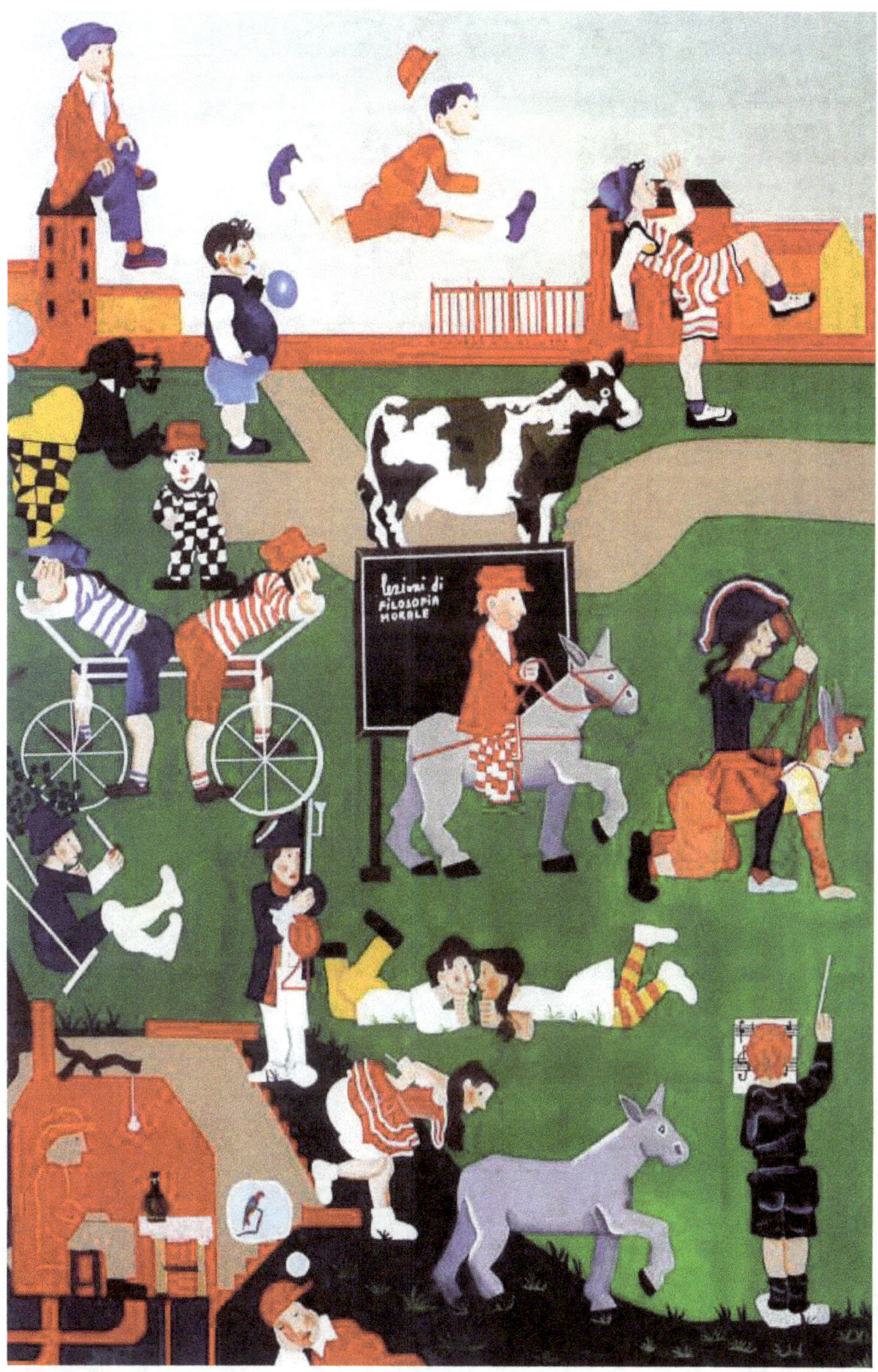

Lezioni di filosofia morale, 2001, Tempera su tavola, 153 x 108 cm.

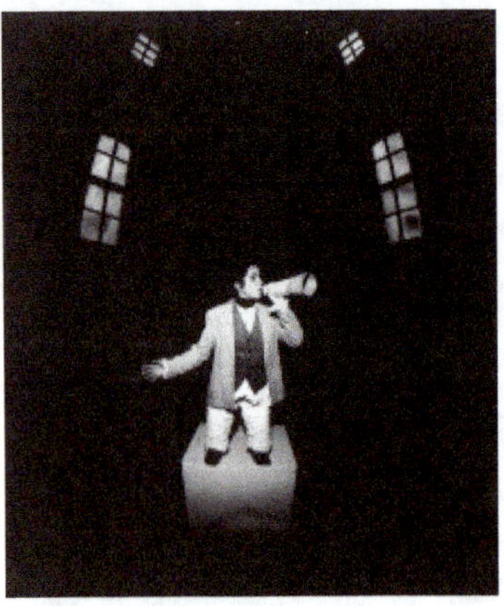
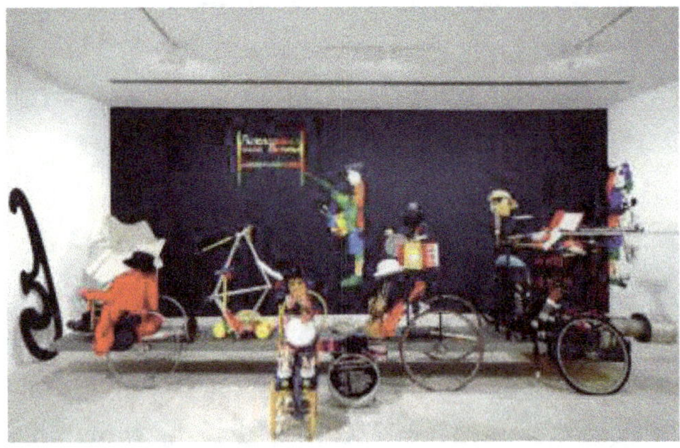

Presentazione dell'Accademia dello Scivolo presso l'ex chiesa di San Carpoforo in Brera *(Foto Met Levi)*, e presso la Fondazione Marconi, Milano, 2009. *(Foto Gianni Ummarino)*.

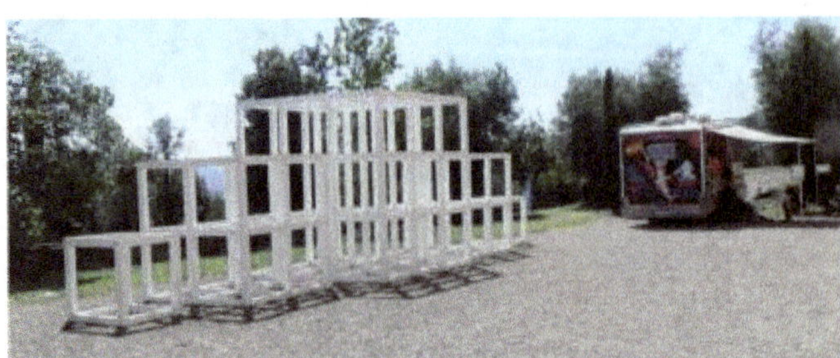
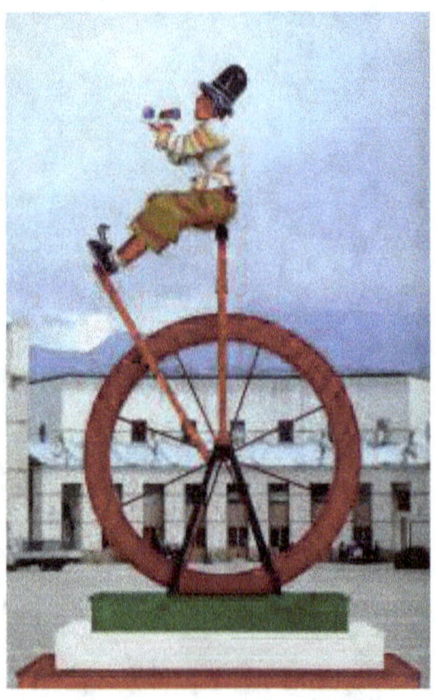

Tournée del Camper, tappa presso la Fattoria di Celle di Giuliano Gori a Santomato (Pistoia),14 giugno 2009 *(Foto Studio Publica)*.

Il Mangiatore di Mondi di Aldo Spoldi in collaborazione con il carrista Luca Bertozzi per il Carnevale di Viareggio, Viareggio, 2011.

Tournée del Camper, tappa di Crema nella manifestazione *I mondi di carta*, 2013 *(Foto Studio Publica)*.

Tournée del Camper, tappa di Torino, Accademia Albertina, 2013 *(Foto Michele Spoldi)*.

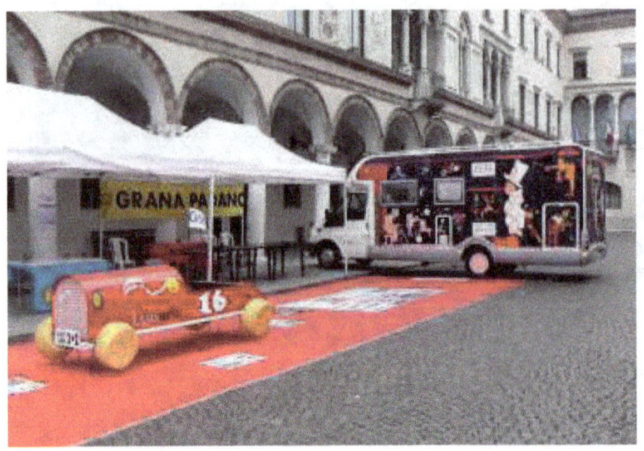
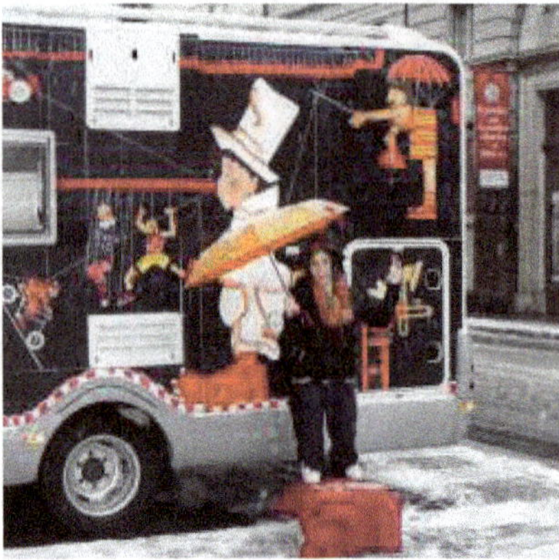

La Factory di Warhol e l'Accademia di Aldo Spoldi: cinquant'anni di vicina distanza

di Eleonora Petrò

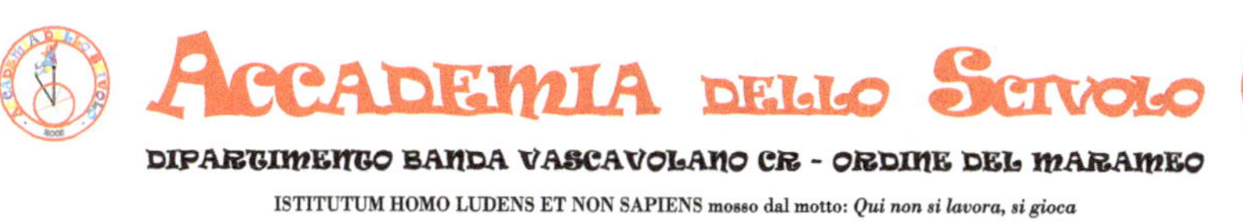
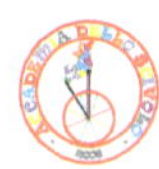
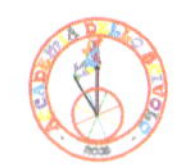

La proclamazione dei membri effettivi cremaschi dell'Accademia dello Scivolo, avvenuta il 1 aprile 2014, ha inaugurato l'esistenza artistica dell'Accademia stessa. La prima mostra dell'A.d.S. non potrebbe prendere forma senza la costituzione del gruppo che la alimenta e la tiene in vita con vari contributi. E, sebbene questo evento fosse già nei desideri del fondatore Angelo Spettacoli, si è prima reso necessario premiare in segno di riconoscimento e gratitudine tutte le persone che da anni collaborano con Aldo Spoldi tramite la consegna di una bandierina nominale con la pubblica cerimonia che ne giustifica l'onorificenza e ne rende note le motivazioni, e coinvolgere eventuali nuovi aspiranti membri dell'Accademia, invitati infatti ad assistere all'evento.

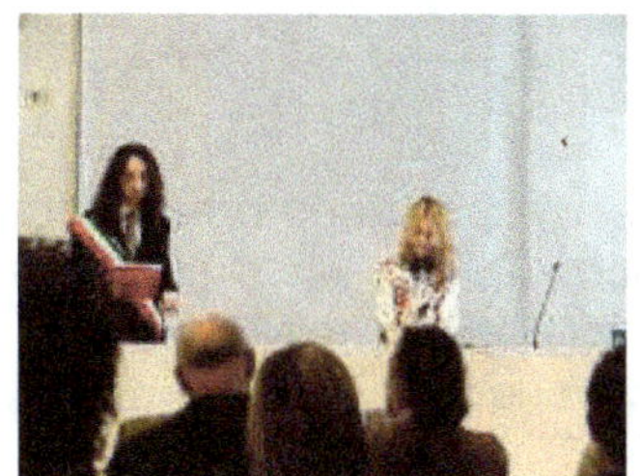
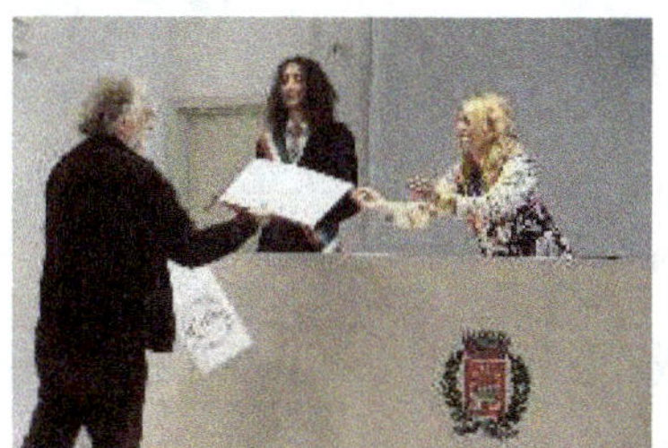
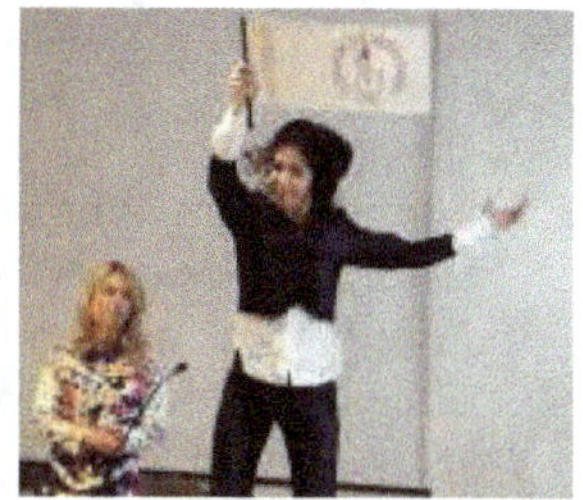

Consegna delle bandierine e proclamazione ufficiale dei membri cremaschi dell'Accademia dello Scivolo con la partecipazione del sindaco dell'A.d.S. Enrico Tomasoni. Bagnolo Cremasco, 1 aprile 2014. (*Foto Hyeok Sergio Lee e Giovanna Ferrari*).

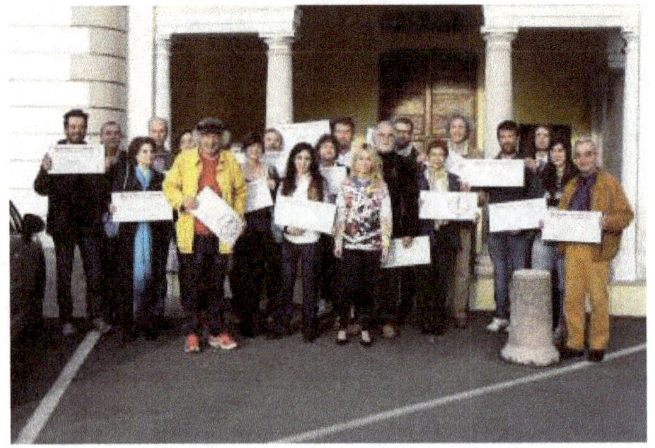

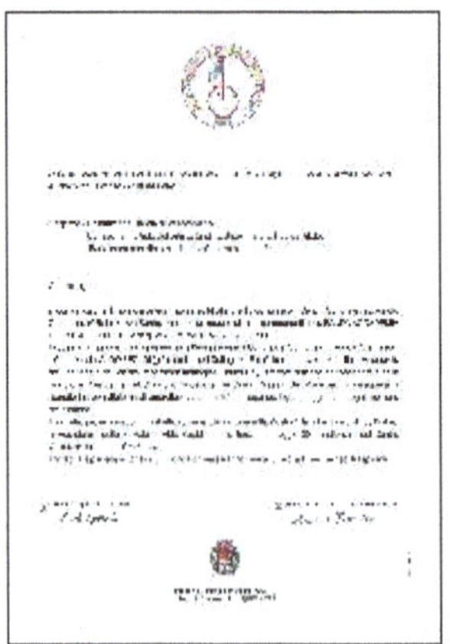

Banda dell'Accademia dello Scivolo, membri cremaschi *(Foto Giovanna Ferrari)*.

Invito alla cerimonia di costituzione della Banda, 1° aprile 2014.

La mostra, nata per testimoniare lo scambio avvenuto tra la scultura di Spoldi e il terreno del Comune di Bagnolo, apre le porte dell'Accademia, situata a qualche centinaio di metri dal centro culturale dove si terrà l'esposizione.

Subito è immediato il rimando ad uno dei più famosi luoghi di lavoro di un noto artista statunitense: la Factory di Andy Warhol. Tralasciando la trasgressione, le finalità dei due studi di artista presentano le stesse caratteristiche: far conoscere l'arte a più persone possibili, con intenti didattici e popolari. Così, la Factory di Manhattan del 1962 e l'Accademia di Bagnolo del 2007 rappresentano un parallelo che, a distanza di cinquant'anni, è ancora del tutto attuale: la prima nasce in tempi di boom economico, mentre la seconda viene fondata in una stagione di crisi che però non ne intacca i valori e gli obiettivi. Una distanza nel tempo che è vicina negli scopi.

Una distante vicinanza.

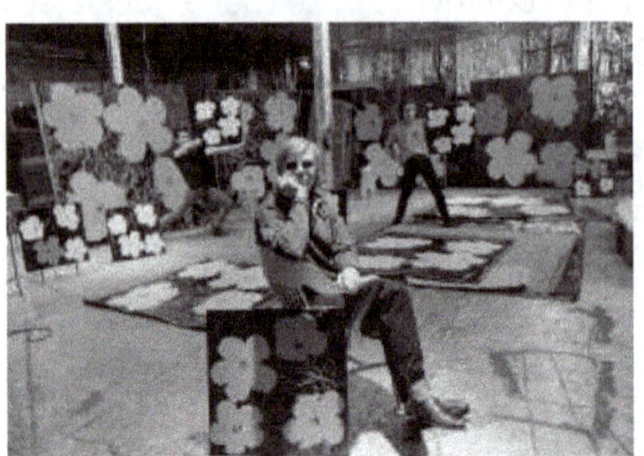

"Andy Warhol nella sua Factory", Manhattan, 1964 *(Foto Ugo Mulas)*.

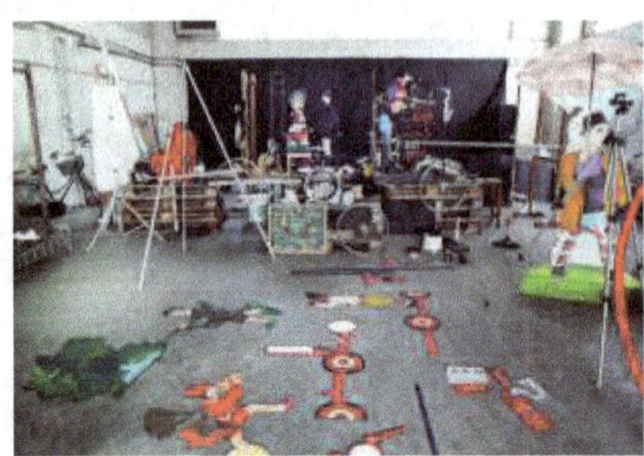

Interno dell'Accademia dello Scivolo, Bagnolo Cremasco, 2010 *(Foto Studio Publica)*.

Il legame con Warhol sarà chiaro ai visitatori attraverso l'esposizione di un'opera dell'artista, oggi di proprietà dell'Accademia dello Scivolo, acquistata nel 1976 durante un evento culturale organizzato sempre a Bagnolo Cremasco da "Collaborazione Automatica". La serigrafia resterà esposta solo il giorno dell'inaugurazione.

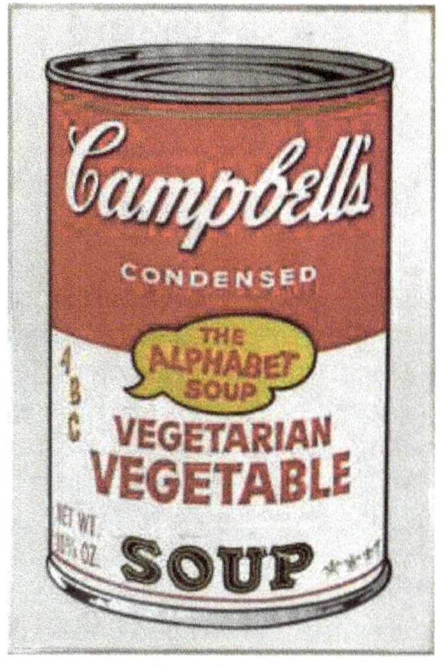

Locandina di *Collaborazione Automatica*, Bagnolo Cremasco, 1976.

Campbell's Soup Cans, Andy Warhol, 1962. Opera esposta in mostra.

In mostra, oltre a Warhol, le opere dell'Accademia dello Scivolo e le fotografie della Tournée del Camper, saranno presenti anche i prodotti del "laboratorio didattico" dell'A.d.S. realizzati dalle studentesse di Brera, Marianna Lodi, Valentina Sonzogni, Laura Locatelli e Luo Xi che, membri della Banda degli Accampati, daranno vita ad una mostra collettiva all'Accademia durante i prossimi mesi. Inoltre saranno esposte le pubblicazioni relative all'attività dell'A.d.S., tra le quali i vari numeri del Giornalino dell'Accademia e la rivista *E il topo* che ha dedicato un intero numero ad Aldo Spoldi con il rifacimento di *Qui comincia l'avventura del sig. Bonaventura* del 1989 in chiave contemporanea.

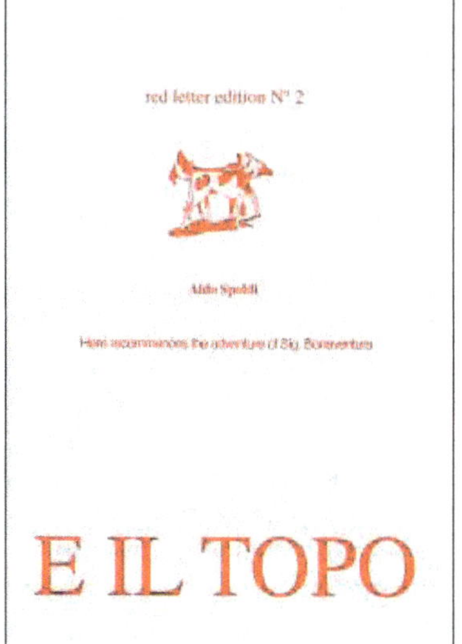

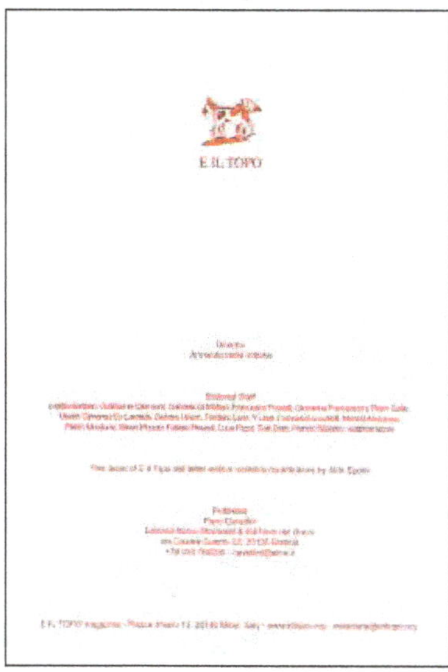

Here recommences the adventure of Sig. Bonaventura, magazine *E IL TOPO*, Red letter edition n°2, Milano, 2014.

La casa-fortino per artisti in fuga

di Elena Vigliocco

Oggi, 1 maggio 2014, nel comune di Bagnolo Cremasco, si inaugura la prima casa-rifugio per artisti –virtuali– in fuga.

Dopo la casa-spettacolo di Warhol –la Factory– in cui tutti sono 'invitati' a partecipare, l'Accademia dello Scivolo si espande e, da casa-laboratorio, diventa casa-asilo in cui la terra, sopra e sotto la quale si articola, diventa substrato dell'operazione concettuale: una madre –terra– che accoglie, nasconde, protegge, dà riparo diventando complice.

Questa casa-tana è il risultato degli sforzi dell'Accademia dello Scivolo che oggi ha trovato un interlocutore istituzionale pubblico quale il comune di Bagnolo Cremasco che, grazie ai preziosi sforzi della Banda, ha scelto di sostenere le attività dell'Accademia.

L'interazione tra i due Enti ha condotto allo scambio –una scultura in cambio dell'uso per 40 anni di un terreno di proprietà del comune– che ha permesso la costruzione di questa nuova casa-riparo: baratto tangibile che è espressione della modalità secondo la quale l'arte può concretamente diventare occasione di socialità democratica, legittimata dal rapporto con l'istituzione pubblica che con essa si impegna formalmente.

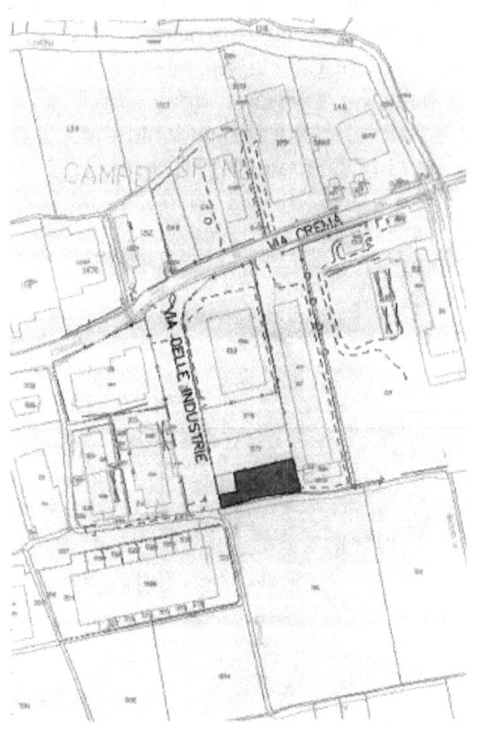

Planimetria del terreno Vasca Volano, Bagnolo Cremasco.

Dopo le esperienze della Land Art –che ha costruito architetture con pietre o frasche di legno–, l'Accademia dello Scivolo conquista la terra con tre progetti architettonici che si sono susseguiti e implementati: il primo del 2009, commissionato alla Shy Architecture dell'architetto Marco Ermentini, ha progettato il nuovo involucro del capannone sede dell'Accademia: un involucro verde in grado di restituire il fabbricato industriale al paesaggio agricolo in cui si inserisce e di cui fa parte; il secondo, del geometra Michel Ferrari, rende solidale il capannone con l'area Vasca Volano, ceduta in comodato dal Comune di Bagnolo: il nuovo capannone, restituito al suolo con il primo progetto, estende la sua capacità di 'riverberazione' verso l'area esterna che diventa sua parte integrante; il terzo, dell'architetto Angelo Galvani in collaborazione con gli studenti dell'Accademia di Brera, progetta la terra di Vasca Volano: il lotto e il capannone, nuova unità, diventano luogo di sperimentazione osmotica in cui la terra 'assorbe' il progetto e lo restituisce rinnovato.

Lo stratificarsi dei tre progetti produce una casa-fortino dalle forme irregolari, dalle superfici che si dilatano per costruirla senza limitarla: una casa che si implementa e muta in cui il 'dentro' e il 'fuori', il 'sopra' e il 'sotto', si scambiano in un continuo alternarsi di ruoli. Instabilità dei ruoli, instabilità delle forme rappresentata dalla bandiera posta quale simbolo dell'appropriazione della Vasca Volano: vessillo che misura l'appartenenza e che, mosso dal vento, diventa anche espressione della mobilità dell'architettura che si produce e metafora della conquista di nuovi territori, materiali e immateriali.

Se l'accademia vive di discipline e il mondo di problemi, qui, oggi, l'Accademia dello Scivolo sfida la retorica delle discipline tradizionali con una terra che diventa casa-nido, che muta e si trasforma ma che restituisce voce ai problemi del mondo contemporaneo che, sempre più, è affamato di verità.

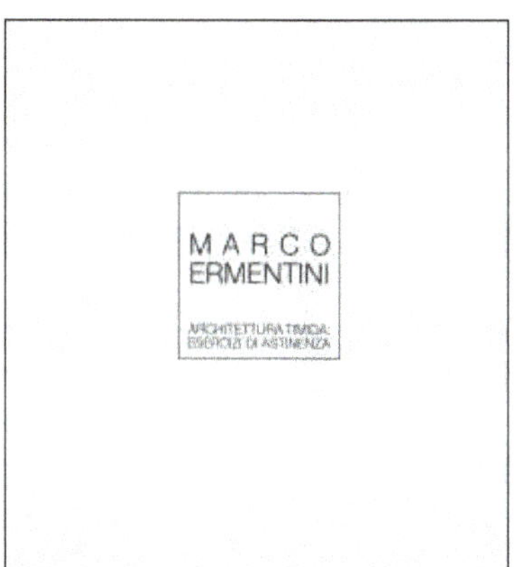

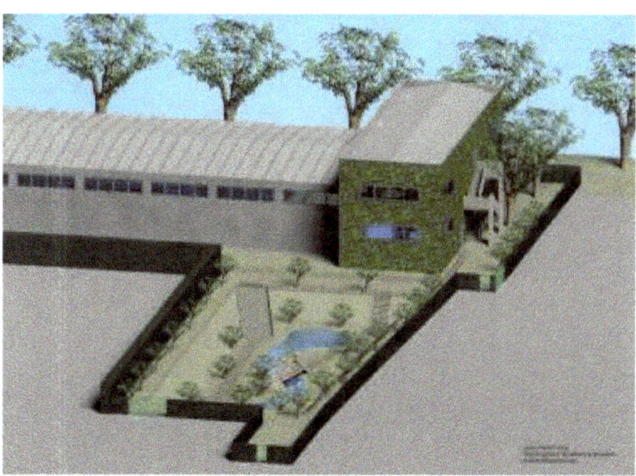

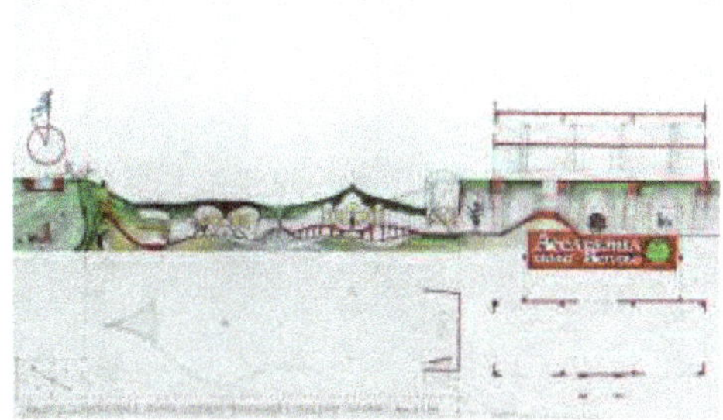

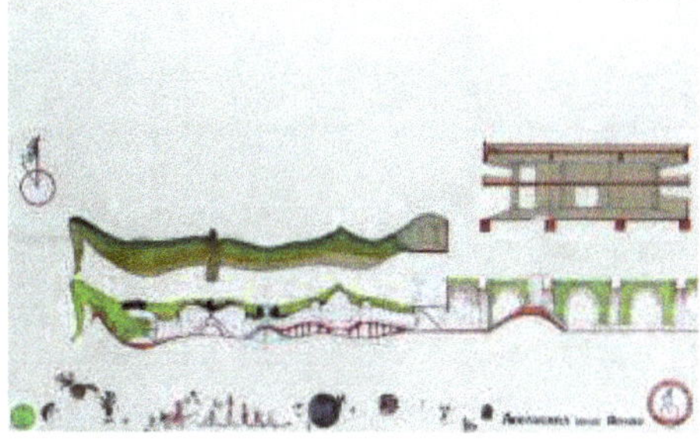

I tre progetti:
il libro *Architettura timida: esercizi di astinenza* dell'arch. Marco Ermentini, 2011;
l'Accademia del geom. Michel Ferrari, 2012;
l'Accademia dell'arch. Angelo Galvani, 2014.

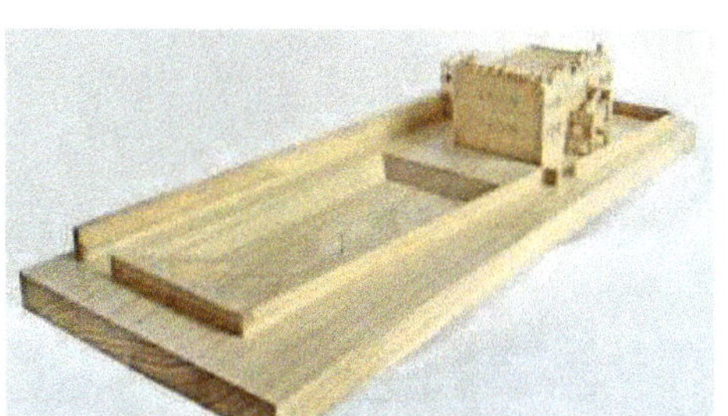

Il modellino in legno dell'Accademia dello Scivolo *(Foto Studio Publica)*.

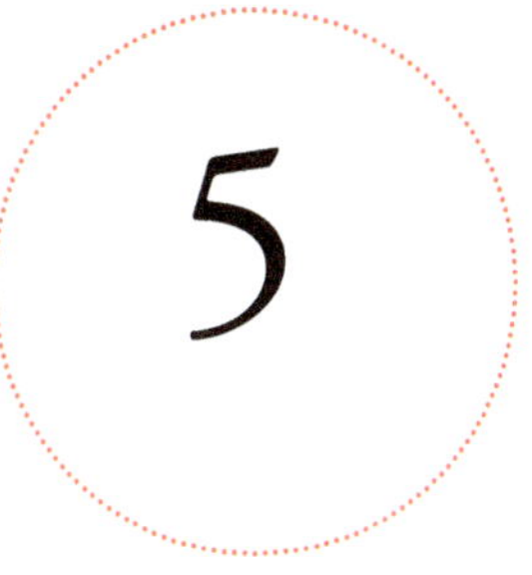

5

Accademia dello Scivolo
risponde a Damien Hirst

La conquista della terra e la consegna della scultura patafisica

È stata installata a Bagnolo Cremasco, nella sede dell'Accademia dello Scivolo, la scultura di Aldo Spoldi intitolata *Il Mangiatore di Mondi*.

Con la consegna della scultura l'autore paga il debito che aveva contratto con il Comune di Bagnolo Cremasco il 21 novembre 2013 (vedi atto di compravendita della Repubblica Italiana ep. N. 1028).

Il Mangiatore di Mondi è infatti stato scambiato con la terra detta Vascavolano confinante con lo stabile dell'Accademia dello Scivolo.

La scultura rappresenta il filosofo Andrea Bortolon che pedalando su di un motociclo si dirige verso un empirico mondo nuovo. Andrea mentre pedala mangia: mangia il mondo globalizzato e postmoderno.

Non è un soggetto nuovo per l'autore, riprende infatti la grande sculturacarro che Spoldi ha realizzato per l'apertura del Carnevale di Viareggio del 2011.

La nuova scultura si distingue innanzitutto per le dimensioni più ridotte, per il materiale utilizzato e il sistema di assemblaggio.

La prima è stata realizzata in maniera artigianale in collaborazione con il carrista Bertozzi nei laboratori della Cittadella dell'Arte di Viareggio, la seconda invece deve la sua realizzazione ai sofisticati macchinari e ai tecnologici materiali della Ditta Serigrafica STEV.

L'Accademia dello Scivolo acquista ETF LYXOR World Water e ETF IS S & P Timber & Forestry

La scultura *Il Mangiatore di Mondi* e l'Accademia dello Scivolo vengono concepite nel 2007-2008: gli anni della grande crisi finanziaria.

Scoppia la bolla virtuale della Banca di Oklahoma e nel 2008 il crack della Lehman Brothers.

Già nel 2005 Romano Luperini scrive il libro "La fine del postmoderno" presso l'editore Guida e Maurizio Ferraris inizia a sottolineare il valore della percezione sensibile che svilupperà nel libro "Il manifesto del realismo". Negli stessi anni Andrea Bortolon pubblica il libro "Un dio non può farsi male" con l'editore Mousse e la Fondazione Marconi. Libro in cui la terra detta "Vascavolano", in cui sorgerà l'Accademia dello Scivolo, sottolinea l'importanza dell'acqua, della terra, delle materie prime e della persona. Mentre "Il Mangiatore di Mondi" mangia il mondo globalizzato, il postmoderno pedala verso la terra nuova. L'Accademia dello Scivolo viene finanziata appunto con l'acquisto di acqua (ETF LYXOR World Water) e boschi (ETF IS S & P Timber & F Forestry).

Un primo approccio borsistico all'acqua e alla terra che suggerirà lo scambio della terra stessa detta Vascavolano con la scultura "Il Mangiatore di Mondi".

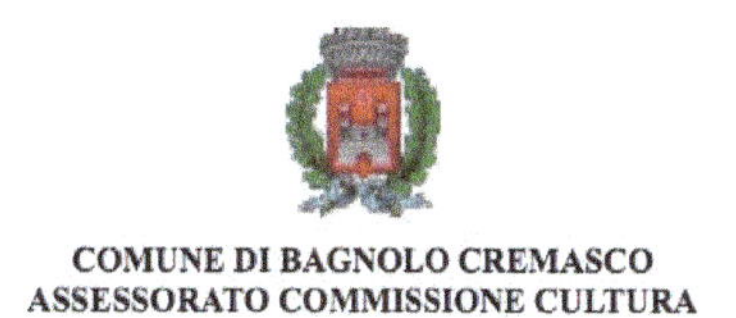

COMUNE DI BAGNOLO CREMASCO
ASSESSORATO COMMISSIONE CULTURA

Accademia dello Scivolo

DIPARTIMENTO BANDA VASCAVOLANO CR – ORDINE DEL MARAMEO

1 aprile 2015

LA CONQUISTA DELLA TERRA

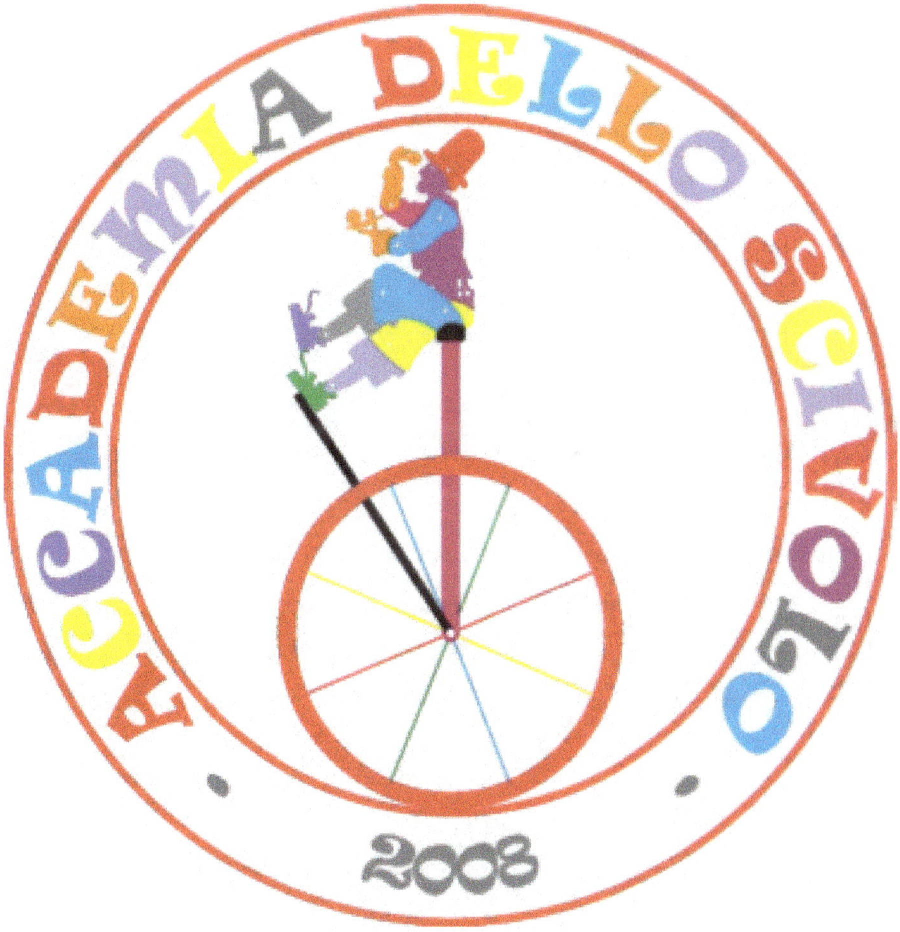

REP. n. 1028

REPUBBLICA ITALIANA

COMUNE DI BAGNOLO CREMASCO

PROVINCIA DI CREMONA

ATTO DI COMPRAVENDITA E COSTITUTIVO DI COMODATO D'USO

L'anno duemilatredici, il giorno ventuno del mese di novembre in Bagnolo Cremasco, via Don Bartolomeo Geroldi n. 1/3.

Avanti a me RUGGERI dott. FAUSTO Segretario Comunale del Comune di Bagnolo Cremasco, domiciliato per la mia carica presso la sede comunale, autorizzato a rogare i contratti nei quali l'Ente è parte, ai sensi dell'art. 97 comma 4 lettera c) del D.lgs 18.08.2000 n. 267 senza assistenza dei testimoni per espressa rinuncia fatta di comune accordo delle parti, aventi i requisiti di legge, sono comparsi i signori :

1)   Il Sig. SPOLDI ALDO nato a Crema il 28.01.1950, di professione insegnante, residente a Crema (CR) in via Lorenzo Martire, 21, Codice Fiscale SPLLDA50A28D142S,   il   quale dichiara il proprio stato civile celibe, il summenzionato di seguito per brevità sarà denominato "parte acquirente";

2)   Il Sig. VIVIANI FRANCESCO nato a Bagnolo Cremasco il 31.10.1955, di professione tecnico comunale, residente per la carica a BAGNOLO CREMASCO presso sede municipale in   via Geroldi n. 3, Codice Fiscale VVNFNC55R31A570Y, il   quale dichiara di intervenire nella veste di responsabile del servizio "stipula contratti" e rappresentante legale del Comune di Bagnolo Cremasco, Codice Fiscale 00116170192 Partita Iva 00116170192, in forza della delibera di Giunta Comunale n° 80

L'Accademia dello Scivolo risponde a Damien Hirst

La conquista della terra e la consegna della scultura patafisica

È stata installata a Bagnolo Cremasco, nella sede dell'Accademia dello Scivolo, la scultura di Aldo Spoldi intitolata "Il Mangiatore di Mondi".
Con la consegna della scultura l'autore paga il debito che aveva contratto con il Comune di Bagnolo Cremasco il 21 novembre 2013 (vedi atto di compravendita della Repubblica Italiana ep. N. 1028).
"Il Mangiatore di Mondi" è infatti stato scambiato con la terra detta Vascavolano confinante con lo stabile dell'Accademia dello Scivolo.
La scultura rappresenta il filosofo Andrea Bortolon che pedalando su di un motociclo si dirige verso un empirico mondo nuovo. Andrea mentre pedala mangia: mangia il mondo globalizzato e postmoderno.
Non è un soggetto nuovo per l'autore, riprende infatti la grande scultura-carro che Spoldi ha realizzato per l'apertura del Carnevale di Viareggio del 2011.
La nuova scultura si distingue innanzitutto per le dimensioni più ridotte, per il materiale utilizzato e il sistema di assemblaggio.
La prima è stata realizzata in maniera artigianale in collaborazione con il carrista Bertozzi nei laboratori della Cittadella dell'Arte di Viareggio, la seconda invece deve la sua realizzazione ai sofisticati macchinari e ai tecnologici materiali della Ditta Serigrafica STEV.

L'Accademia dello Scivolo acquista ETF LYXOR World Water e ETF IS S & P Timber & Forestry

La scultura "Il Mangiatore di Mondi" e l'Accademia dello Scivolo vengono concepite nel 2007-2008: gli anni della grande crisi finanziaria.
Scoppia la bolla virtuale della Banca di Oklahoma e nel 2008 il crack della Lehman Brothers.
Già nel 2005 Romano Luperini scrive il libro "La fine del postmoderno" presso l'editore Guida e Maurizio Ferraris inizia a sottolineare il valore della percezione sensibile che svilupperà nel libro "Il manifesto del realismo".
Negli stessi anni Andrea Bortolon pubblica il libro "Un dio non può farsi male" con l'editore Mousse e la Fondazione Marconi. Libro in cui la terra detta "Vascavolano", in cui sorgerà l'Accademia dello Scivolo, sottolinea l'importanza dell'acqua, della terra, delle materie prime e della persona. Mentre "Il Mangiatore di Mondi" mangia il mondo globalizzato, il postmoderno pedala verso la terra nuova. L'Accademia dello Scivolo viene finanziata appunto con l'acquisto di acqua (ETF LYXOR World Water) e boschi (ETF IS S & P Timber & F Forestry).
Un primo approccio borsistico all'acqua e alla terra che suggerirà lo scambio della terra stessa detta Vascavolano con la scultura "Il Mangiatore di Mondi".

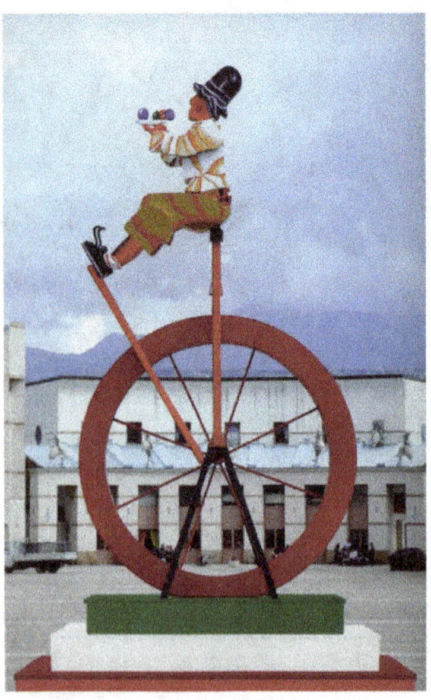

Il Mangiatore di Mondi di Aldo Spoldi in collaborazione con il carrista Luca Bertozzi per il Carnevale di Viareggio, 2011

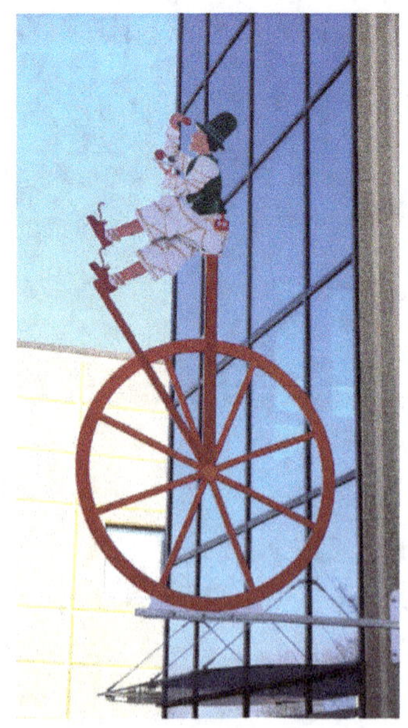

Il Mangiatore di Mondi di Aldo Spoldi in collaborazione con la ditta STEV di Romanengo, 2015

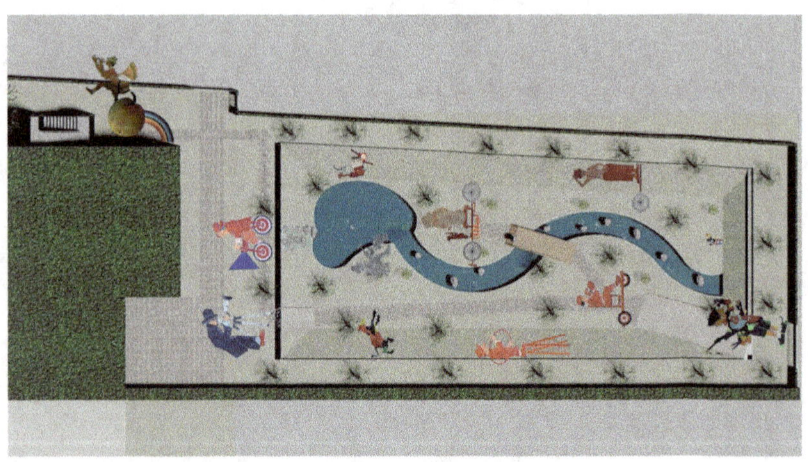

Michel Ferrari, *Progetto per il terreno detto Vascavolano*, 2013

Nel 2010, su segnalazione di Antonio Battaglia, Aldo Spoldi vince il Premio Carnevalotto curato dal Professor Francesco Bendinelli.
Il quadro premiato, ora al Museo del Carnevalotto di Viareggio, è un quadro che diventerà vero e che prevedeva la realizzazione di un carro mascherato e la costruzione di una Accademia di Belle Arti: l'Accademia dello Scivolo.
La scultura-carro è stata realizzata e ha sfilato come carro di apertura del Carnevale di Viareggio del 2011 e l'Accademia dello Scivolo è stata costituita grazie alla collaborazione del filosofo Andrea Bortolon, del critico d'arte Angelo Spettacoli, del fotografo Met Levi e dell'artista Cristina Karanovic, ed è stata presentata nel 2011 alla Fondazione Marconi di Milano.
Ai personaggi virtuali, prodotti dalla Banca di Oklahoma SPA, si uniranno poi altri trenta membri in carne e ossa. Il 1° aprile 2014 verrà costituita, con una cerimonia ufficiale, la Banda detta dell'Accademia dello Scivolo.
Sono gli "amici di Aldo", impegnati in tante Elebenis. Ecco la loro storia delle loro avventure:

- Umberto Cabini con il titolo di "Grande ufficiale redattore di processi verbali"
- Davide Tedoldi con la nomina di "Gran capitano della serigrafia"
- Loredana Parmesani con la nomina di "Rettore magnifico e   provveditore"
- Giorgio Marconi con la nomina di "Ministro degli esteri"
- Mina Tomella e Carlo Bruschieri detti "Cavalieri della fotografia"
- Michele Spoldi con epiteto "Piè veloce"
- Rodolfo Mauri con il titolo di "Ministro dei trasporti"
- Dario e Lindita Spoldi con riconoscimento di "Cavalieri di Vascavolano"
- Riccardo Cattaneo con il titolo di "Comandante della raccolta di materie prime"
- Gianmauro Dornetti con il titolo di "Ministro della cultura"
- Gianni Rossi con la nomina di "Legislatore delle acque"
- Armando Artifoni con il diploma di "Ministro dell'agricoltura"
- Enzo Palazzoli con la nomina di "Commendatore delle assicurazioni"
- Giancarlo Spoldi con nomina di "Custode dell'ordine"
- Claudia Spoldi detta "Boka"
- Alberto Scali con il titolo di "Tenente guardasigilli"
- Marco Ermentini con il diploma di "Gran maestro dell'Architettura timida"
- Angelo Galvani con la nomina di "Gran agitatore di terre"
- Michel Ferrari con il titolo di "Illustre misuratore della terra"
- Laura Locatelli con l'assegnazione del nome "Laura Beuys"
- Marianna Lodi con la nomina di "Acqua Brillante"
- Valentina Sonzogni con il titolo di "Terra quieta"
- Luo Xi con il soprannome di "Cappotto giallo"

Angelo Spettacoli

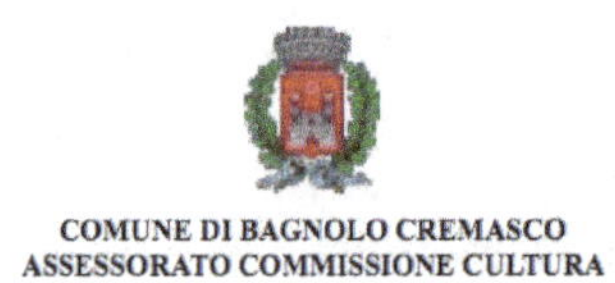

Al Sindaco di Bagnolo Cremasco

1 Aprile 2015

È con vanto e soddisfazione che l'Accademia dello Scivolo è lieta di onorare il proprio impegno a saldare il debito con il Comune di Bagnolo Cremasco con la consegna della scultura "IL MANGIATORE DI MONDI" al suddetto Comune.

L'Accademia dello Scivolo fa fronte all'obbligo e soddisfa il contratto firmato il 21 novembre 2013 (vedi compravendita della Repubblica Italiana EP.N.1028).

Mantenendo fede al vincolo, l'Accademia dello Scivolo si pregia di avere scambiato la scultura con la terra detta Vasca Volano.

Il Sindaco   Accademia dello Scivolo

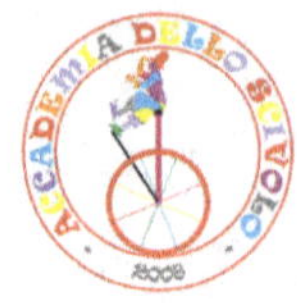

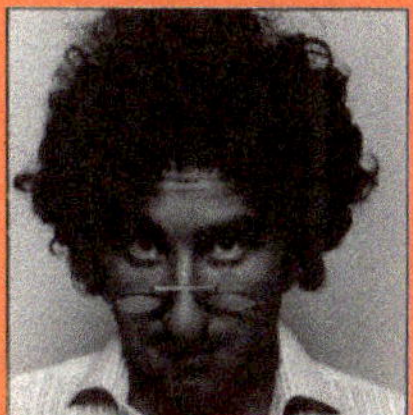

Aldo Spoldi è nato a Crema nel 1950, dove vive e lavora. Studia al liceo artistico Beato Angelico e all'Accademia di Belle Arti di Brera a Milano. Artista ironico, ludico, teatrale è pittore, scultore, musicista, scrittore, docente all'Accademia di Brera, membro della Società di Patafisica, firmatario del Manifesto Topista e membro del Comitato Scientifico della Fondazione Gualtiero Marchesi.

Lo sviluppo della sua attività coincide con la trasformazione dell'arte e della società, ognuna delle quali si rispecchia nelle varie fasi del suo lavoro.

Nel 1968, l'anno della contestazione giovanile e del marxismo dilagante, raggruppa una banda composta da compagni del liceo, un gruppo di schernitori che realizzano burlesche performance nelle pubbliche vie di alcune città. Nel 1977, anno della caduta del marxismo e della nascita del postmoderno, dopo aver costituito il Teatro di Oklahoma, inizia la sua attività pittorica caratterizzata da immagini teatrali. Nel 1985 e negli anni dell'immaterialità finanziaria trasforma l'umanistico Teatro di Oklahoma in Banca, in Srl ed, infine, in B.D.O. Spa. Nel 1996, negli anni della costituzione dell'Europa Unita e della diffusione di internet produce, per mezzo della B.D.O. Spa, come progetto didattico, i personaggi virtuali (l'artista Cristina Show, il fotografo Met Levi, il filosofo Andrea Bortolon e il critico Angelo Spettacoli) e pubblica i libri *Lezioni di educazione estetica*, *Cristina Show, frammenti di vita*, *Lezioni di filosofia morale*. Nel 2007, l'anno della grande crisi finanziaria e della ricerca della concretezza, progetta la costituenda Accademia dello Scivolo e nel 2012 pubblica il libro del filosofo Andrea Bortolon *Un Dio non può farsi male*.

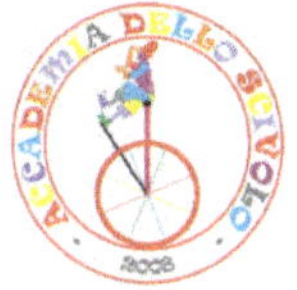

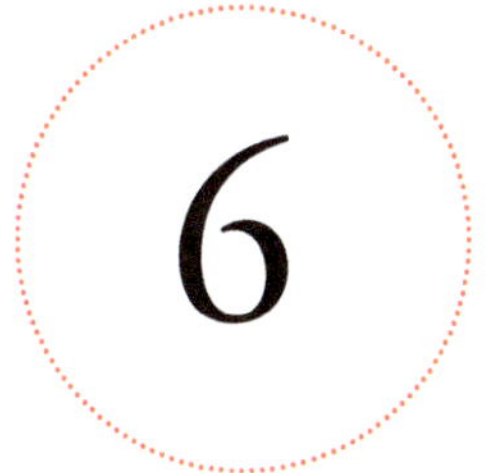

Accademia dello Scivolo
Dipartimento Banda Vascavolano
- Ordine del Marameo

Storia di Terre, Terra di Storie

a cura di Serena Maccianti

Inaugurazione Venerdì 1° aprile 2016

Centro Culturale del Comune di Bagnolo Cremasco, Piazza Roma

Apertura 2- 3 aprile ore 17.00-19.00

La terra che l'**Accademia dello Scivolo** ha conquistato è stata affidata a Valentina Sonzogni che, grazie ai disegni del geometra Michel Ferrari e dell'architetto Angelo Galvani, alla foto di Laura Locatelli, ai modellini in legno di Cristina Karanovic, al quadro di Aldo Spoldi, alla serigrafia di Joseph Beuys, alla chiave di Rikka Akaori e a quella di violino di Serena Maccianti (opere esposte nella Saletta del Centro Culturale del Comune di Bagnolo Cremasco), ha preso forma e vita nella terra **Vascavolano**, dove la terra si fa femmina.

Dopo aver commissionato la *Tournée del camper*, curata da Renato Barilli, partita dall'Accademia di Belle Arti di Brera e conclusa a Villa Celle di Giuliano Gori, l'**Accademia dello Scivolo** non solo ha organizzato la mostra *Dalla Factory di Warhol all'Accademia dello Scivolo*, curata da Eleonora Petrò, ma ha anche conquistato la terra **Vascavolano** nel Comune di Bagnolo Cremasco, scambiandola con la scultura *Il mangiatore di mondi* di Aldo Spoldi.

La terra conquistata è anche il tema di un progetto, iniziato nel 2014 all'Accademia di Belle Arti di Brera, nel quale viene sviluppata la tesi che Valentina Sonzogni ha discusso con i professori Andrea Del Guercio e Italo Bressan.

Tra i vari contenuti della tesi, il comitato scientifico dell'Accademia dello Scivolo (il filosofo Andrea Bortolon, il teorico Patrizia Gillo, il critico d'arte Angelo Spettacoli, l'artista Cristina Karanovic e il fotografo

Met Levi) ha pensato di sottolineare quello relativo alle donna-femmina che diviene terra.

Il quadro di partenza, contenuto nella tesi della studentessa, è *Figura* e rappresenta il corpo di donna disteso, così da ricordare un paesaggio. Proprio perché ricorda un paesaggio, l'immagine del quadro è stata affidata all'architetto Angelo Galvani affinché la trasformasse in un progetto da realizzare nella terra conquistata detta Vascavolano.

Dopo i disegni pittorici e tecnici è stato aperto il cantiere: è stato scavato un pozzo per ottenere l'acqua e riempire un lago, sono stati costruiti impianti idraulici sotterranei capaci di alimentare le colline-seno. In un interessante passaggio che va dalla pittura alla body art e da questa alla land art, la terra Vascavolano diviene così vallata, montagna incantata e pianura.

Il Comitato Scientifico dell'Accademia dello Scivolo è orgoglioso che a riflettere teoricamente e a presentare al pubblico **La vallata Vascavolano**, attraverso un'esperienza epistolare con Patrizia Gillo, sia il critico e curatore Serena Maccianti.

Anche per Serena si tratta dello sviluppo della sua tesi di laurea discussa all'Università Cà Foscari di Venezia.

L'Accademia dello Scivolo è anche orgogliosa di aver dato sviluppo, anche se modesto, a due tesi universitarie, unendole in un unico progetto.

In mostra saranno esposte opere di:

Valentina Sonzogni, Aldo Spoldi, Laura Locatelli, Joseph Beuys, Cristina Karanovic, Angelo Galvani, Michel Ferrari, Rika Akahori, Marianna Lodi, Allan Teger.

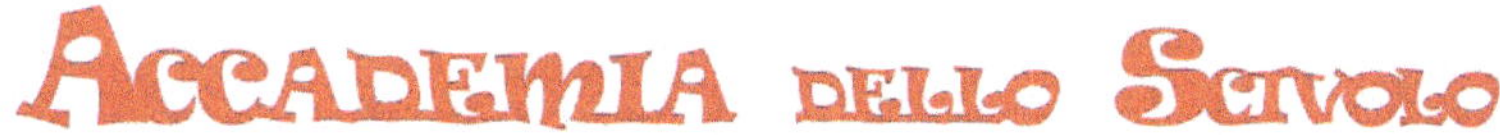

ACCADEMIA DELLO SCIVOLO

DIPARTIMENTO BANDA VASCAVOLANO CR - ORDINE DEL MARAMEO

presenta

"Vascavolano"

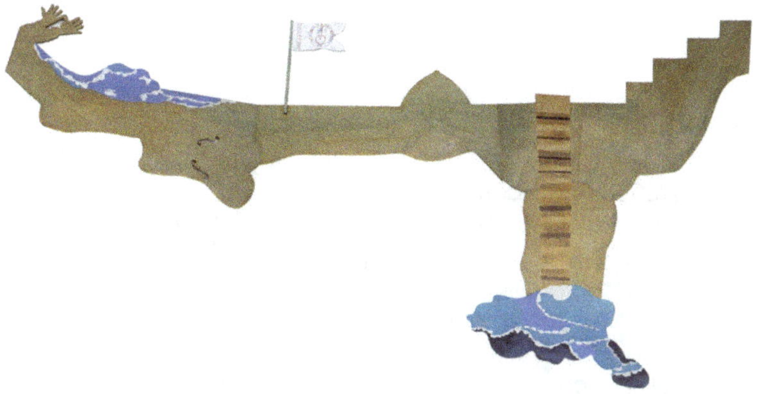

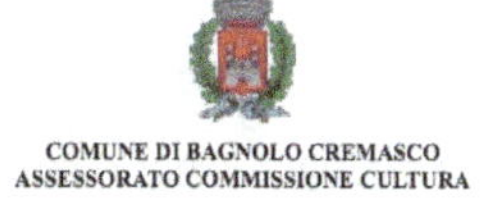

COMUNE DI BAGNOLO CREMASCO
ASSESSORATO COMMISSIONE CULTURA

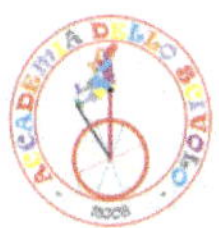

Storia di una terra

di Patrizia Gillo in collaborazione con Ludmilla

La terra è la femmina assetata.
L'etimologia di terra dice che è colei
che secca, che ha sete, inaridisce e
asciuga.
Non dice l'etimologia che femmina
è colei che succhia e beve?

Andrea Bortolon

Con gli ultimi risparmi
Met Levi, Cristina Karanovic,
Angelo Spettacoli, Andrea Bortolon
hanno comperato in borsa materie prime, beni
rifugio, azioni di paesi orientali ecc., titoli
sull'acqua e sui boschi.

Aldo Spoldi,
Lettera a Giorgio Marconi, 1 Dicembre 2008

Cara Serena,

l'anno 2007/2008 l'Accademia dello Scivolo
è già costituita. La sua sede è lo studio sito
in Via delle Industrie a Bagnolo Cremasco.
(1) che è riprogettato dalla Shy Architecture
dell'architetto Marco Ermentini l'8 luglio
2009. **(2)**
Adiacente all'immobile si trova il campo
detto "Vascavolano", di proprietà del
Comune di Bagnolo Cremasco, che attira
l' attenzione del filosofo Andrea Bortolon. **(3)**
Andrea, ispirato dal fatto che Platone nel
300 a.C. acquistò una terra e fondò su di
essa la sua Accademia, disse ai membri del
comitato scientifico dell'Accademia dello
Scivolo: "Dai! Facciamolo anche noi! Non
paghiamo però con gli euro, scambiamo la
terra con la scultura *Il mangiatore di Mondi*
che Aldo Spoldi ha realizzato per il
Carnevale di Viareggio.

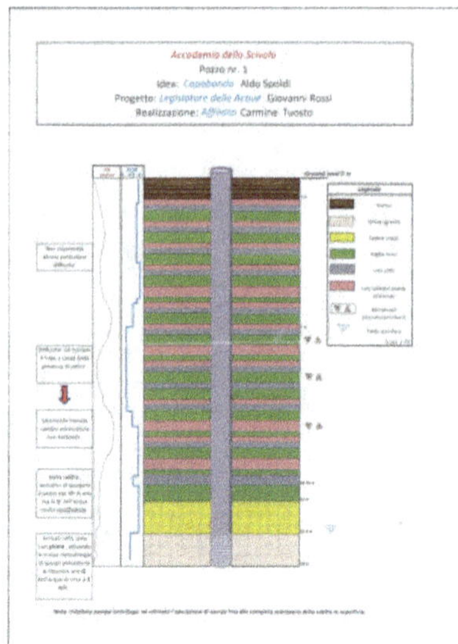

Tale immagine non è forse diventata l'immagine della nostra Accademia, proprio perché non rappresenta tanto me, piuttosto tutti noi."
Fui subito entusiasta della proposta e gli risposi: "Sai che scambiare la terra con una scultura è meglio che scambiarla con gli euro! Tale scambio si oppone alle politiche interventiste classiche di Keynes e mette in crisi la legittimazione delle opere d'arte affermate dalle aste dopo il 1977".
Nel 2009 iniziano così le contrattazioni con il comune di Bagnolo Cremasco.
I primi progetti, disegnati in 3D dal geometra Michael Ferrari, riuniscono in una sola immagine la terra Vascavolano e lo stabile dell' Accademia dello Scivolo.
Questi disegni sono stati utili alla contrattazione tra l'Accademia e il Comune e alla realizzazione del primo modellino in legno che in un certo qual modo li rende concreti (su progetto dell' Accademia dello Scivolo il modellino è stato realizzato da Viscardi Modellisti s.n.c).
Un regolare contratto di compravendita tra il Comune e l'Accademia, tra la terra e la scultura, verrà firmato nel 2013. Il debito sarà saldato il 1 Aprile 2015 con la consegna al Comune di Bagnolo Cremasco da parte dell'Accademia dello Scivolo della scultura "Il mangiatore di Mondi", realizzata grazie alla ditta serigrafica Stev.

Nel frattempo il comitato scientifico dell' Accademia dello Scivolo legge la tesi che Valentina Sonzogni discute nel 2014 presso il dipartimento di Arti Visive dell'Accademia delle Belle Arti di Brera di Milano, tesi intitolata "...Così segue il suo ciclo..." i cui relatori erano Andrea Del Guercio, Aldo Spoldi e Italo Bressan. Il tema che la tesi affronta è il ciclo femminile relativo agli elementi naturali associati alla figura femminile quali sangue mestruale, terra e acqua. I suoi artisti di riferimento sono Gina Pane, Leonardo da Vinci e il fotografo Allan Teger.

Dissi allora a Valentina di scaricare la potenza della sua tesi e delle sue tele sul terreno conquistato, di agitarlo e di erotizzarlo, di trasformare il campo in una femmina. I seni dei suoi quadri saranno colline e il pube bosco.
Contemporaneamente ho affidato all'architetto Angelo Galvani il compito di trasformare la donna-terreno in un'architettura, di disegnare ed acquerellare a mano i sotterranei impianti idrici, di far sgorgare laghi e cascate, atti a fertilizzare la terra-tesi.
È proprio sulla terra-tesi così progettata che prende vita la prima performance reale.

Dall'opera di Beuys "L'incontro con Beuys" (1974), acquistato dalla Banca di Oklahoma, Laura Locatelli, prendendo a prestito le vesti dell' artista, sbuca fuori dal quadro e guizza veloce come una lepre lungo gli avvallamenti del terreno.

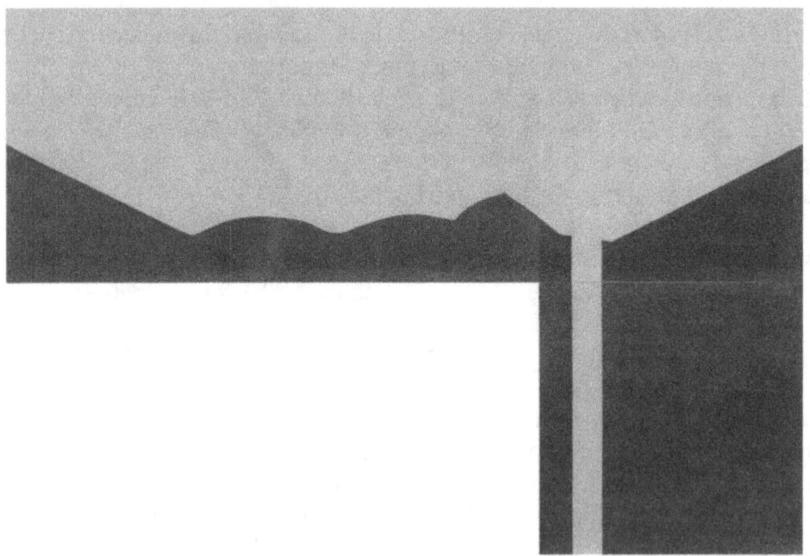

Nella terra detta "Vascavolano" affonda e innalza la prima bandierina dell' Accademia dello Scivolo l'11 Gennaio 2014. Con tale gesto preannuncia la formazione del *"Dipartimento della banda degli Accampati"* proclamato ufficialmente nella saletta comunale di Bagnolo Cremasco il 1 Aprile 2014.

L'11 Maggio 2014 iniziano i lavori per scavare il pozzo. Il pozzo, grazie a Gianni Rossi, viene battuto a mano nel sottosuolo, tramite tubi in ferro zincato lunghi mt. 2,00 cad., che, spinti in sequenza attraversano strati di humus, ghiaia, sabbia, argilla, limi, microfossili, raggiungono la falda acquifera alla quota 19 mt. di profondità.

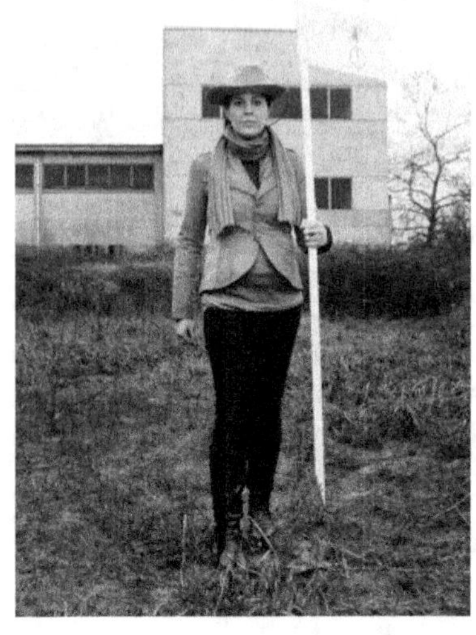

La ricerca d' acqua non è solo una risposta alla land art, è anche una risposta alla società spettacolare. (Visivamente scavare un pozzo che verticalmente va giù retto e verticale in profondità si contrappone alle linee che orizzontalmente accompagnano il deserto di De Maria. Le belle ma astratte righe di quest'ultimo non portano all'acqua che è un bene primario per la vita. Anche la Società dello spettacolo è bella e astratta come le linee di De Maria e anche per lei l' empirica acqua è un problema non risolto).

Quando Valentina ed Aldo dipingono i due quadri, esposti in questa occasione, l' architettura di Angelo, la bandiera di Laura e il pozzo di Gianni saranno alla base delle composizioni.

Nel 2014 all'inaugurazione della mostra del Teatro di Oklahoma tenuta presso la Galleria Antonio Battaglia è avvenuto il nostro incontro, e ho saputo che ti eri laureata il 29 Ottobre 2012 all'Universita Ca' Foscari con la tesi dal titolo "Artisti contro - Una diversa lettura del sistema dell'arte", sostenuta con il Prof. Paolo Patelli e la professoressa Roberta Dreon.
Subito dopo seppi dal filosofo Andrea Bortolon che sulla tua schiena sono tatuate le chiavi di violino del celebre scatto di Man Ray. E così, a nome di tutta l'Accademia dello Scivolo, ti ho offerto una collaborazione con l' Accademia stessa che sia contemporaneamente una verifica empirica per la tua tesi e anche l'incarico di curare la prossima mostra dell'Accademia dello Scivolo.
Estate 2015: I progetti prendono corpo.
Grazie all'amico Gianni Rossi si realizza la canalizzazione interrata (**4**), si scava il lago e si modellano i seni, si costruisce una via detta "Via dello Scivolo" che congiunge "Via delle Industrie" a "Via Crema".

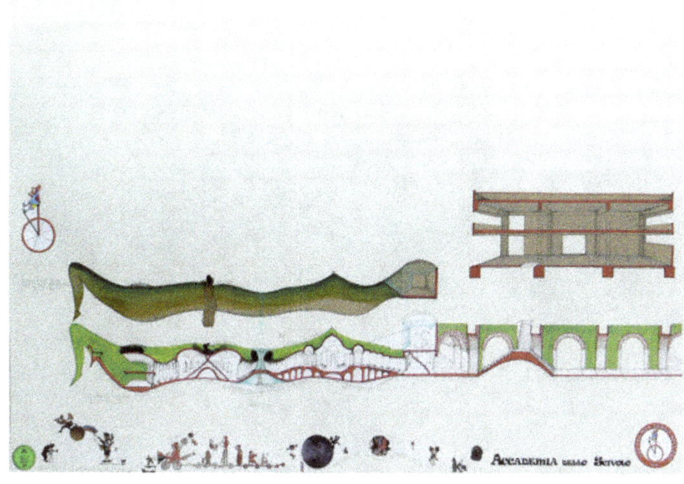

La terra detta Vascavoano si trasforma in valle montana, sulle cui alture sbuffa il vento che sventola la bandierina dell' Accademia dello Scivolo e risuona la suo eco che fischietta: "Qui non si lavora, si gioca" (**5**).
Per prima cosa viene realizzata la canalizzazione interrata delle acque che alimentano il laghetto e la cascata e che eccitano il seno.
Tutte le acque meteoriche provenienti dai piazzali limitrofi circostanti, sono state convogliate e canalizzate tramite tubo in pvc pesante di 14 cm di diametro e portati in cascata sopra il pozzo, dove si è costruito con un tubo di cemento del diametro di 1, 20 mt. un catino di raccolta delle acque.
Le acque così raccolte, tramite altro tubo in pvc interamente interrato, portano le acque sul lato opposto del pozzo per circa 40 mt., alimentando il laghetto vicino alla tubatura delle acque bianche del Comune.

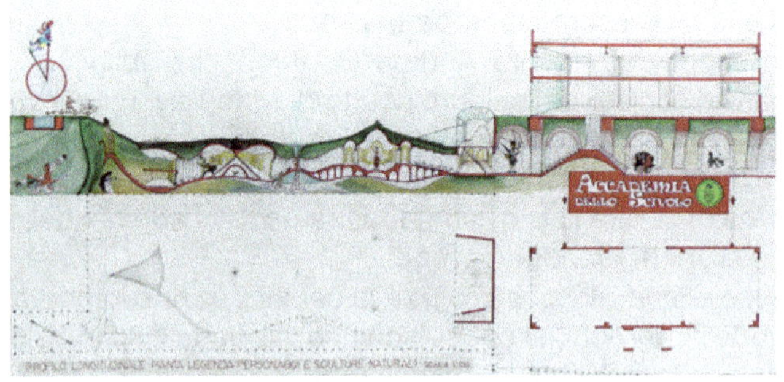

ACCADEMIA DELLO SCIVOLO
PROFILO LONGITUDINALE PIANTA LEGENDA PERSONAGGI E SCULTURE NATURALI SCALA 1:200

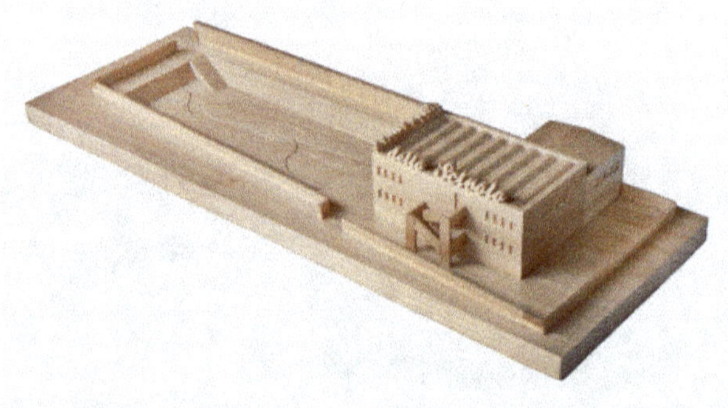

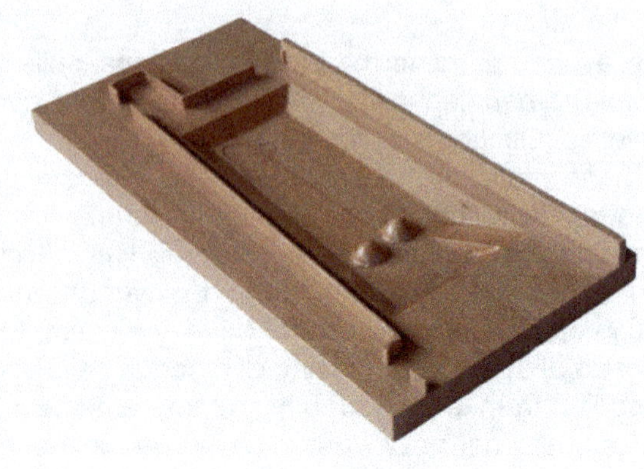

<u>Note</u>

1 Vedi lettera A. Spoldi a G. Marconi, Crema 1 Dicembre 2008, in A. Bortolon, "Un Dio non può farsi male", Mousse Publishing, pp. 18-25.

2 Accademia dello Scivolo, Lettera d' incarico alla SAA di Marco Ermentini

Caro Marco,
so che tu sei già al corrente del fallimento della Banca di Oklahoma, forse però non sai che i personaggi virtuali prodotti dalla S.p.A. si sono rifugiati nel mio studio e non intendono uscire. Sono stati comunque bravi perché con gli ultimi risparmi hanno acquistato commodity sull'acqua, sui boschi, sul bestiame e sull'oro. Con il possibile utile che dovrebbe, secondo loro, produrre l'acquisto di materie prime e beni rifugio intendono finanziare la nuova "Accademia dello Scivolo". Mah! Speriamo bene. A nome di tutti loro ti scrivo per questo motivo: ti interessa ristrutturare timidamente il mio studio di Bagnolo e renderlo idoneo alle esigenze di una scuola d'arte? Vorrei riprogettare il mio atelier secondo i principi di un'accademia utopica che trova in Peter Pan il suo maestro e nell'isola che non c'è il suo ideale. Nell'assemblea riunitasi il 7 luglio 2009 a casa mia, è stato deliberato unanimemente che la scuola non solo debba essere fantastica ma anche disegnata ed elaborata come un sogno. Gli interventi che ti sono richiesti per realizzare il progetto sono pochi e riguardano, per ora, solo i 600 mq del capannone in Via delle Industrie a Bagnolo Cremasco. A noi piacerebbe: 1. Vestire l'esterno dell'edificio (sviluppando le intenzioni della "Panchina vite" realizzata a Torre Fornello nel 2001 da Cristina) con edere e rampicanti vari. 2. Costruire bagni e servizi all'esterno. È una vergogna che ci siano gabinetti interni alle abitazioni in tutte le case europee! 3. Andrea vuole la doccia sotto il platano. Sai, i suoi rami in estate, arrivano fino a terra e al loro interno si è più che protetti da sguardi indiscreti. 4. Dal riutilizzo dell'acqua della doccia (cha ha funzione solo rinfrescante e dove sono proibiti saponi e shampoo) è possibile ricavare un sistema di irrigazione per il bosco e l'orto. 5. Le finestre esterne devono essere visioni tali da sembrare quadri. Si devono aprire su verdi giungle e scintillanti cascate e devono essere l'osservatorio di cieli stellati e costellazioni. 6. É indispensabile per Angelo e Andrea uno spazio biblioteca con relativi scrittoi, per Met una camera oscura e una di posa, per me e Cristina uno spazio grande per dipingere e un palcoscenico per recitare. 7. Va prevista la zona archeologica destinata agli scavi intesi a ritrovare la meteorite caduta alla fine del XIV sec. 8. Sono inoltre necessari un solaio per depositare giochi e strumenti vari e una piccola cantina capace di conservare salami, prosciutti, braciole e vini vari.
A presto e buon lavoro,

Aldo Spoldi
Crema 8 Luglio 2009

3 Andrea Bortolon in data 18 Novembre 2000 ha tenuto nell'aula 64 presso l'Accademia di Belle Arti di Brera di Brera.

4 Questa operazione naturalmente avviene sottoterra: è un acquedotto che c'è ma non si vede: una specie di sistema nervoso della terra, un canale di riempimento e di sfogo che seppur attivo non è visibile in superficie.

5 Innalzata da Laura l'11 Gennaio 2014.

Storia di terre, terra di storie
di Serena Maccianti

*Ho rinunciato da molto tempo a parlare con qualcuno di
denaro o di arte.
Dove le due cose vengono in contatto non funziona mai:
l'arte è pagata o troppo o troppo poco.*

Heinrich Böll - Opinioni di un clown

*...esiste qualcosa che senza uno specchio non potremmo
vedere: noi stessi. Guardando a questa asimmetria delle
immagini speculari, Amleto usò quella metafora in modo
molto più profondo: gli specchi e, per generalizzare, le
opere d'arte, invece che restituirci quel che siamo già in
grado di conoscere senza il loro ausilio, ci servono come
strumenti di autorivelazione*

Arthur Danto - La trasfigurazione del banale

Cara Patrizia,

ringraziandoti per le tue parole, ti parlerò adesso di cosa il nostro incontro ha
significato per me e cosa sia ai miei occhi l'Accademia dello Scivolo, obiettivo
che tento adesso di raggiungere con questa mostra.
La mia tesi specialistica, di cui hai parlato, si era posta l'obiettivo di analizzare
il sistema dell'arte seguendo una prospettiva, per così dire, interna, ascoltando
le parole degli artisti che attraverso le loro opere lo avevano criticato,
consapevole del fatto di cadere inevitabilmente in un corto circuito esilarante;
venuta a conoscenza dell'Accademia dello Scivolo ho realizzato che nessun
lavoro si può definire concluso, che una ricerca non può avere limite di tempo e
di crediti e che, nella fretta, mi ero persa qualcosa.
L'Accademia dello Scivolo rientra in quella che alla fine degli anni Sessanta, in
America, è stata definita "critica istituzionale", cioè quella pratica che si
identifica con quegli artisti che hanno fatto oggetto della loro arte le istituzioni
che dominano il sistema dell'arte: in quarant'anni di storia sono mutate sia le
problematiche che sottostanno a tale tendenza sia i mezzi attraverso i quali
essa si esprime essendosi ampliato il concetto di arte (**1**), ed è da questo
cambiamento che la mia tesi trae spunto.
In un momento di crisi culturale, sociale, economica e valoriale, come afferma
Aldo Spoldi, siamo perennemente alla ricerca di un avversario, un dialogante,
attraverso il quale definire noi stessi e la realtà che ci circonda: la critica
istituzionale, così come l'Accademia dello Scivolo, ha individuato nel sistema
dell'arte il proprio antagonista, un sistema che mai come oggi risulta dominato
dall'economia (**2**).

L'Accademia dello Scivolo nasce dalla sfida lanciata al sistema economico, reale e virtuale, da parte dei personaggi virtuali: l'anno è il 2007/2008, anno della crisi economica e finanziaria, anno in cui Cristina Show, Andrea Bortolon, Angelo Spettacoli e Met Levi hanno sentito la necessità di "scivolare" verso un mondo nuovo e più "terreno"; l'idea che questa spinta propulsiva sia partita da dei personaggi virtuali mette in crisi il concetto stesso di artista e la sua autorialità e credibilità, in un momento storico in cui tutti giocano a fare gli artisti ma nessuno sa veramente esserlo (**3**).
Coraggiosamente i personaggi virtuali, dopo essersi rifugiati nello studio di Aldo Spoldi, hanno usato i loro risparmi per acquistare azioni di acqua e boschi e sono entrati in possesso della terra adiacente allo studio, detta "Vascavolano", scambiandola con la scultura di Aldo "Il Mangiatore di Mondi".

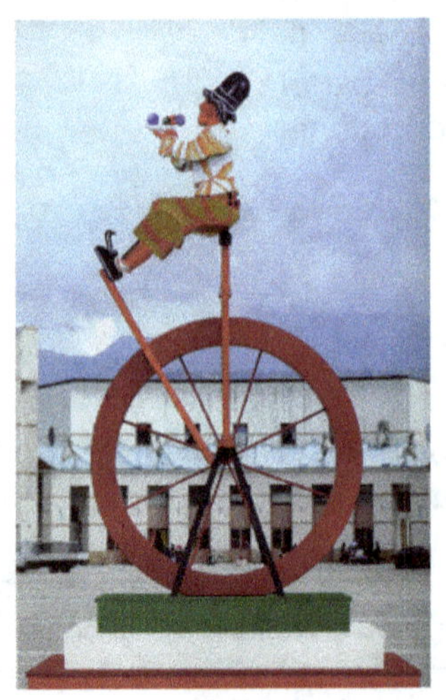

Il primo sfidante quindi a cui l'Accademia è andata incontro è stato il sistema economico ma, nella ricerca di un dialogante, ci si imbatte in chi, come te, cerca di ricostruire un nuovo sistema di valori sulle cui basi fondare nuove "istituzioni": è così che si è formata una banda, composta da diverse personalità, ognuna con le proprie attitudini, capacità e sensibilità.
L'incontro con Valentina Sonzogni ha trasformato in realtà il suo progetto di tesi, il terreno Vascavolano le è stato affidato con l'obiettivo di trasformarlo in un corpo steso di donna, figura questa carica di significati e valori, generatrice di vita, così come lo è la terra, che nasconde gelosamente risorse preziose come l'acqua:

le opere di Aldo e di Valentina qui esposte ci rendono partecipi di questa trasformazione, così come i disegni di Angelo Galvani e i modellini di Cristina.
Con il terreno Vascavolano e la sua umanizzazione l'Accademia dello Scivolo sembra andare incontro ad un altro sfidante: la Land Art; fenomeno prettamente americano, dove la cultura della spettacolarizzazione e delle imprese di forte impatto visivo ha sempre avuto il sopravvento, la Land Art si inserisce anche nei fenomeni di protesta sociale e di rinnovata attenzione per l'ambiente e l'ecologia: si modifica la morfologia di un deserto o di un lago salato per dimostrare come uno sia impotente di fronte alla natura, l'opera non è tanto il risultato ma il processo che ha portato alla sua realizzazione e le modifiche che il tempo, fuori da ogni controllo, apporterà.
Nel parlare della Land Art vorrei però soffermarmi sul concetto di "entropia" a cui Robert Smithson ha fatto spesso riferimento parlando delle sue opere ambientali: le modalità con cui l'opera cambierà sono indipendenti dalla volontà dell'artista e la natura farà liberamente il suo corso dominata dalla

teoria del caos e del disordine; nel caso del terreno Vascavolano il caos e il disordine risultano contenuti, non solo perché la maggior parte delle tensioni viene risolta sotto terra, con la scoperta e la realizzazione di un pozzo, ma anche perché vi è una progettualità che ha radici ben più profonde, nei primi progetti dei personaggi virtuali e in particolare in quelli di Cristina Show; circa vent'anni fa venne infatti indetto un concorso per eleggere il miglior seno, del vincitore venne fatto un calco dal quale fu realizzata una coppa di champagne: la circolarità con cui determinati concetti ritornano, come ad esempio il seno, dimostrano una progettualità che, seppur all'apparenza involontaria, rivela uno sguardo capace di andare oltre, non limitato alla realtà che ha intorno ma proiettato alla costruzione di qualcosa di nuovo.

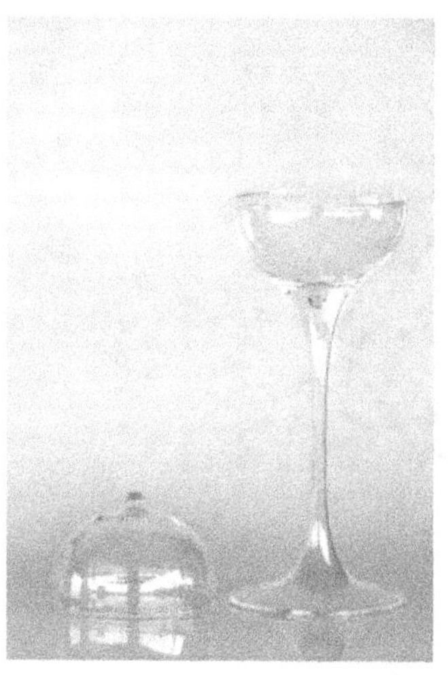

Quando Laura, prendendo a prestito i vestiti di Beuys, ha innalzato la prima bandierina dell'Accademia sul terreno Vascavolano, ecco che è stato individuato un nuovo "duellante", Joseph Beuys. Difficile racchiudere in poche parole l'opera di questo artista, la sua carica "sciamanica" e primitiva, perfettamente inserita nel suo tempo e quindi consapevole dell'uso di determinati media e processi, ma quello che in questa occasione vorrei evidenziare è l'impegno e la passione che Beuys, reduce dalla distruzione e dal vuoto della Seconda Guerra Mondiale, ha messo nel ricostruire una cultura, in special modo

quella tedesca, andata in frantumi, la guerra come grado zero, come terra desolata da rendere fertile e far germogliare; tale volontà e desiderio risiede anche negli intenti dell'Accademia dello Scivolo: riformare quell'insieme di valori legato al sistema dell'arte che oggi ha le sue fondamenta e le sue basi in concetti, azioni e personaggi per quanto non irreali almeno fittizi.

Come afferma Lyotard "La domanda più o meno esplicita che si pongono lo studente aspirante professionista, lo Stato o l'istituzione di insegnamento superiore, non è più: è vero? ma: a cosa serve? Nel contesto della mercificazione del sapere, tale domanda significa nella maggior parte dei casi: si può vendere?

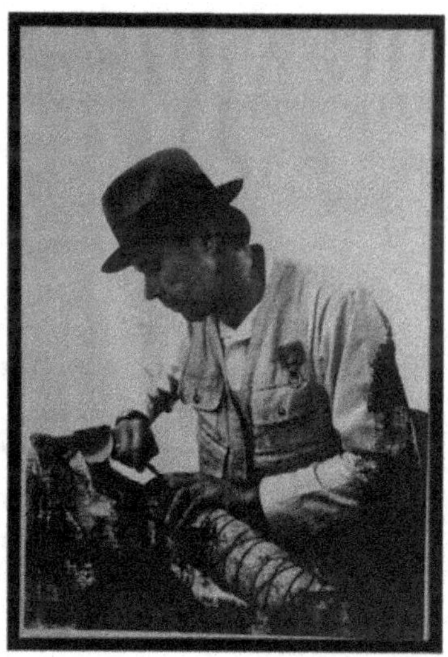

E, nel contesto dell'incremento di potenza: è efficace?" (**4**): l'obiettivo dell'Accademia dello Scivolo è quello di tornare a quella domanda primaria di ricerca di verità e di senso, proponendo una realtà che si pone in antitesi con quella esistente ma che allo stesso tempo collabora con essa per offrire alternative alla crisi che, sotto ogni aspetto, ci circonda: un'alternativa che ha portato Valentina Sonzogni a realizzare il suo progetto di tesi e me a curare questa mostra in perfetta sintonia con la mia ricerca.

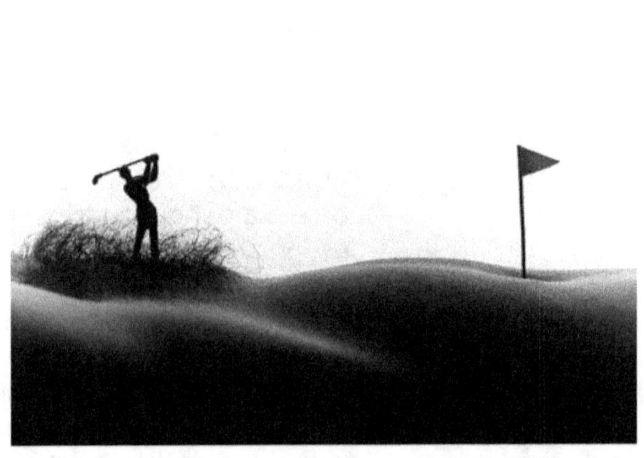

Note

1. "In a moment of unmistakable crisis in all dimensions, cultural, political, and economic, in the US and the rest of the world, artists once again, in all self-aggrandizement, seek to reorient their audiences, forming them into public constituencies. Let us try to figure out what art is beyond what the art world's present regression suggests."
M. Rosler, Out of the Vox: Martha Rosler on Art's Activist Potential,"Artforum",Vol.43,n. 1,2004.

2. "...tutto ciò in cui abbiamo creduto prima - un certo ruolo del critico della arti, il loro potere di rivelazione, la loro funzione epistemologica, ecc. - è finito nella spazzatura nel momento in cui l'arte è diventata il lubrificante della trionfale processione del capitalismo neo-liberare attorno al mondo."
D. Robbins e S. Dillemuth, *Una conversazione tra David Robbins & Stephan Dillemuth*, "Mousse Magazine", n. 32, febbraio 2012, p. 259.

3. "I criteri riconosciuti e condivisi, che un tempo regolavano il mondo dell'arte, sono defenestrati, a favore di un sistema che tende a identificare il valore economico con il valore estetico dell'opera. Questa vera e propria degenerazione è figlia della logica intimidatoria del grande numero. Non vorrei assumere le parti del laudator temporis acti, ma è un dato di fatto che in passato le vicende dell'arte riguardavano un numero di persone relativamente limitato. Oggi, al contrario, l'arte deve essere per tutti, è diventata una questione di "democrazia" e i musei nascono, come dicono i loro direttori, "allo scopo di accogliere e intrattenere gruppi e famiglie di visitatori per l'intera giornata". Naturalmente nessuno sputa nel piatto in cui mangia e ciascun artista ha il legittimo desiderio di essere riconosciuto. Ma la vertigine del grande numero ha alterato le cose alla radice: alla sfera dell'arte vengono attribuiti effetti e poteri che non le appartengono, il riconoscimento del singolo artista si disperde nella confusione dei generi e dei valori, mentre della bellezza non importa più niente a nessuno."
Giulo Paolini in F. Marcoaldi, *Giulio Paolini e il fantasma della bellezza,* "la Repubblica", Lunedì 16 Luglio 2012

4. J.F. Lyotard, *La condizione postmoderna* (1979), Milano, Feltrinelli, 2008, p. 94.

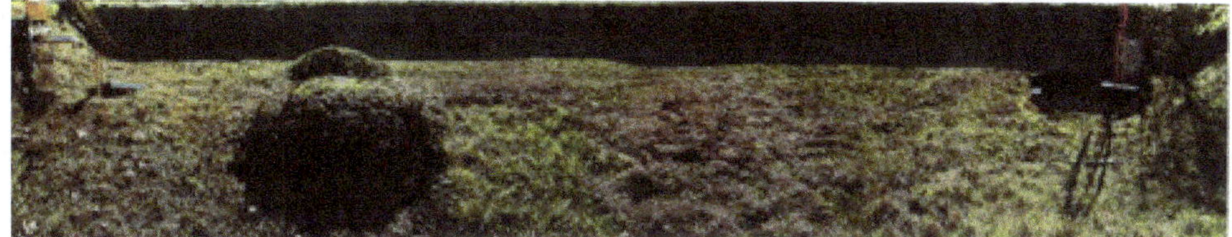

Biografia

L'Accademia dello Scivolo è un'associazione volta alla ricerca del bello, composta a banda, regolata da un patafisico statuto e finanziata con gli interessi maturati sull'acquisto di ETC, ETF su acqua e boschi e mossa dal motto "Qui non si lavora, si gioca".

Viene fondata da Angelo Spettacoli e dai personaggi virtuali (Cristina Karanovic, detta Cristina Show, Andrea Bortolon e Met Levi) nello studio di Aldo Spoldi in "un momento storico ben preciso: l'anno 2007-2008 in cui il postmoderno cade in una crisi che mina la sopravvivenza sua e del sistema dell'arte da esso generato ed in cui si teme un crollo dell'economia e il tramonto dell'occidente", e la Banca di Oklahoma, quasi contemporaneamente alla Lhemandt Brothers, va in default.

Tale associazione sviluppa una ricerca avviata da Aldo Spoldi nel 1974 con il "Teatro di Oklahoma" e sviluppatasi poi nella "Banca di Oklahoma S.p.A." e nella produzione dei "personaggi virtuali".

Tutte le sue produzioni artistiche ed editoriali sono pensate in questo clima di crisi. Alla ricerca di economie più semplici nel 2011 pubblica, in collaborazione con la Fondazione Marconi, il libro "Un dio non può farsi male" di Andrea Bortolon, Mousse Publishing, e nel 2012 allestisce un camper concepito come un mini sistema dell'arte che incorpora in sé artista, critico, collezionista, museo, pubblico, teatro e aspira ad essere un'opera d'arte aperta, un teatro ambulante tra le piazze dell'Italia. Per le numerose tappe (Accademia di Brera, Galleria Vigato, Bergamo, Carnevale di Viareggio, Galleria Frittelli, Firenze, Villa Celle, Santomato di Pistoia, Albereta, Erbusco) l'Accademia dello Scivolo edita un giornalino omonimo.

Anche il logo, il timbro e la bandiera dell'Accademia dello Scivolo puntano verso un'economia e un mondo nuovo. Tale insegne e stendardi sono infatti ricavati dalla scultura "Il mangiatore di Mondi" di Aldo Spoldi, realizzata per il Carnevale di Viareggio.

Sarà proprio questa scultura che permetterà l'acquisto del lotto di terra, adiacente allo studio, detto "Vascavolano".

Il comitato scientifico dell'Accademia dello Scivolo, composto dall'artista Cristina Karanovic, dal filosofo Andrea Bortolon, dal critico Angelo Spettacoli e dal fotografo Met Levi, ha come finalità una nuova economia. Si avvale inoltre della collaborazione di professionisti esterni e di giovani laureati e diplomati in Belle Arti ai quali offre una prima, seppur modesta, verifica empirica delle loro tesi sostenute e dibattute nelle Accademie e Università precedenti.

<u>**Immagini**</u> **(in ordine di pubblicazione)**

1. Aldo Spoldi, *Grafico ETF LYXOR World Water e ETF IS S & P Timber & Forestry*, 2015, tecnica mista su tavola (copertina)
2. Giovanni Rossi, *Progetto per il pozzo*, 2015
3. Valentina Sonzogni, *Terra desolata*, 2015, tempera a base di terra di Bagnolo su tela di cotone, 180 x 270 cm
4. Laura Locatelli, *Colloquio con Joseph Beuys*, fotografia, 2014
5. Angelo Galvani, *Progetto architettonico Terra Madre*, 2014, tecnica mista su carta, 70 x 100 cm
6. Angelo Galvani, *Progetto architettonico Terra Madre*, 2014, tecnica mista su carta, 70 x 100 cm
7. Cristina Show, *Modellini per l'Accademia dello Scivolo*, 2014
8. Aldo Spoldi, *Il Mangiatore di Mondi*, 2011, in collaborazione con il carrista Luca Bertozzi per il Carnevale di Viareggio
9. Cristina Show, *Coppa di Champagne*, 1996, in collaborazione con Veronica Passerini
10. Joseph Beuys, *Incontro con Joseph Beuys*, 1974, serigrafia
11. Allan Teger, *Golfing in the Rough*, 1976-2014, fotografia
12. *La vallata Vascavolano*, fotografia di Carlo Bruschieri

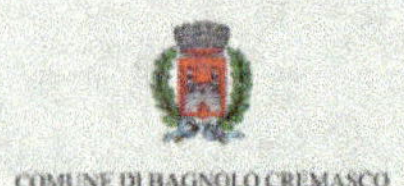

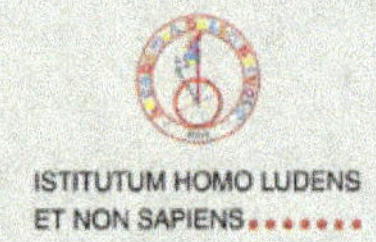

ACCADEMIA DELLO SCIVOLO

DIPARTIMENTO BANDA VASCAVOLANO CR - ORDINE DEL MARAMEO

presenta VASCAVOLANO a cura di Serena Maccianti Storia di terre, terra di storie con opere di: Valentina Sonzogni, Aldo Spoldi, Laura Locatelli, Joseph Beuys, Cristina Karanovic, Angelo Galvani, Michel Ferrari, **Rika Akahori**, Marianna Lodi, **Allan Teger** - Inaugurazione venerdi 1° aprile 2016, ore 17.00, Centro Culturale del Comune di Bagnolo Cremasco, Piazza Roma. Apertura 2 e 3 aprile ore 17.00 - 19.00

Teatro di Oklahoma
da un'idea di Aldo Spoldi
ricostruzione a cura di
Loredana Parmesani

Galleria Antonio Battaglia

via Ciovasso 5 - Milano

Inaugurazione giovedì 2 Ottobre 2014,

ore 19

dal 3 ottobre - al 15 novembre

La Galleria Antonio Battaglia ripropone, in maniera rigorosamente filologica, una mostra del 1977 dal titolo "Teatro di Oklahoma: Whisky Quiz", presentata alla Galleria Diagramma/Luciano Inga-Pin di Milano.

La mostra rappresentò una importante riflessione all'interno del contesto artistico di quegli anni e segnò anche l'inizio dei futuri sviluppi legati al clima del postmoderno e del ritorno alla pittura.

Il "Teatro di Oklahoma", ideato da Aldo Spoldi nel 1977, è ispirato al libro "Amerika" di Franz Kafka, libro dove tutti venivano invitati ad essere artisti.

Sull'onda della cultura movimentista dell'epoca, la mostra intendeva riflettere sulle teorie che in quegli anni si stavano delineando: le filosofie antiedipiche e antimarxiste di Deleuze e Guattari e la sociologia di Baudrillad. Stanno anche per nascere il postmoderno di Lyotard, la Transavanguardia di Bonito Oliva, i Nuovi Nuovi di Barilli, il Magico-Primario di Caroli e la Pittura Colta di Calvesi.

La galleria Diagramma/Luciano Inga-Pin era in quegli anni una delle maggiori gallerie specializzate nella body art e nelle performance internazionali, luogo di una intensa attività espositiva e di un vivace dibattito artistico-teorico.

Il "Teatro di Oklahoma", percependo in anticipo il cambiamento del clima culturale, allestisce una mostra dove il corpo della body art da corpo in "carne ed ossa" diviene corpo in maschera, abbigliato, composto, messo in mostra, quasi fosse una natura morta, e bloccato nella bella forma dell'immagine fotografica. Alla mostra collaborarono Elio Fiorucci, all'epoca designer simbolo, per gli abiti e Giorgio Colombo, uno dei maggiori fotografi in ambito artistico, per gli scatti fotografici.

Di seguito il comunicato originale scritto da Luciano Inga-Pin in occasione dell'esposizione.

Nel dicembre 1974 Loredana Parmesani (1952), Aldo Spoldi (1950), Delvio Crespiatico (1943), Marco Ermentini (1956), Enrico Guenzi (1952), Pio Capodiferro (1954) diedero vita al "Teatro di Oklahoma". Il "T.O.", coordinato da Aldo Spoldi, si pone come palcoscenico immaginario dove organizzare in gruppo alcuni aspetti della ricerca artistica.

Col tempo il gruppo assume una sua propria identità e intendimenti a più livelli. Ora si presenta con un lavoro realizzato in collaborazione con Luciano Inga-Pin.

Per la realizzazione del lavoro intitolato "Whisky Quiz" il "T.O." ha interpellato Giorgio Colombo per le riprese fotografiche ed Elio Fiorucci per gli abiti.

Sul piano della forma la mostra è una serie di immagini fotografiche nelle quali appare evidente che il "corpo" – presentandosi abbigliato – è simile ad una "natura morta", infatti il primo, come maschera, è inteso come fatto esterno, la seconda, come stereotipo, è intesa quale visione dello spazio privato.

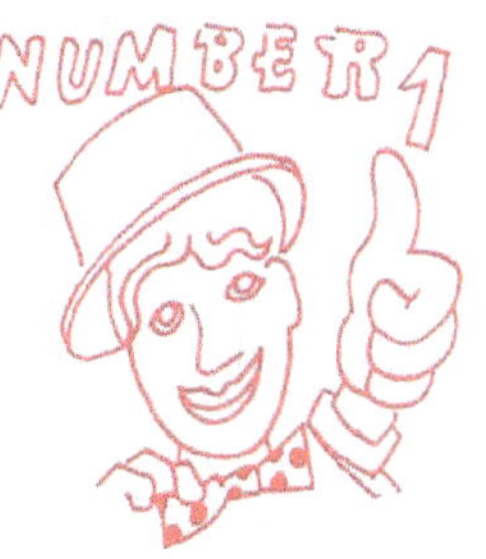

ACCADEMIA DELLO SCIVOLO

DA UN'IDEA DI ALDO SPOLDI
TEATRO DI OKLAHOMA: WHISKY QUIZ – 1977

Ricostruzione a cura di Loredana Parmesani

Galleria Antonio Battaglia

La Galleria Antonio Battaglia ripropone, in maniera rigorosamente filologica, una mostra del 1977 dal titolo "Teatro di Oklahoma: Whisky Quiz", presentata alla Galleria Diagramma/Luciano Inga-Pin di Milano.

La mostra rappresentò una importante riflessione all'interno del contesto artistico di quegli anni e segnò anche l'inizio dei futuri sviluppi legati al clima del postmoderno e del ritorno alla pittura.

Il "Teatro di Oklahoma", ideato da Aldo Spoldi nel 1977, è ispirato al libro "Amerika" di Franz Kafka, libro dove tutti venivano invitati ad essere artisti. Sull'onda della cultura movimentista dell'epoca, la mostra intendeva riflettere sulle teorie che in quegli anni si stavano delineando: le filosofie antiedipiche e antimarxiste di Deleuze e Guattari e la sociologia di Baudrillard. Stanno anche per nascere il postmoderno di Lyotard, la Transavanguardia di Bonito Oliva, i Nuovi Nuovi di Barilli, il Magico-Primario di Caroli e la Pittura Colta di Calvesi.

La galleria Diagramma/Luciano Inga-Pin era in quegli anni una delle maggiori gallerie specializzate nella body art e nelle performance internazionali, luogo di una intensa attività espositiva e di un vivace dibattito artistico-teorico.

Il "Teatro di Oklahoma", percependo in anticipo il cambiamento del clima culturale, allestisce una mostra dove il corpo della body art, da corpo in "carne ed ossa" diviene corpo in maschera, abbigliato, composto, messo in mostra, quasi fosse una natura morta, e bloccato nella bella forma dell'immagine fotografica. Alla mostra collaborarono Elio Fiorucci, all'epoca designer simbolo, per gli abiti, Met Levi per l'abbozzo delle foto e Giorgio Colombo, uno dei maggiori fotografi in ambito artistico, per gli scatti fotografici.

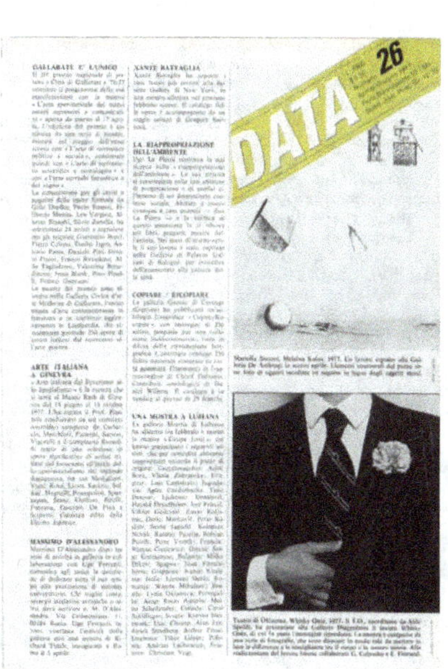

Diagramma/Luciano Inga-Pin
via Pontaccio 12/A 20121 Milano tel. (02) 874237

<u>Comunicato stampa</u>

TEATRO DI OKLAHOMA : WHISKY QUIZ
(da giovedì 24 febbraio al 22 marzo 1977)

Nel dicembre del 1974 Loredana Parmesani (1952), Aldo Spoldi (1950), Delvio Crespiatico (1943), Marco Ermentini (1956), Enrico Guenzi (1952), Pio Capodiferro (1954) diedero vita al "Teatro di Oklahoma". Il "T.O.", coordinato da Aldo Spoldi, si pone come palcoscenico immaginario dove organizzare in gruppo alcuni aspetti della ricerca artistica.

Col tempo il gruppo assunse una sua propria identità e intendimenti a più livelli. Ora si presenta con un lavoro realizzato in collaborazione con Luciano Inga-Pin.

Per la realizzazione del lavoro intitolato "Whisky quiz" il "T.O." ha interpellato Giorgio Colombo per le riprese fotografiche ed Elio Fiorucci per gli abiti.

Sul piano della forma la mostra è una serie di immagini fotografiche nelle quali appare evidente che il "corpo" - presentandosi abbigliato - è simile ad una "natura morta", infatti il primo, come maschera, è inteso come fatto esterno, la seconda, come stereotipo, è intesa quale visione dello spazio privato.

febbraio 1977

1977 — L'ANNO DEL CAMBIAMENTO

Il 1977 segna un importante passaggio, sia sociale sia culturale e artistico. Un passaggio da una cultura tardo marxista a quella che, pochi anni dopo, sfocerà in quel clima che sarà definito l'edonismo reganiano. Il 1977 è stato spesso paragonato al 1968, quale anno di forti contestazioni giovanili ma, mentre il 1968 segnalava il risveglio della classe operaia italiana, ed apriva un periodo pre-rivoluzionario in cui i lavoratori avrebbero potuto prendere il potere, il 1977 segnala una tappa importante nel passaggio dall'ascesa rivoluzionaria, proponendo nuove modalità, meno violente e più ludiche. E' l'anno in cui alla rivoluzione armata si rispose con la rivoluzione creativa, gli anni degli indiani metropolitani[1] e del punk, gli anni di una nuova coscienza sociale, politica e culturale. Nel campo artistico, dominato dal rigore della conceptual, che aveva come finalità il riportare la storia della forma alla speculazione teorica sull'arte, e dalla violenza esistenziale della body art, che era impegnata a liberare il

tà del proletariato non è più tanto la rivoluzione quanto il desiderio della "febbre del sabato sera"[3]. Dal materialismo di Marx si passa a John Travolta e ai simulacri di Baudrillard. Non solo, da lì a poco arriverà un presidente degli Stati Uniti, Ronald Reagan, che è un ex attore, e lo stesso Papa Wojtyla sarà detto "papa spettacolo"[14]. Nel campo dell'arte sono entrati in scena Gilbert & George[5], agghindati come dandy in contrapposizione alla violenza delle performance degli "azionisti viennesi[6], di Gina Pane[7] e di Marina Abramovic[8].
I problemi dello studente Aldo Spoldi all'Accademia di Belle Arti di Brera sono quelli di condurre la banda scapigliata del "Marameo"[2], nata nel 1968 nella strada, e il "Teatro di Oklahoma" dentro il nuovo mondo fatto di apparenza più che di ideali e di sostanza.
Nel 1974 Aldo incontra Luciano Inga Pin[15] e con lui nasce una fertile collaborazione. In quegli anni Inga Pin, Toselli e Minini erano tra i pochi in Lombardia ad esporre

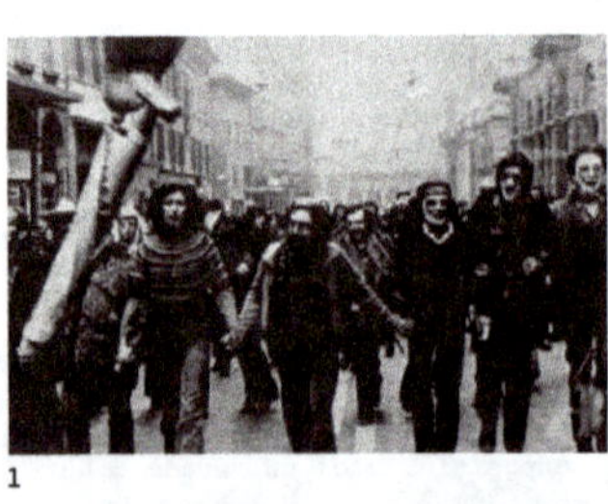

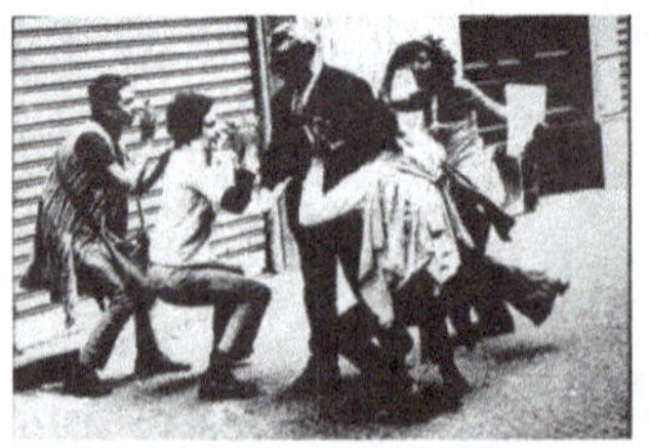

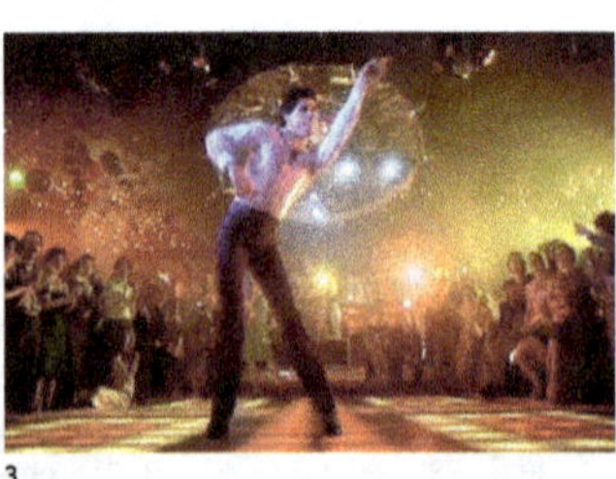

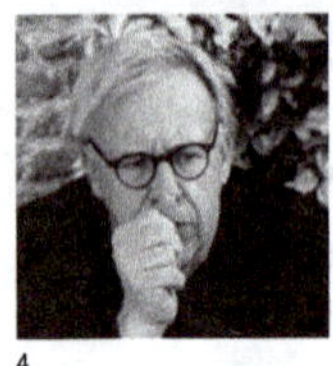

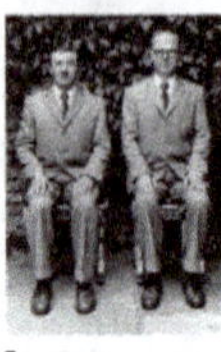

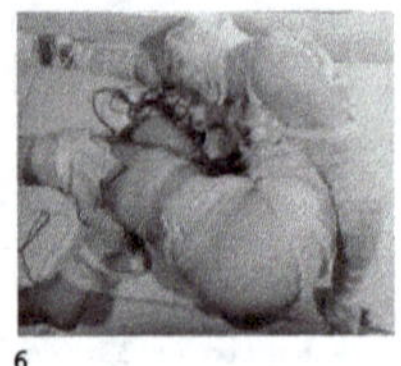

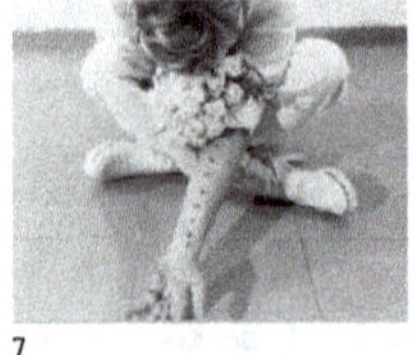

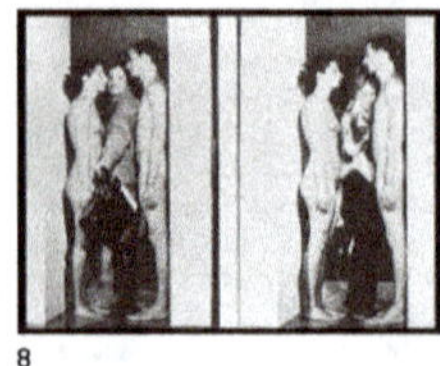

soggetto dai suoi totem e tabù, si inizia a intravedere una nuova sensibilità e una nuova teoria: la ricerca di valori-segno e di valori-spettacolo. Al contenuto viene sostituita l'apparenza, al significato il significante-superficie.
Una nuova generazione di artisti si fa avanti, eredi delle esperienze concettuali e comportamentiste, ma impegnata in una ricerca capace di superare il rigore concettuale attraverso una diffusa sensibilità di pratiche artistiche dove le tecniche tradizionali della pittura e della scultura assumevano un ruolo determinante. Avviene un ritorno all'immagine, ad una pittura che si fa bella e si mette in scena, una pittura teatrale e dove il piacere dell'immagine e della pennellata entra in scena. La Transavanguardia, i Nuovi Nuovi, la New Image, il Graffitismo, la bizzarria dell'East Village, il Nuovo Futurismo e molte altre ancora sono le correnti che delineano quel clima che a partire dalla fine degli anni Settanta verrà definito Postmoderno.
Intuendo tale cambiamento Aldo Spoldi e i suoi compagni danno vita al "Teatro di Oklahoma" che si presenta nel 1977 con una mostra che propone il ritorno all'immagine e prelude gli sviluppi successivi della pittura di Spoldi: è nel 1978, alla Galleria milanese Diagramma di Luciano Inga-Pin che Spoldi espone nuovamente, ma questa volta con una serie di opere di grandi dimensioni, disegnate, colorate, costruite a frammenti. Dal rigore delle immagini fotografiche in bianco e nero del Teatro di Oklahoma alla delicatezza del segno e all'esuberanza dei colori delle opere successive.
Ma questa è un'altra storia.
Il 1977, come già accennato, è un anno chiave. Il mondo sta per cambiare. Un anno che molti fanno coincidere con la caduta del grande racconto marxista e con la nascita del postmoderno e del consumismo dilagante. Un nuovo tipo di giovane uomo urbano con l'aspetto di un "quadro d'azienda" entra in scena. Lo studente si toglie l'eschimo, si profuma e passa dalle riunioni sindacali alla discoteca. La finali-

body art, arte concettuale e arte povera.
Aldo e Luciano capiscono che un mondo sta per cambiare e con spirito ironico si tenta l'avventura di uscire dalle grandi narrazioni moderne. Arte concettuale e body art sono i bersagli della mostra "Whisky Quiz" e, paradossalmente, è proprio nella galleria promotrice di body art e arte concettuale che avviene l'incontro e il giocoso scontro.
Le foto del "Teatro di Oklahoma" sembrano dire a Gina Pane: non tagliarti più, ai viennesi: basta con il sangue, a Kosuth[4]: l'arte dopo la filosofia sta per apparire, a Beuys: sciamano, vestiti bene e guarda Gilbert & George.
Grazie ad Elio Fiorucci i trasandati e circensi personaggi sessantotteschi, che hanno caratterizzato gli spettacoli da strada, vengono abbigliati con abiti edonistici e alla moda.
Grazie a Giorgio Colombo, che li fotografa con stile professionale e tecnicamente perfetto, vengono realizzate immagini fotografiche, accompagnate dai disegni preparatori di Aldo, presentate poi nella mostra "Whisky Quiz" alla Galleria Diagramma di Luciano Inga-Pin a Milano nel 1977.
I ragazzi di strada, abbigliati alla moda, vengono fotografati con la precisione dello scatto fotografico della Hasselblad in un nitido bianco e nero, sfidando così l'intimismo della body art dilagante. E' proprio indossando questi abiti che la banda e l'umanistico "Teatro di Oklahoma", si trasformeranno nel 1985 nella "Banca di Oklahoma", nel 1990 nella "Oklahoma S.R.L." ed infine nel 1993 in una società per azioni, una sofisticata finanziaria, la "B.D.O. Limited".
Gli anni 1977-1978 sono anche gli anni in cui Aldo, sempre nella Galleria di Luciano Inga-Pin propone una mostra di grandi disegni colorati a pastello sbeffeggianti l'arte concettuale e miranti a riproporre immagini composte a frammenti che preludono alla futura Pittura Teatrale, ai Nuovi Nuovi, alla Transavanguadia e al Magico-Primario.

IL TEATRO DI OKLAHOMA — LA STORIA

Dicembre 1974. Aldo Spoldi è ancora studente all'Accademia di Belle Arti di Brera, iscritto al corso di scultura dei Professori Alik Cavaliere e Mino Ceretti. Nell'aula di Alik Cavaliere come lavoro di scultura raduna una pattuglia di studenti, docenti, personaggi virtuali sotto il nome di "Teatro di Oklahoma". Il richiamo, rubato al libro "Amerika" di Kafka, è esplicito: "Viene assunto personale per il Teatro di Oklahoma: il grande Teatro di Oklahoma vi chiama, vi chiama solamente oggi, per una sola volta, chi perde questa occasione la perde per sempre…. Chi vuol divenire artista si presenti!".
Il Teatro di Oklahoma offre alla pattuglia le pagine di una libro (dove ogni partecipante può esercitare la propria arte) che la Casa Editrice Trieb pubblicherà e che sarà distribuito dalla Galleria Banco di Brescia, diretta da Massimo Minini, e presentato al critico d'arte Patrizia Gillo.
Nel maggio del 1975 il librò sarà stampato e l'esame di scultura brillantemente superato.
C'è da notare che nonostante il richiamo ad una umanistica "arte per tutti" la struttura del libro ha in se un'ironica ma spietata critica e Joseph Beuys, all'arte povera e al marxismo.

L'economia del libro è concepita come un divertente derivato finanziario, come una comica economia libidinale. A tale proposito il Teatro di Oklahoma è esplicito: "Il presente volume sarà posto in vendita dal 4 gennaio 1976 a Lit. 40.000", un prezzo dieci volte superiore a quello del 1975. Aldo, da studente, cerca di capire la struttura strategica del postmoderno che sta per sopraggiungere. Un principio che gli permetterà di trasformare negli anni novanta il Teatro di Oklahoma in Banca, di produrre i personaggi virtuali e, alla fine, di tentare la costituzione di un mondo nuovo: l'Accademia dello Scivolo.
Nel 1976 iniziano gli studi preparatori per la mostra "Whisky Quiz". La mostra è il frutto di un laborioso e ludico progetto. Nel medesimo anno Aldo disegna uno per uno i soggetti abbigliati e in quei disegni si può notare un embrione di quella che sarà, nel 1978, la mostra dedicata all'immagine e al disegno.
A partire da questi disegni incarica inizialmente il giovane fotografo Met Levi, che dal 1968 è stato il fotografo ufficiale delle svariate tournèe della Banda del Marameo, di realizzare dello foto-bozzetto che saranno poi sviluppate e messe in bella copia dal fotografo professionale Giorgio Colombo.

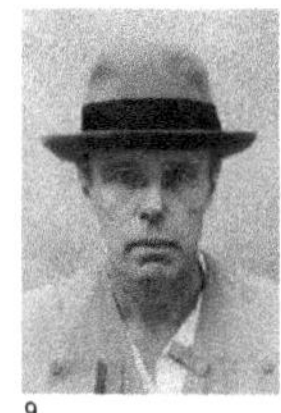 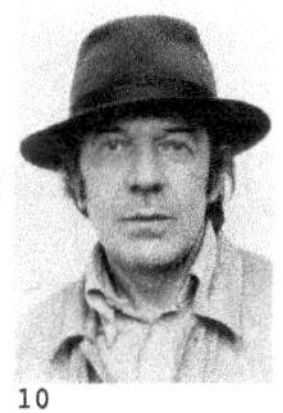 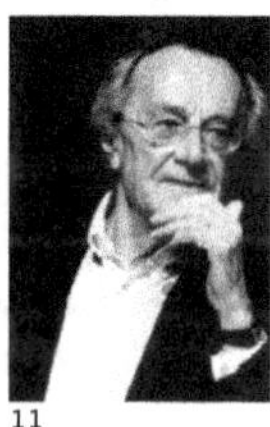 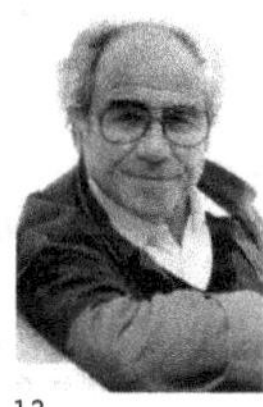 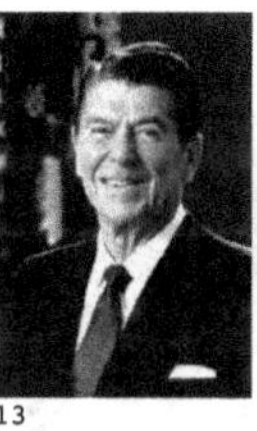 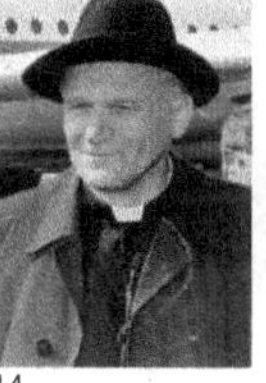 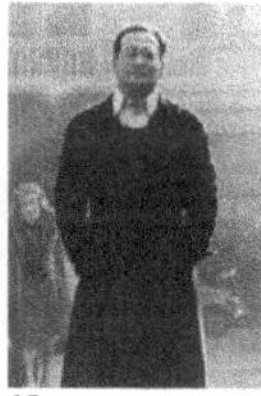

9   10   11   12   13   14   15

Note biografiche

Aldo Spoldi è nato a Crema nel 1950, dove vive e lavora. Studia al liceo artistico Beato Angelico e all'Accademia di Belle Arti di Brera a Milano. Artista ironico, ludico, teatrale è pittore, scultore, musicista, scrittore, docente all'Accademia di Brera e membro della Società di Patafisica.
Lo sviluppo della sua attività coincide con la trasformazione dell'arte e della società, ognuna delle quali si rispecchia nelle varie fasi del suo lavoro.
Nel 1968, l'anno della contestazione giovanile e del marxismo dilagante, raggruppa una banda composta da compagni del liceo, un gruppo di schernitori che realizzano burlesche performance nelle pubbliche vie di alcune città. Nel 1977, anno della caduta del marxismo e della nascita del postmoderno, dopo aver costituito il Teatro di Oklahoma, inizia la sua attività pittorica caratterizzata da immagini teatrali. Nel 1985 e negli anni dell'immaterialità finanziaria trasforma l'umanistico Teatro di Oklahoma in Banca, in Srl ed, infine, in B.D.O. Spa. Nel 1996, negli anni della costituzione dell'Europa Unita e della diffusione di internet produce, per mezzo della B.D.O. Spa, come progetto didattico, i personaggi virtuali (l'artista Cristina Show, il fotografo Met Levi, il filosofo Andrea Bortolon e il critico Angelo Spettacoli) e pubblica i libri Lezioni di educazione estetica, Cristina Show, frammenti di vita, Lezioni di filosofia morale. Nel 2007, l'anno della grande crisi finanziaria e della ricerca della concretezza, progetta la costituenda Accademia dello Scivolo e nel 2012 pubblica il libro del filosofo Andrea Bortolon Un Dio non può farsi male.

Loredana Parmesani, critico e storico dell'arte, docente universitario e autrice di numerose pubblicazioni sull'arte contemporanea, tra cui I colori della notte (Politi, 1987), Arte & Co (Politi, 1993), L'arte del secolo (Skira, 1997) , L'arte del XX secolo e oltre (Skira, 2012) tradotti in svariate lingue, oltre che di numerosi saggi su libri e riviste.
Ha organizzato e collaborato alla realizzazione di numerose mostre in Italia e all'estero tra cui: "Registrazione di frequenze", Bologna, "XI Quadriennale", Roma, "Take Over", Milano, Los Angeles, "Business Art-Art Business", Groningen, Padiglione italiano "XLV Biennale", Venezia, "Milano anni novanta", Milano, "Critica in opera", Castel San Pietro, "Arte per tutti", Codogno.
Insegna Storia dell'arte moderna e contemporanea presso l'Istituto Europeo di Design, Sociologia dei processi culturali presso l'Accademia di Belle Arti di Brera e Estetica presso la Civica Scuola d'Arte Drammatica "Paolo Grassi". Tiene corsi e seminari in numerose università italiane.

Met Levi nasce nel 1955 nei pressi di Brighton, in Inghilterra. Frequenta gli studi classici, che presto abbandona, poi quelli artistici. Si appassiona sempre più alla fotografia che diviene la sua principale occupazione. Determinato e promettente fotografo, Met inizia una stretta e proficua collaborazione con Aldo Spoldi e si immerge anche in servizi fotografici più svariati: clochard, amici, paesaggi, utilizzando una vecchia Rolleiflex biottica. Una sua mostra personale è stata allestita da New Old Camera nel 2005 a Milano, curata da Daniela De Vito. Collabora con l'artista Cristina Show al progetto di identità artistica apportando il suo contributo di fotografo e documentando tutte le sue opere.

Luciano Inga Pin (Milano, 1927 — Milano, 8 febbraio 2009) è stato un gallerista, critico d'arte ed editore italiano, che ha lavorato assiduamente a Milano come talent scout. Segnò la storia contemporanea con il taglio di innumerevoli traguardi anche internazionali. Si appassionò ancora giovanissimo all'arte e alla cultura contemporanea entrando in contatto con le avanguardie culturali milanesi. Fece i primi passi come gallerista gestendo quelle di alcuni amici milanesi, fino a che riuscì ad averne una tutta per sé, Il Diagramma, in via Pontaccio a Milano. Qui cominciò la propria autonoma attività dedicata soprattutto alle punte della Body Art. L'esibizione della nudità dei corpi, le performance spinte, le diversità nelle inclinazioni sessuali, provocarono scandalo e suscitarono scontri e polemiche. Presentò per la prima volta in Italia Marina Abramovic, Gina Pane, Urs Lüthi, Günter Brus, Franko B e molti altri. Promosse il Nuovo Futurismo e moltissimi altri artisti contemporanei che con le loro provocazioni premiarono il suo coraggio e il suo rischio professionale con la celebrità del mito. Il suo nome e la sua galleria compaiono nelle attività curriculari di centinaia di artisti, tanti dei quali oggi godono di molte attenzioni da parte del mondo artistico internazionale.

Giorgio Colombo vive e lavora a Milano. E' un fotografo che fin dagli anni sessanta ha documentato il complesso divenire dell'arte. Il suo lavoro ha come scopo la documentazione dell'opera d'arte e del mondo che la circonda: artisti, opere, personaggi, situazioni ed eventi.
Attraverso le sue fotografie Colombo racconta il suo rapporto con il lavoro degli artisti, dei critici e dei galleristi, in particolare con il gallerista milanese Franco Toselli nell'arco di quasi mezzo secolo. Colombo non ha solo un occhio tecnicamente dotato, ma è un professionista intellettualmente ed emotivamente coinvolto. Ugo Mulas affermava che nelle foto di Giorgio Colombo si trova la migliore luce. Da anni la collezione Panza di Biumo gli affida le proprie opere affinché egli risolva il sofisticato e difficile rapporto tra fotografo ed opera d'arte contemporanea.

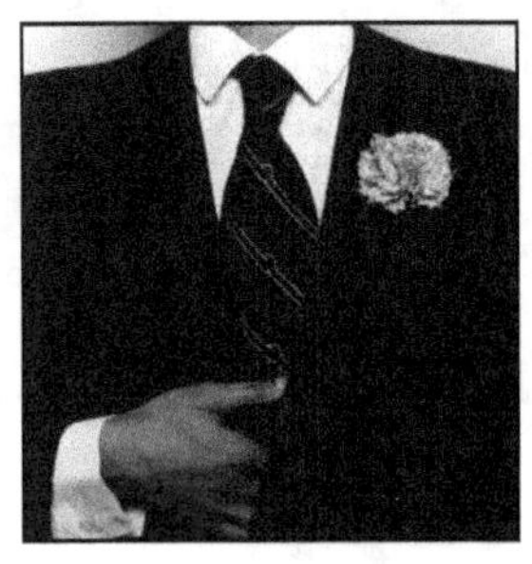
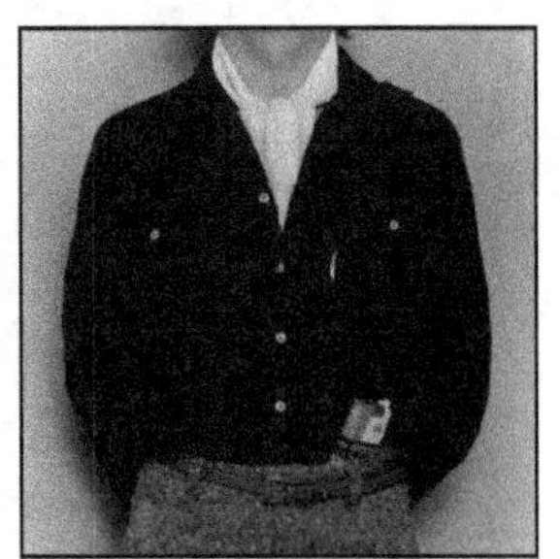
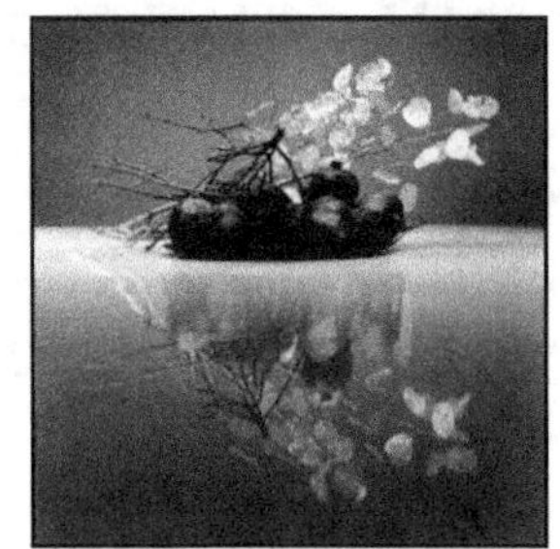
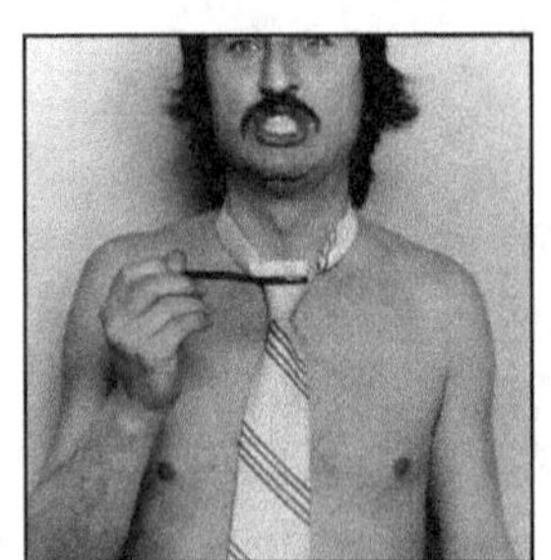
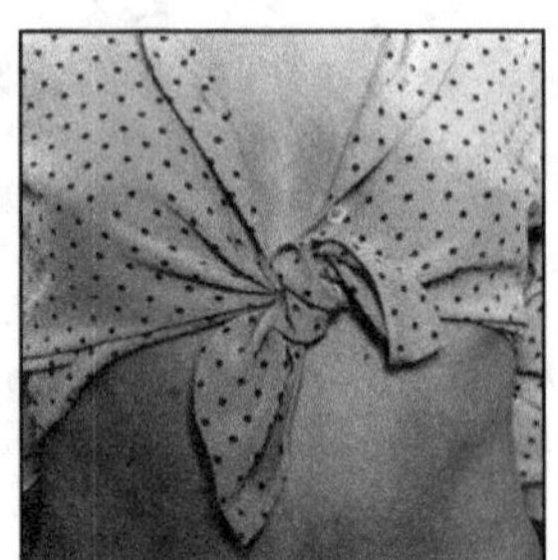
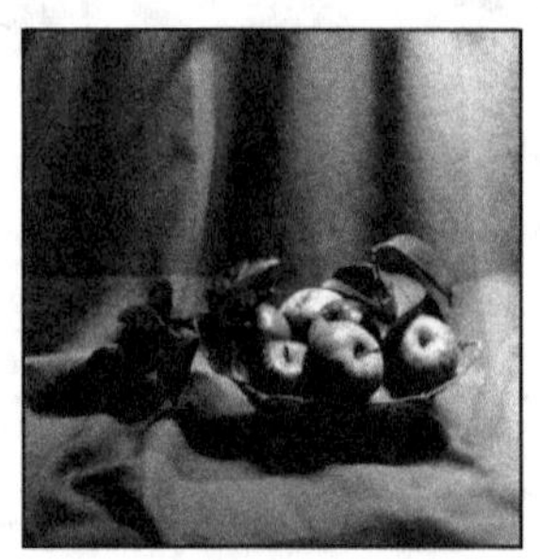
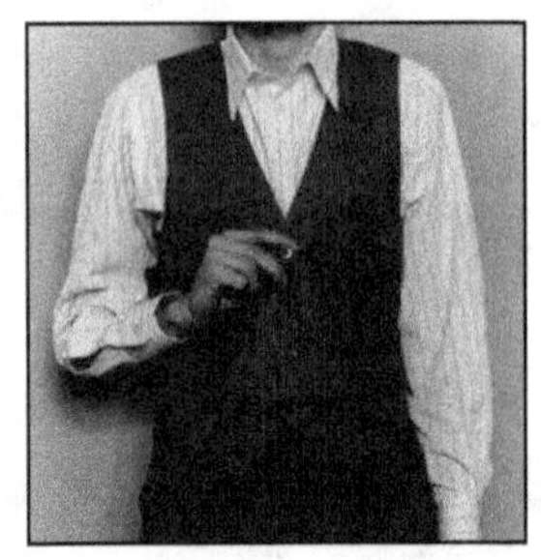
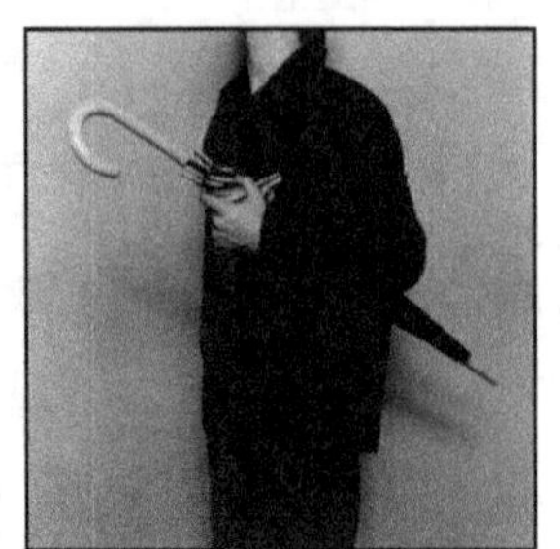
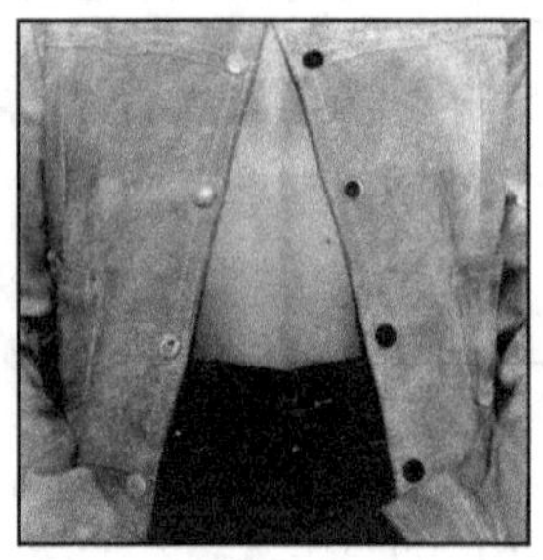
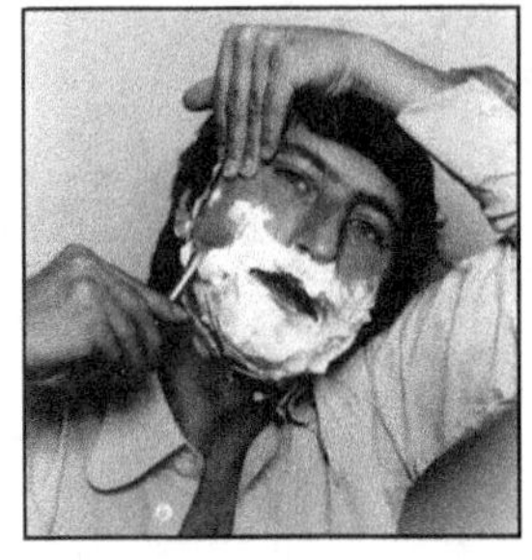
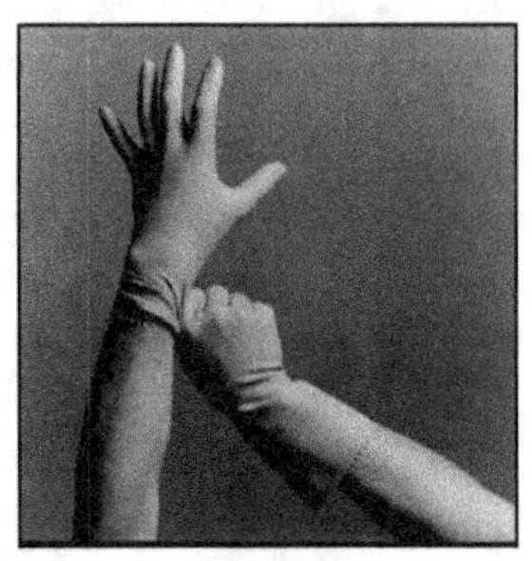
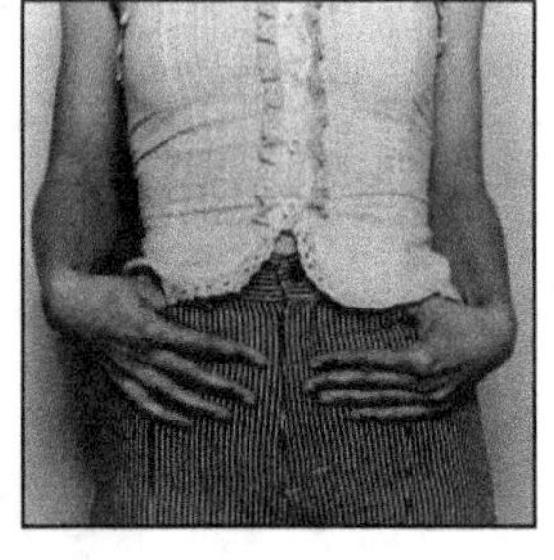

1977 fotografie di GIORGIO COLOMBO

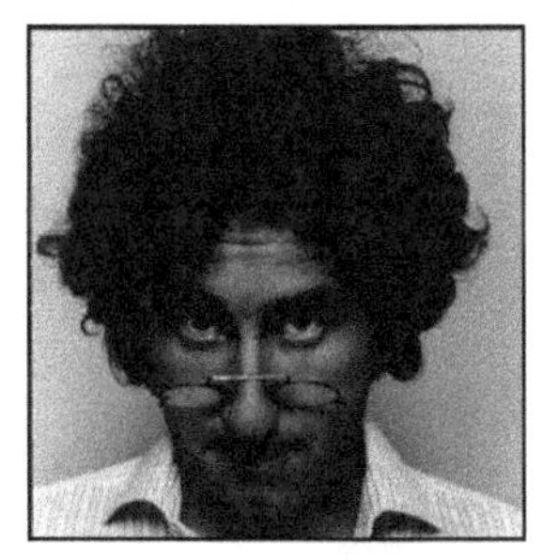
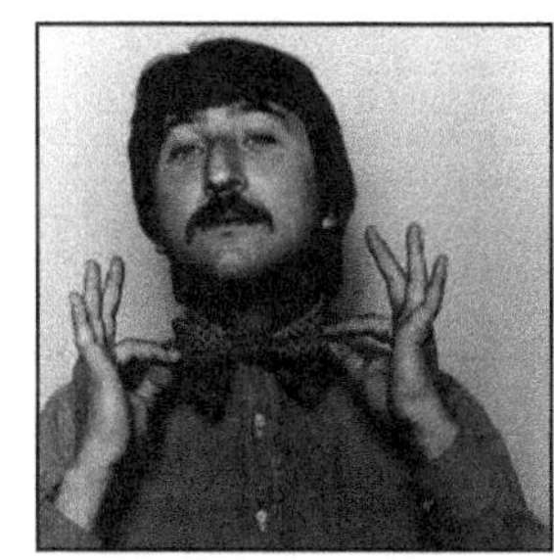
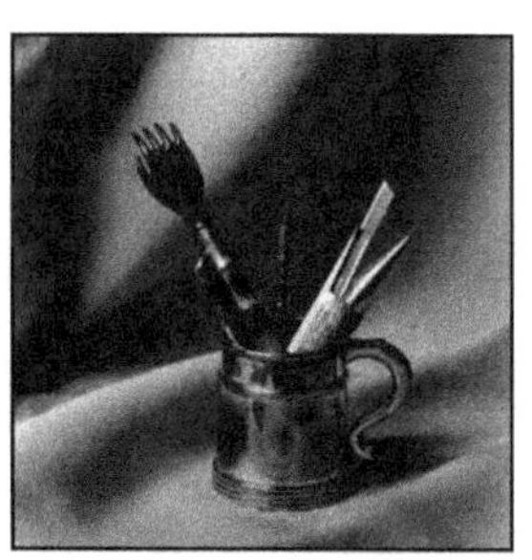

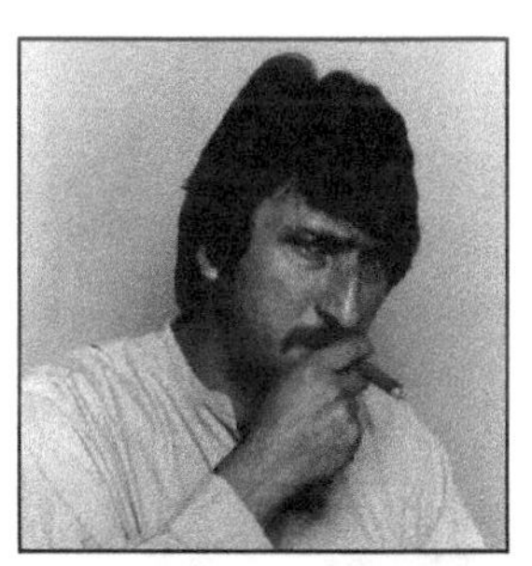
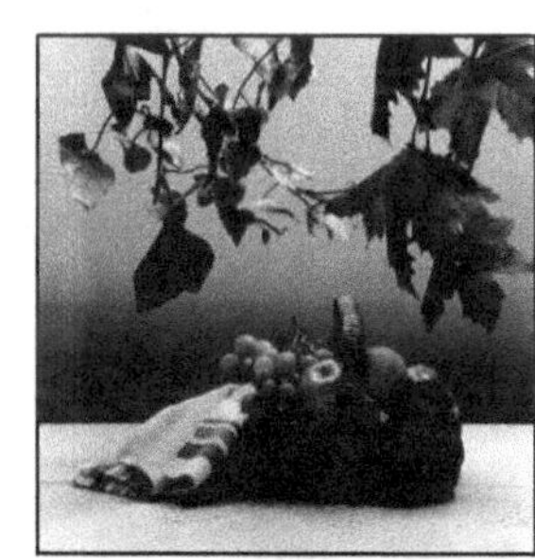
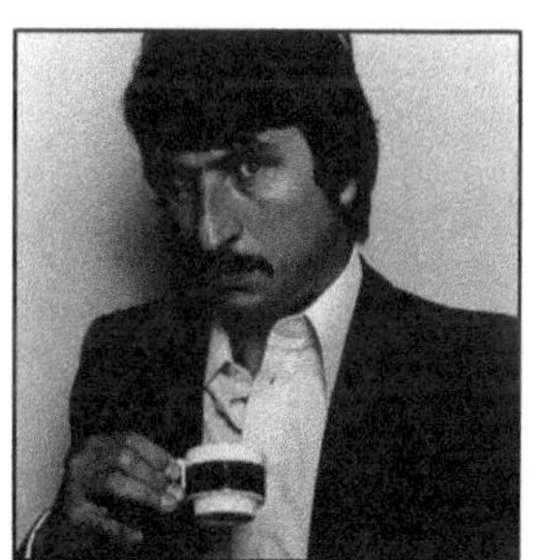

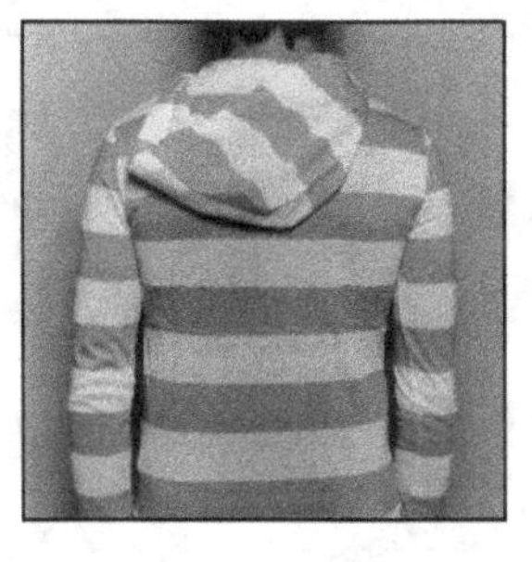
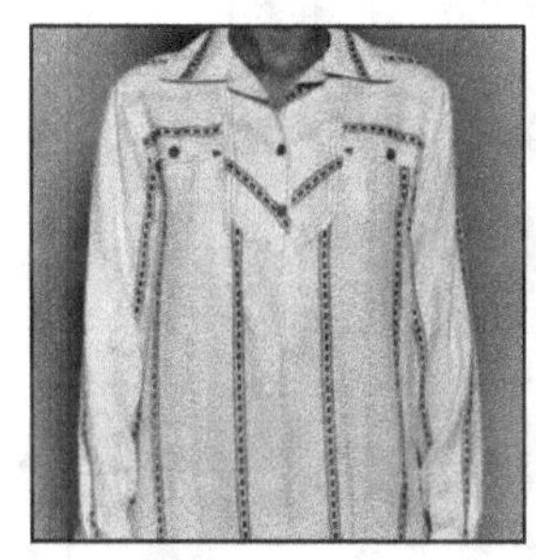
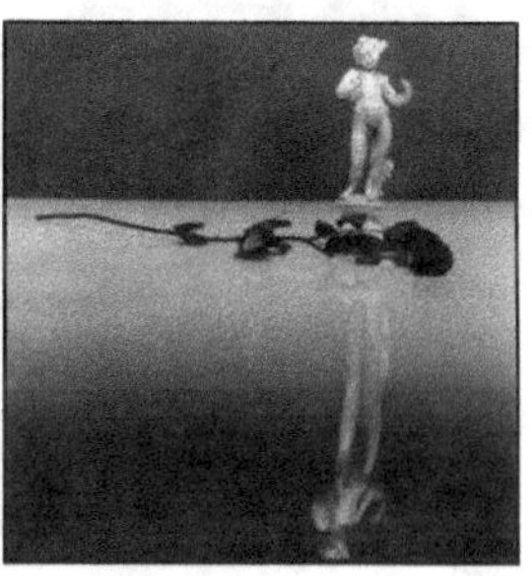

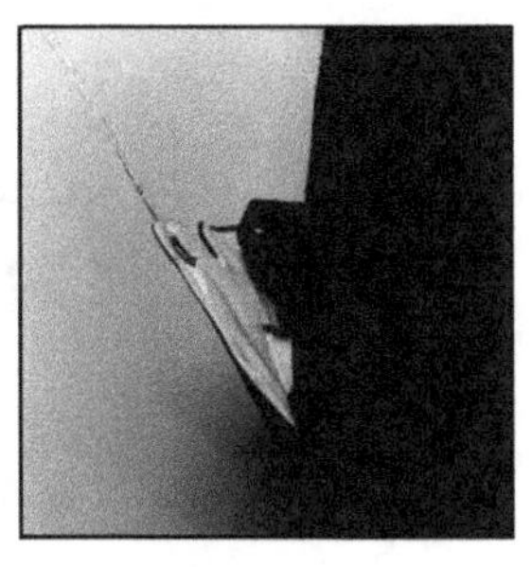
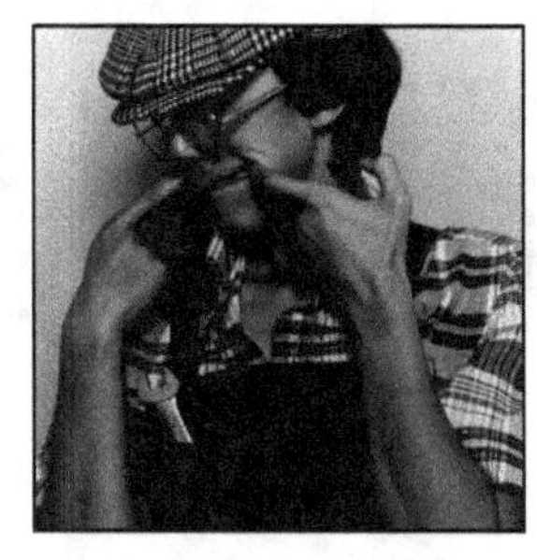
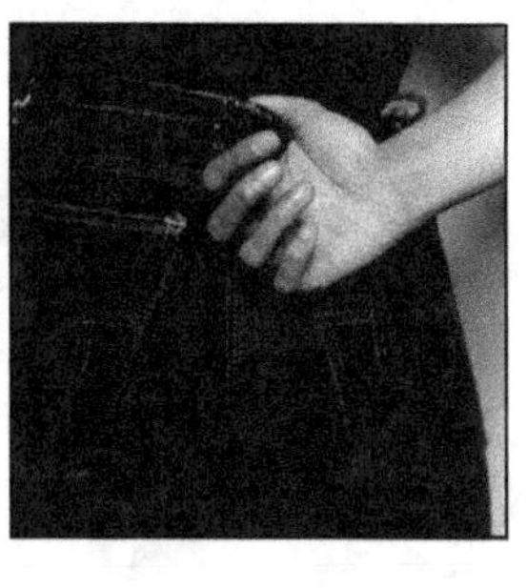

I disegni di ALDO SPOLDI e le fotografie di MET LEVI

Fin dagli anni sessanta il fotografo virtuale Met Levi è accanto a Aldo Spoldi per documentarne il lavoro e partecipare alla progettazione e realizzazioni di cristalline immagini fotografiche. Con Aldo ha stretto una profonda alleanza. Dalle prime performance del "Marameo" ai bozzetti per la mostra "Whisky Quiz" del Teatro di Oklahoma, fino ai tempi attuali, Met è sempre stato accanto a Aldo con la sua macchina fotografica, la Rolleiflex biottica degli esordi che ha lasciato il posto alla Hassenblad e poi alla Leica, tutte rigorosamente analogiche, al fine di cogliere l'attimo dell'opera, per documentarla e partecipare al suo farsi.

Le fotografie di Met Levi, soprattutto la produzione in bianco e nero, sua passione e prerogativa, portano all'estremo le possibilità della fotografia analogica, con un'inquadratura rigorosamente in macchina e, in alcuni casi, superando anche il limite del fotogramma. I bozzetti che ha realizzato per la mostra "Whisky Quiz", su disegni di Aldo Spoldi, sono la base per le immagini messe in bella forma dall'obbiettivo fotografico di Giorgio Colombo.

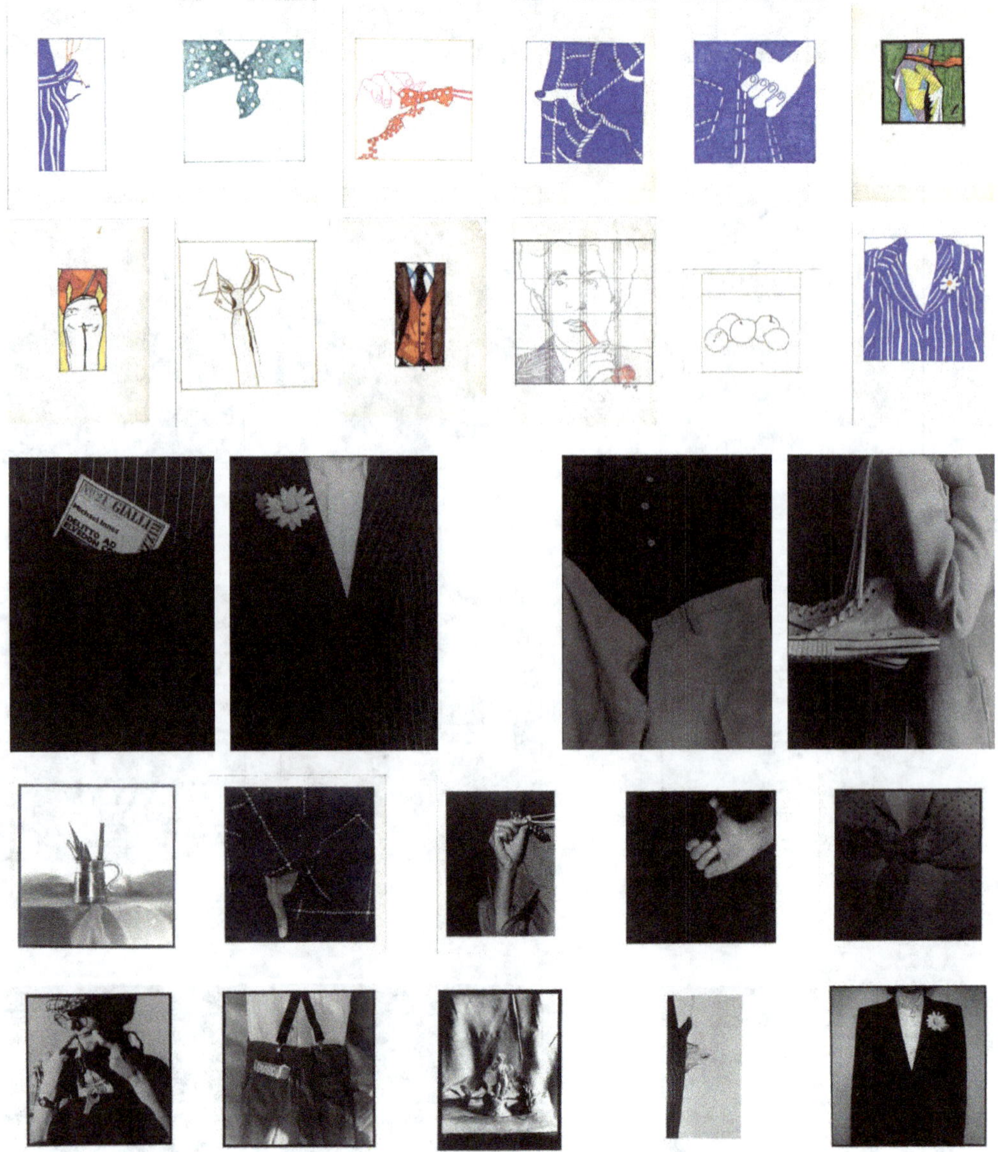

I libri che hanno dato la vita al TEATRO DI OKLAHOMA

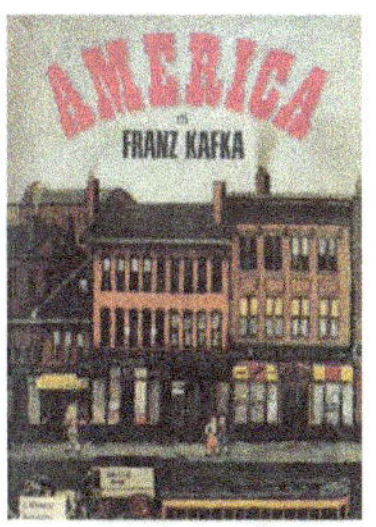 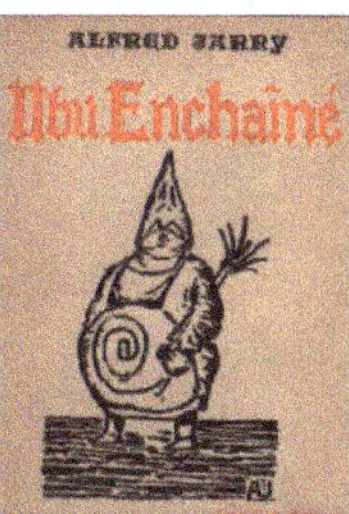 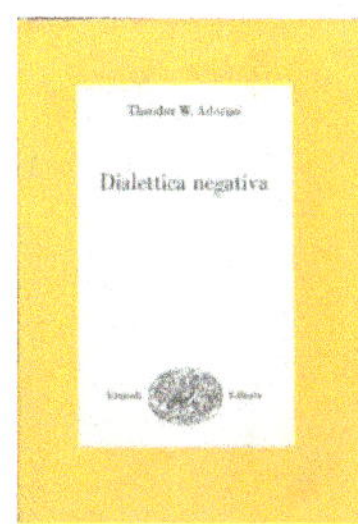 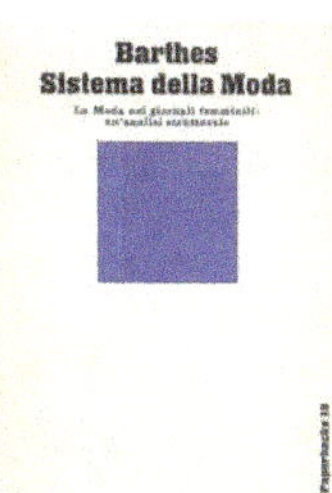 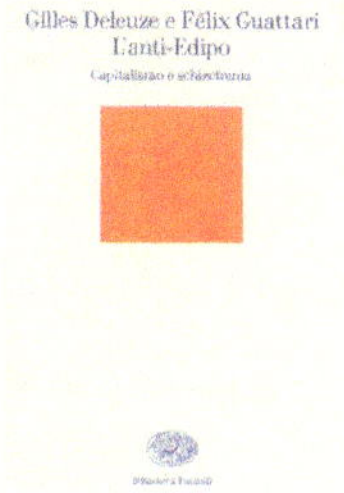

 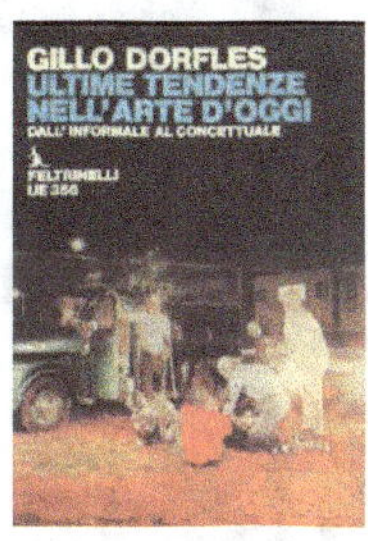 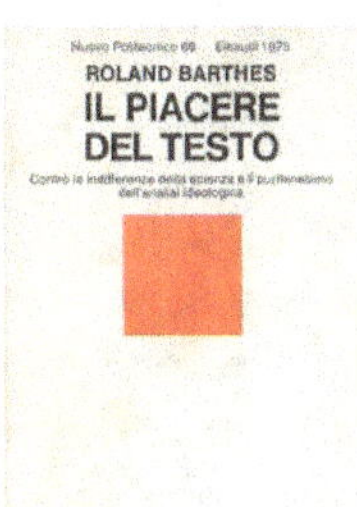 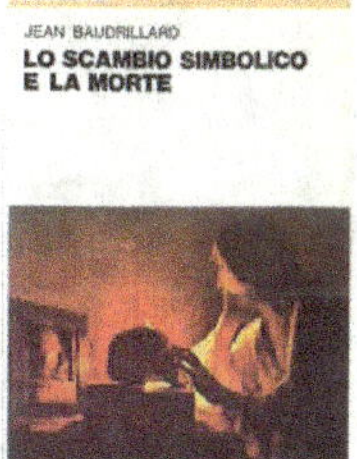 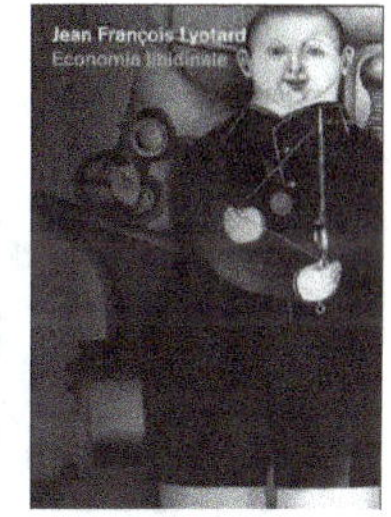

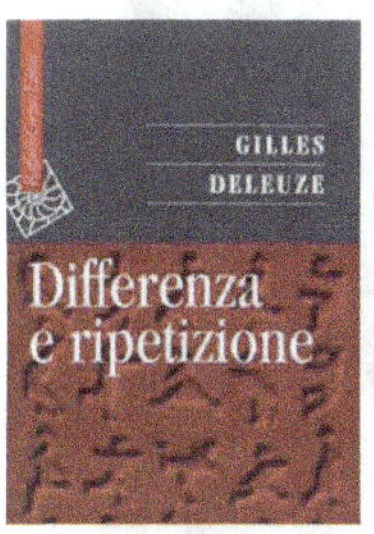 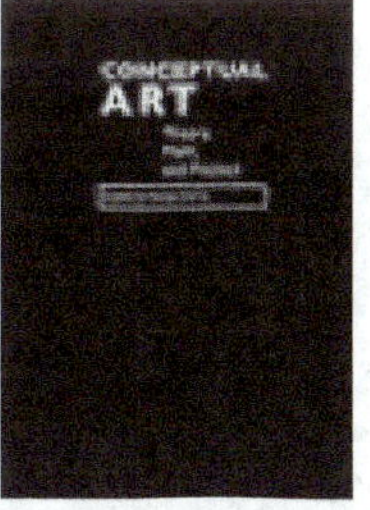 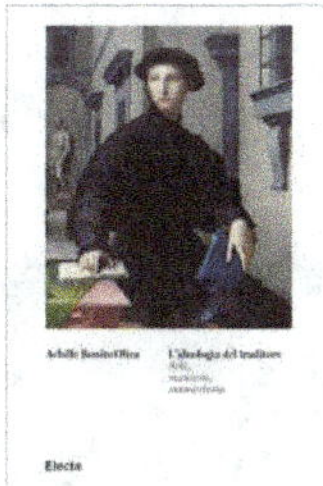 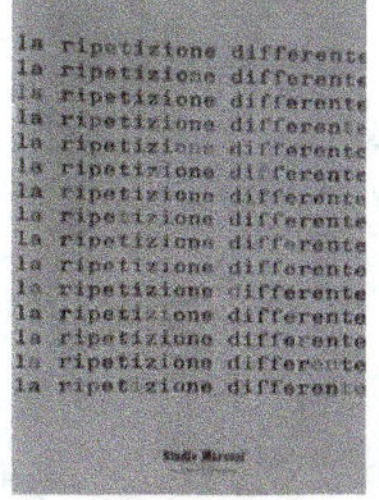 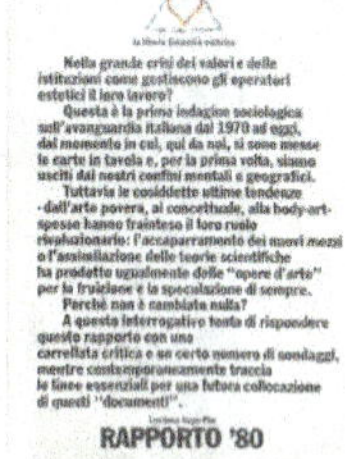

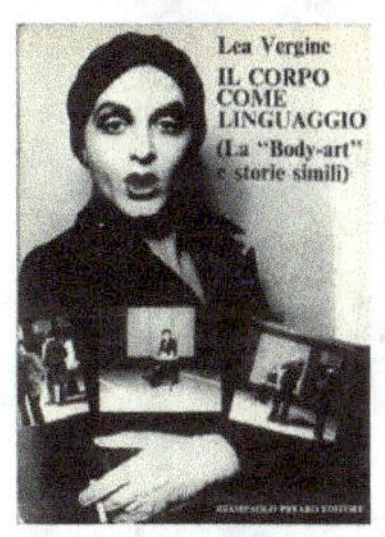 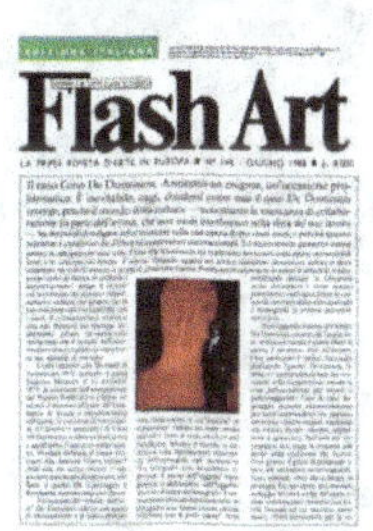 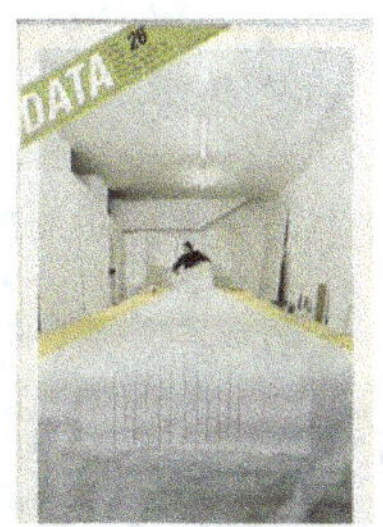 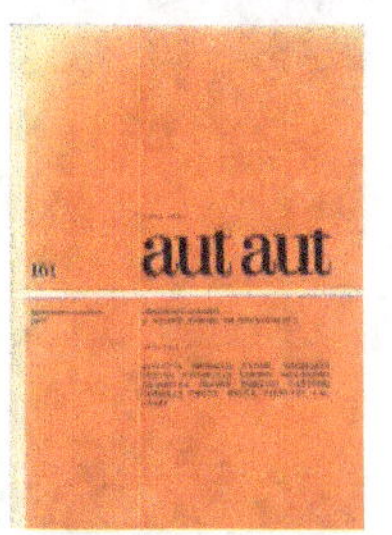 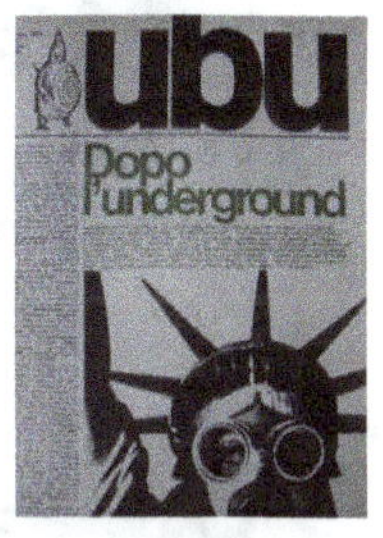

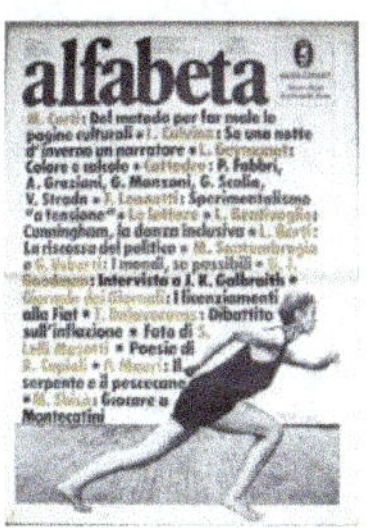 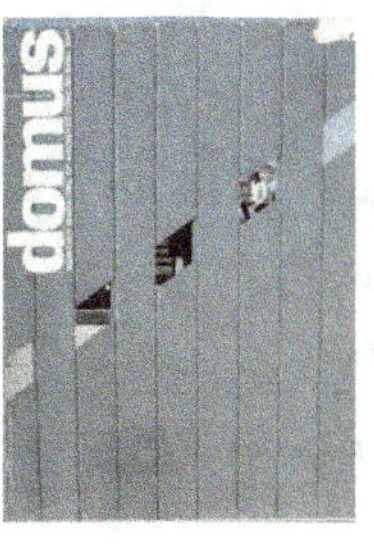 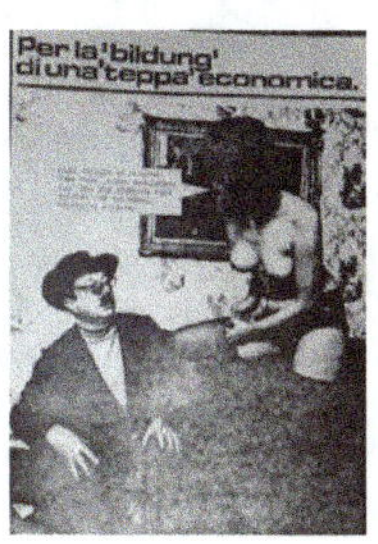 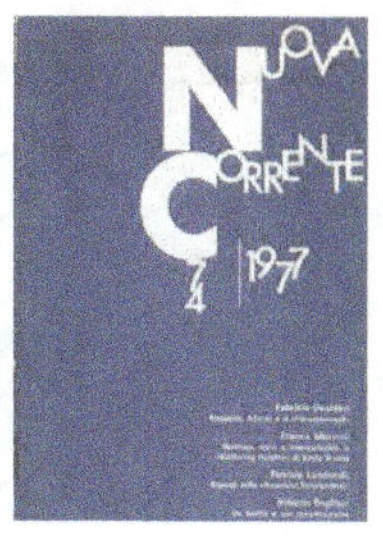 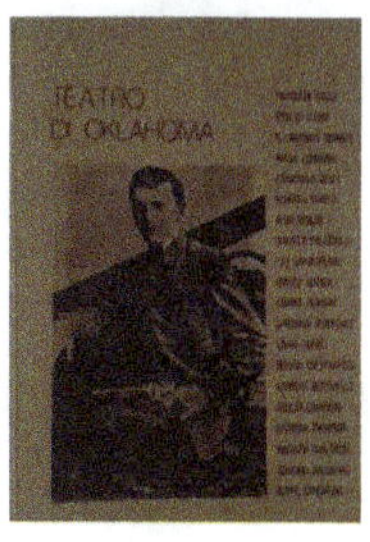

DA UN'IDEA DI ALDO SPOLDI

TEATRO DI OKLAHOMA: WHISKY QUIZ – 1977

con la collaborazione di Luciano Inga-Pin, Giorgio Colombo, Elio Fiorucci, Met Levi

Ricostruzione a cura di Loredana Parmesani

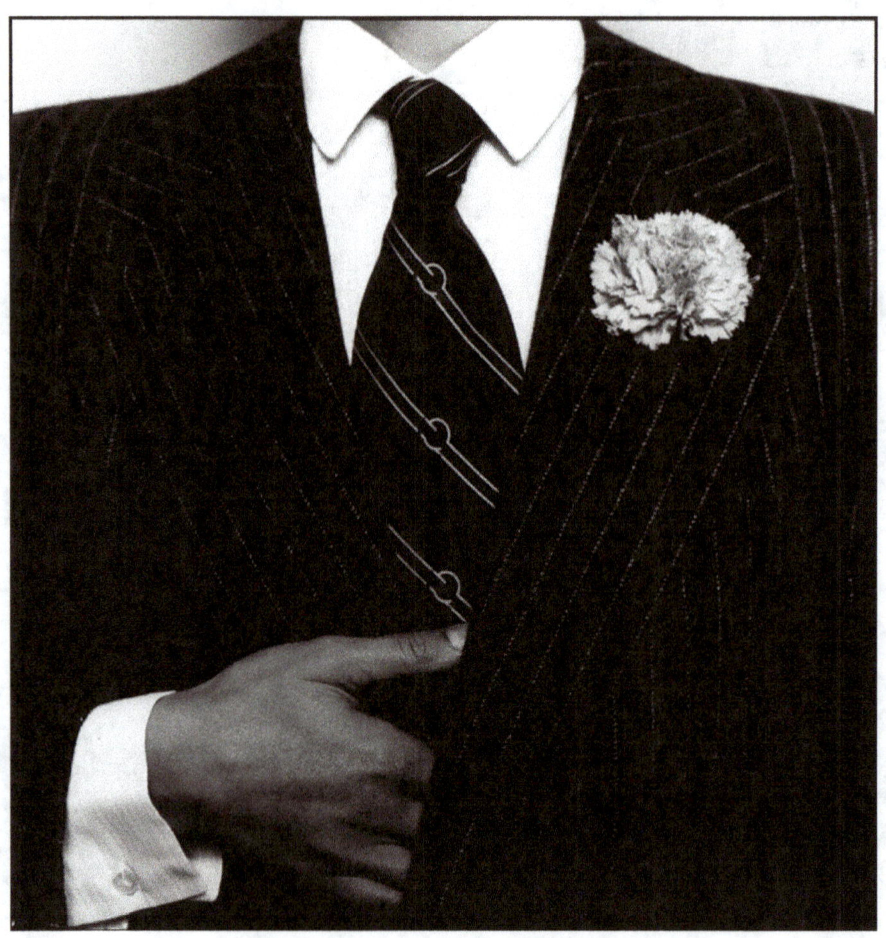

Inaugurazione giovedì 2 ottobre, ore 19

3 ottobre – 15 novembre 2014

GALLERIA ANTONIO BATTAGLIA
Via Ciovasso, 5 – 20121 Milano
T +39 02 36514048 – 02 36585900
info@galleriaantoniobattaglia.com
www.galleriaantoniobattaglia.com

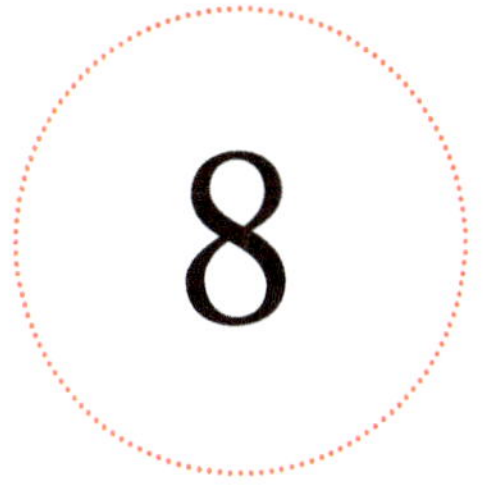

8

Teatro di Oklahoma
WHISKY QUIZ - 1977
da un'idea di Aldo Spoldi
ricostruzione a cura di
Loredana Parmesani

ARTISSIMA - Back to the Future

Torino, 6 - 8 novembre 2015

Il limite del Teatro di Oklahoma è quello di essere simile ad una tesi di laurea e proprio qui, nella sua limitazione, risiede la sua unica validità, quella di essere l'esercitazione di uno scolaro diligente.

_ Aldo Spoldi, Teatro di Oklahoma, 1975

Antonio Battaglia, in occasione di Artissima, nella sezione Back to the Future, dedicata a mostre personali dei grandi pionieri dell'arte contemporanea, e quest'anno focalizzata sul decennio 1975- 1985 con opere significative di quegli anni, presenta la ricostruzione della mostra "Teatro di Oklahoma - Whisky Quiz" tenuta nel 1977 alla Galleria Diagramma/ Luciano Inga-Pin di Milano, e riproposta nella sua galleria nell'ottobre 2014.

La mostra rappresentò una importante riflessione all'interno del contesto artistico di quegli anni e segnò anche l'inizio dei futuri sviluppi legati al clima del postmoderno e del ritorno alla pittura.

Il "Teatro di Oklahoma", ideato da Aldo Spoldi nel 1977, è ispirato al libro "Amerika" di Franz Kafka, libro dove tutti venivano invitati ad essere artisti.

Sull'onda della cultura movimentista dell'epoca, la mostra intendeva riflettere sulle teorie che in quegli anni si stavano delineando: le filosofie antiedipiche e antimarxiste di Deleuze e Guattari e la

sociologia di Baudrillard. Stanno anche per nascere il postmoderno di Lyotard, la Transavanguardia di Bonito Oliva, i Nuovi Nuovi di Barilli, il Magico-Primario di Caroli e la Pittura Colta di Calvesi.

La galleria Diagramma/Luciano Inga-Pin era in quegli anni una delle maggiori gallerie specializzate nella body art e nelle performance internazionali, luogo di una intensa attività espositiva e di un vivace dibattito artistico-teorico.

Il "Teatro di Oklahoma", percependo in anticipo il cambiamento del clima culturale, allestisce una mostra dove il corpo della body art da corpo in "carne ed ossa" diviene corpo in maschera, abbigliato, composto, messo in mostra, quasi fosse una natura morta, e bloccato nella bella forma dell'immagine fotografica. Alla mostra collaborarono Elio Fiorucci, all'epoca designer simbolo, per gli abiti e Giorgio Colombo, uno dei maggiori fotografi in ambito artistico, per gli scatti fotografici.

In occasione di Artissima la mostra si arricchisce di due significativi lavori di Spoldi, "Da "Il Circolo Pickwick" di Charles Dickens" e "Oliver Twist", entrambi del 1978, sottolineando il passaggio che proprio in quegli anni si sta delineando, passaggio che spinge il rigore formale dell'arte concettuale all'esuberanza dell'immagine disegnata e dipinta, il corpo in carne ed ossa della body art alla finzione del personaggio, la perfetta costruzione della fotografia in bianco e nero al fascino della policromia della pittura.

Per informazioni: Serena Maccianti - info@ galleriaantoniobattaglia.com - T/F +39 02 36514048

ACCADEMIA DELLO SCIVOLO

DIPARTIMENTO BANDA VASCAVOLANO CR - ORDINE DEL MARAMEO

Galleria Antonio Battaglia
ARTISSIMA - sezione *Back to the future*
Torino, 6 - 8 novembre 2015

Teatro di Oklahoma: Whisky Quiz - 1977
Da un'idea di Aldo Spoldi, ricostruzione a cura di Loredana Parmesani

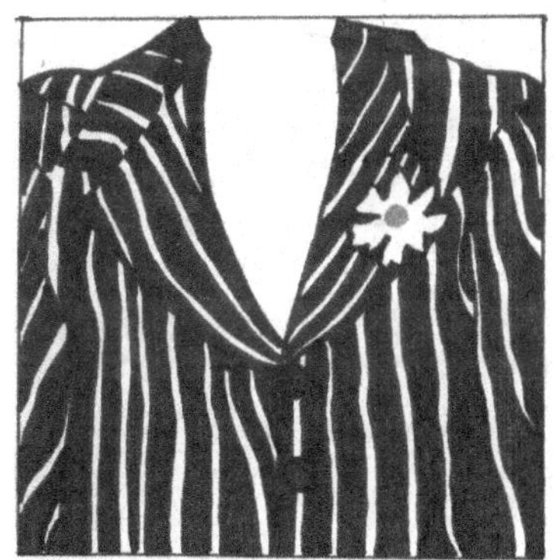
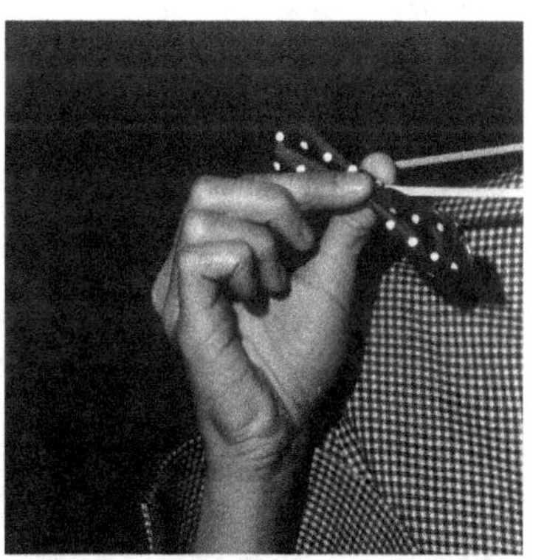
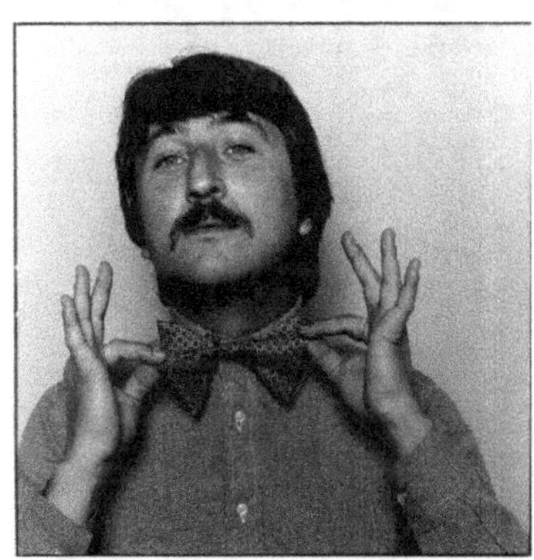
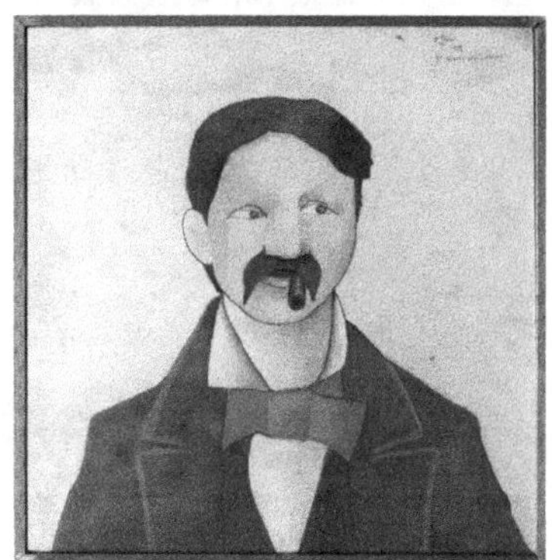

Dal Teatro di Oklahoma al Circolo Pickwick

di Patrizia Gillo

"Il limite del Teatro di Oklahoma è quello di essere simile ad una tesi di
laurea e proprio qui, nella sua limitazione, risiede la sua unica validità,
quella di essere l'esercitazione di uno scolaro diligente".
Aldo Spoldi, *Teatro di Oklahoma*, 1975

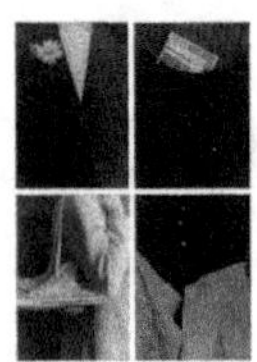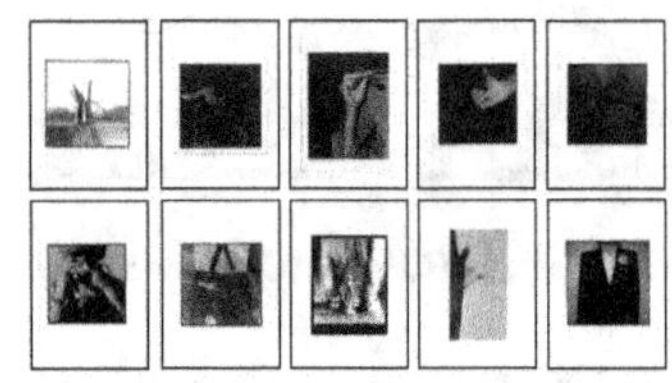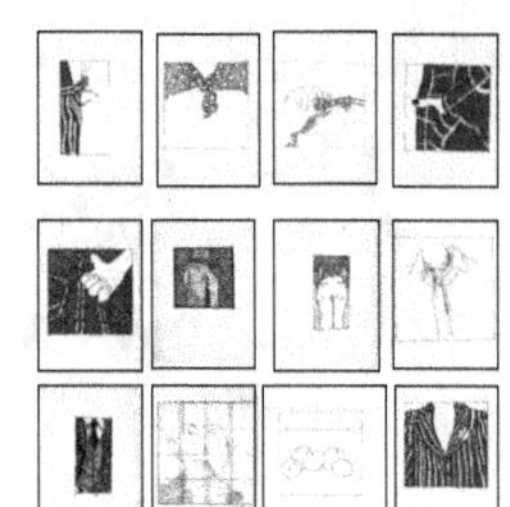

Dal Teatro di Oklahoma al Circolo Pickwick

Segue da pag. 1

La Galleria Antonio Battaglia, in occasione di Artissima - Back to the Future, sezione focalizzata sulla riscoperta del decennio 1975 - 1985, ha arricchito la ricostruzione della mostra "Teatro di Oklahoma - Whisky Quiz" del 1977, esposta in galleria nell'ottobre 2014, con due opere di Aldo Spoldi, ideatore del Teatro di Oklahoma, tratte dalla mostra "Il Circolo Pickwick", allestita nel 1978 alla Studio d'Arte Cannaviello a Milano.

Non si può non notare che entrambe le mostre si caratterizzano per i titoli letterari e che entrambe raggruppano dei personaggi. Spoldi infatti crea personaggi. Nel 1968 raduna una banda, la Banda del Marameo, nel 1974 riunisce studenti, artisti, intellettuali e critici nel Teatro di Oklahoma, nel 1978 trasforma l'aristocratico circolo di Dickens in una banca, la Banca di Oklahoma e nel 2007 li raggruppa in una scuola, l'Accademia dello Scivolo.

La mostra alla Galleria Diagramma/Luciano Inga-Pin del 1977, arricchita ora dai due lavori dell'anno successivo, intende sottolineare il passaggio che proprio in quegli anni si sta delineando, passaggio che spinge il rigore formale dell'arte concettua le all'esuberanza dell'immagine disegnata e dipinta, il corpo in carne ed ossa della body art alla finzione del personaggio, la perfetta costruzione della fotografia in bianco e nero al fascino della policromia della pittura.

Nel momento stesso in cui il moderno si trasforma in postmoderno, le foto del "Teatro di Oklahoma" aprono ai postmoderni personaggi disegnati del "Circolo Pickwick". Le stesse cornici che racchiudono le foto di Met Levi e Giorgio Colombo, bloccando l'immagine dentro il limite del rettangolo nero, quasi si trattasse di un'immagine racchiusa dentro un perimetro teatrale, si animano, si sviluppano nello spazio della parete, si disseminano e al tempo stesso si mettono in relazione, diventando così elementi costruttivi di una società letteraria e di un circolo pittorico.

Il Teatro di Oklahoma, ideato da Aldo Spoldi nel 1974, viene progettato contemporaneamente alle riflessioni sulla nascita del sistema dell'arte ("Arte e sistema dell'arte", 1975, di Achille Bonito Oliva, "Produzione artistica e mercato", 1975, di Francesco Poli) e in anticipo rispetto alla pubblicazione dei testi sul postmoderno ("La condizione postmoderna", 1979, di Jean-Francois Lyotard).

Il Teatro di Oklahoma, con i suoi lavori visivi e editoriali (a tale proposito è utile citare il volume "Il Teatro di Oklahoma" del 1975) segna ironicamente il passaggio che conduce i grandi racconti moderni dell'arte e della filosofia a quelli postmoderni del sistema dell'arte, della moda e dell'efficienza.

Le opere della mostra "Whisky Quiz" trasformano, cuciono e intessono le tele di Supports/Surfaces e di Daniel Buren, gli strumenti della pittura, l'arte analitica, la tautologia di Kosuth, per farlo diventare un abito alla moda grazie a Elio Fiorucci, simbolo di quell'epoca di cambiamento e da poco scomparso. Un vestito che copre il corpo nudo dell'Abramović e l'erotismo di Vettor Pisani, che ironizza sull'arte filosofica e politica di Joseph Beuys e sull'incomunicabilità di Agnetti, trasformando l'impero dei sensi di Nagisa Ōshima in impero comico.

Anticipa e rende possibili, a metà degli anni Settanta, i movimenti della "transavanguardia", dei "nuovi nuovi", della "pittura teatrica", dell'"arte mia", della "pattern painting", della "new image" americana, del "magico-primario", della "pittura colta" e del pullulare di piccoli e grandi movimenti che da quel momento in avanti prendono forma e che creano il clima della condizione postmoderna degli anni Ottanta. A tutti loro contrappone una sensibilità teorica e formale più costruttiva, mettendo in risalto la forza spettacolare dell'immagine e il modo stupefacente con cui può essere ricostruita dopo la sua messa in crisi. Un'immagine che passa sempre attraverso il rigoroso gioco del concetto.

Patrizia Gillo

I mondi di Aldo Spoldi
di Serena Maccianti

Parlare con l'artista Aldo Spoldi apre la mente e porta a riflettere sul mondo che abbiamo intorno e su quanto sia reale o meno ciò che ci circonda; nel suo percorso artistico la sua maggiore preoccupazione è sempre stata quella di creare mondi e lo ha fatto di volta in volta salendo come un pugile su un ring e affrontando un avversario sempre diverso: l'obiettivo non è la lotta ma il dialogo dal quale possono scaturite nuove realtà.

Negli anni in cui Aldo è studente all'Accademia di Brera c'era ancora chi parlava di Marx e Mao ma il contesto sociale, culturale e politico stava cambiando ed ecco che essere artista veniva improvvisamente considerato fascista; l'avvento della body art e del concettuale portava avanti l'idea che liberare se stessi e il proprio inconscio fossero un nuovo linguaggio ed è qui che nacque in Aldo l'esigenza di entrare in un Mondo Nuovo: avendo come compagni di viaggio Lyotard, Foucalt, i compagni di scuola, Inga-Pin, nasce il Teatro di Oklahoma, con la volontà di "deridere" il mondo della body art, riportando una scheggia di realtà all'interno dell'astrazione postmoderna.

Un lavoro ironico, giocoso, quello di Aldo, carico di riferimenti culturali, intellettuali, filosofici, per la maggior parte nascosti ma non per questo meno importanti; un lavoro che si basa sul diventare un "noi", in quanto là dove vi è un avversario vi è pure un alleato.

Col passare del tempo e con l'avvento di nuove criticità Aldo è andato in cerca di nuovi antagonisti ed è così che l'esperienza del Teatro di Oklahoma si è trasformata in Banca, e sul ring è salito lo spettro della finanza, compagno intrepido di questa avventura chiamata arte.

E come un Don Chisciotte che combatte contro i mulini a vento, Aldo trova il suo Sancho Panza nei personaggi virtuali: Cristina Show, Angelo Spettacoli, Andrea Bortolon, Met Levi sono così più reali dell'immaterialità della finanza, assunta ad ideologia e cardine del mondo.

Quando il sistema dell'arte diventa infine sempre più delirante, ecco che la realtà irrompe con l'Accademia dello Scivolo: un terreno avuto dal Comune in cambio di una scultura e un gruppo di persone che crede in un progetto e che sa che è meglio cadere scivolando, sapendo che quando si è a terra anche un piccolo risultato può essere un gran successo.

Il lavoro artistico e culturale, e quello di Aldo Spoldi in special modo, arriva prima della politica, prima della finanza, sfida il mondo, con la convinzione che vi "un macchinario che va più veloce della realtà: la fantasia".

(estratto da Academy of Fine Arts, anno 2015 - N° 20)

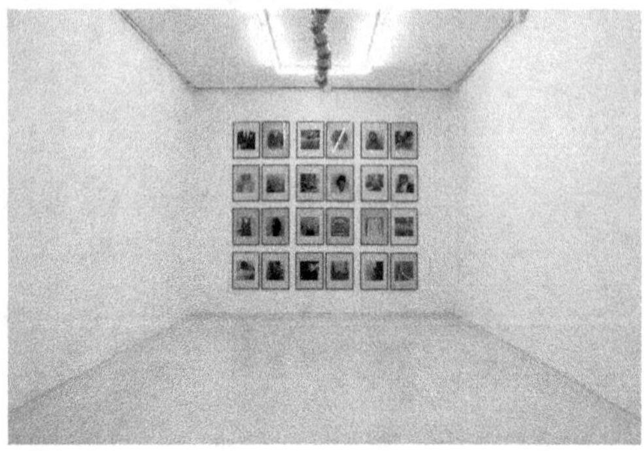

Teatro di Oklahoma: *Whisky Quiz* - 1977, Galleria Antonio Battaglia, ottobre - novembre 2014

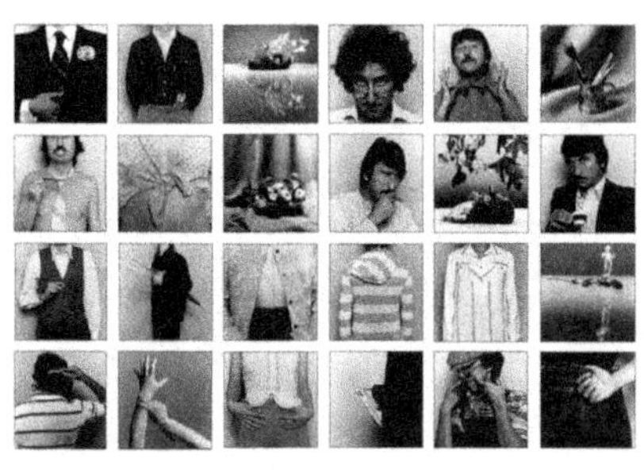

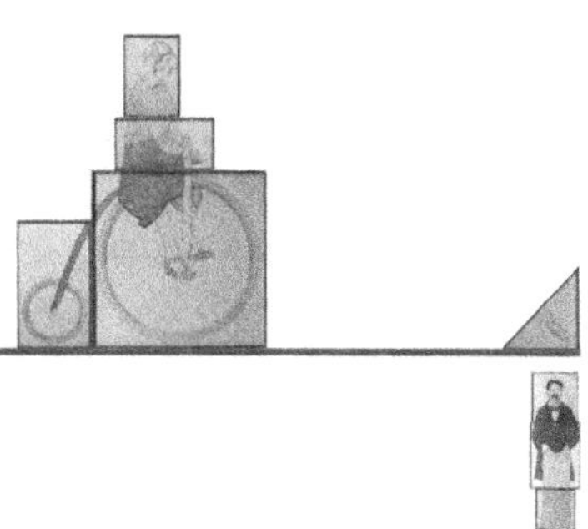

Citazioni 1978 - 1980

Una mostra ("Il Circolo Pickwick") all'insegna del disegno, dove disegnare significa girare intorno all'oggetto, utilizzando una intenzionale visione superficialista. La coscienza di un'immagine bidimensionale, depurata del suo significato, di un suo peso storico e della sua finalità. Ci troviamo di fronte ad un teatro del segno, in cui il foglio di carta diventa contemporaneamente proscenio e sipario, buca del suggeritore e fila di quinte. Qui tutto l'oggetto trova la propria splendente presenza, la sublimazione di tutta la propria sostanza spaziale. Spoldi usa una sua feroce cordialità, quella di un senso comune che aggrava il proprio stato attraverso l'introduzione di una voluta descrittività, di una intenzionale stupidità e sciccheria. I disegni presentati "esibiscono la cornice come attrezzo di scena che introduce l'oggetto" e gli permette la sua muta rappresentazione.
Achille Bonito Oliva, *Corriere della Sera*, 1 giugno 1978

Qualche tempo fa, parlando di alcuni nuovi artisti, registravo una loro decisa reazione all'austerità dei mezzi concettuali e fotografici. Ora viene a rincarare la dose un altro giovane, Aldo Spoldi, che accompagna una sua mostra milanese con un'umorosa dichiarazione di poetica ove, nel modo più esplicito, il concetto viene definito una "noia infinita", e anche il documento fotografico una "tristezza da camposanto". Che cosa contrappone Spoldi? A tutta prima non sembra andare molto più in là, perché si ferma al disegno, mezzo concettuale quant'altri mai. Ma è un disegno volutamente ispirato agli illustratori per l'infanzia e ai cartoonistes, e che anche per quanto riguarda i contenuti vuole rendere omaggio a un mondo di figure cariche di un sapore di favola e di avventure …
Tuttavia, quello che più conta non è tanto il coraggio, tra il naif e il popolare, del racconto, quanto piuttosto il ferreo proposito di sbriciolarlo in una serie di dettagli: brevi spezzoni, tutti debitamente incorniciati, come se si trattasse di scomporre l'immagine globale in una serie di tessere da "puzzle".
In fondo, quelle scenette ben articolate e anedottiche di Spoldi sono libere di diramarsi sulle pareti, deponendo a grande distanza alcuni loro nuclei o centri d'azione.
Poi arriva la minuta quadratura, quasi una specie di incompresa cartografica intenta a far rientrare nella piattezza della superficie lo scandalo delle molte dimensioni in cui si snoda ogni racconto reale.
Renato Barilli, *L'Espresso*, 21 gennaio 1979

Ancora un artista che proviene dalla fotografia, che abbandona il mezzo tecnico e sceglie il segno manuale come propria cifra stilistica. Questa volta si tratta dei nuovi disegni che Aldo Spoldi ha presentato allo Studio Cannaviello. Spoldi sceglie i pastelli colorati per dar vita a una serie di immagini volutamente simili alle illustrazioni di un libro per l'infanzia, anche se la ragione di questa specie di ritorno alle "origini" vuole essere più sottile e complessa di quanto possa sembrare. Si vuole qui figurare immagini reali dove il segno, i colori, se rischiano di cadere nel decorativismo, vogliono però vivere una dimensione di compiaciuta ironia. Sono i personaggi che l'artista ha tratto dalla lettura del "Circolo Pickwick" di Dickens che però non trovano nessuna rispondenza con personaggi o luoghi del romanzo e vengono dunque proposti come puro gioco, fantasticheria. A mettere in evidenza il

fattore inquietante dell'ironia concorre la frantumazione delle immagini, dove ogni frammento è incorniciato come fosse un'opera a se stante, e disposto in modo arbitrario cosicché si renda illusorio il complessivo equilibrio interno dell'opera. Allo stesso modo, se i particolari sono minuziosamente definiti, alcuni elementi non vengono completati, le immagini risultano monche, niente risponde a precise regole di rappresentazione. Spoldi gioca con il trompe l'oeil eludendolo con il caricarlo di ambiguità, sicché l'ambiente si popola di figure fiabesche, irrazionali, senza una logica che le muova che non sia quella della libera associazione.
Giorgio Verzotti, *Flash Art*, marzo-aprile 1979

Aldo Spoldi le ricava (le immagini) infatti indistintamente da locandine, da avventurosi film di gangster, da raccolta di materiali di spettacoli di varietà, o di circo, da una società-spettacolo di carta. Le riprende e le compone a pastello e tempera, quasi si trattasse di mettere in scena lo spettacolo dello spettacolo, o meglio, di aprirlo su di un piano capace di accogliere i diversi spessori storici delle diverse immagini. Su questo piano confluiscono infatti figure appartenenti a diverse epoche, a diversi contesti e collezioni, per dar vita ad un piccolo cosmo volutamente letterario. Ciò che si dà a vedere è una teatrica molto vivace e al tempo stesso ingenua, quasi si trattasse di un mondo culturale ritratto a misura di giocattolo".
Loredana Parmesani, *Flash Art*, gennaio-febbraio 1980

Una lettura sensibilistica del lavoro di Spoldi è plausibile ma superficiale. Anzitutto per i contenuti: il recupero dell'"immaginetta" non è infantile ma primario. Primario nel senso del comico e, ultimamente, anche nel senso del tragico. Scrive l'artista: "con questi lavori ho messo in scena dei temi classici: la morte, la notte, la nostalgia, il pianto. La tragedia è per eccellenza la constatazione della perdita dell'armonia antica, della mancata realizzazione tra io e mondo, ma al contempo ciò che rimane del tragico è questo passatempo che sosta, lacrime agli occhi, davanti alla tomba di Edipo e che, temporaneamente pazzo, lo addobba di fiori". La tragedia come naufragio del vascello di Apollo, ma nella prospettiva del "tappo in fondo": di qui, il carnevale, di qui il senso del comico. Ma soprattutto occorre riflettere sulla ristrutturazione che Spoldi opera dell'immagine. Il mandala, il cerchio perfetto, lo spazio-limen, dell'immagine si è rotto. Pensare che si tratti di una scomposizione della forma – pensare cioè che Spoldi realizzi un'immagine tradizionale per fratturarla successivamente – è sciocco. Accade esattamente l'opposto: fra i relitti delle immagini, Spoldi concepisce a priori (kantianamente) una struttura possibile. La frantumazione del madala è antropologica e lo precede: Spoldi ne insegue un nuovo possibile equilibrio. Un equilibrio dinamico: un equilibrio di forze. La fluidità dionisiaca cerca ulteriori assestamenti che si muovono verso.
Flavio Caroli, *Magico-Primario*, 1980

Aldo Spoldi strappa le proprie immagini dal sillabario di una vecchia infanzia, scomponendole e ricomponendole per frammenti, come resti di un'immaginazione scomposta e dissociata. Si tratta, come egli le chiama, delle "foto dei (suoi) sogni", frutto di una de-culturazione voluta che attinge nel repertorio di un primordio linguistico e concettuale".
Francesca Alinovi, *Nuovi Nuovi*, 1980 (e *L'arte mia*, 1984)

"Dal Teatro di Oklahoma al Circolo Pickwick"
by Patrizia Gillo

"The limit of 'Teatro di Oklahoma' is that it is similar to a graduation thesis, and precisely here in its limitation resides its only validity — that of being the exercise of a diligent scholar."
Aldo Spoldi, Teatro di Oklahoma, 1975

For the 2015 Artissima art fair, and in particular its Back to the Future section that is spotlighting the decade from 1975 to 1985, Galleria Antonio Battaglia has enhanced the reconstruction of the 1977 exhibition of work by Aldo Spoldi, "Teatro di Oklahoma — Whisky Quiz", featured at its gallery in October 2014, with two more works by the same artist. These two extra works were part of the exhibition "Il Circolo Pickwick", shown at Studio d'Arte Cannaviello in Milan in 1978. It is impossible to not notice that both shows carry literary titles and both feature groups of people. Indeed, Spoldi is a creator of characters. In 1968, he assembled a group of people that he called La Banda del Marameo. In 1974, he grouped together students, artists, intellectuals and art critics for his art-academy project Teatro di Oklahoma. In 1988, he turned the imaginary characters of Charles Dickens' aristocratic Pickwick Club, the subject of a previous series of paintings, into a bank: La Banca di Oklahoma. In 2007, this clique became a school, the Accademia dello Scivolo.
"Teatro di Oklahoma — Whisky Quiz" was held in 1977 at Galleria Diagramma/Luciano Inga-Pin in Milan. Here at the art fair, two works have been added from the following year, with the intention of underlining the shift in current that was taking place precisely in those years. This was a shift that directed the formal rigor of conceptual art toward the exuberance of the drawn and painted picture. It led from body art in flesh-and-bones to the invention of fantasy characters, and from the perfect construction of black-and-white photography to the allure of polychrome painting. Right when modernism turned into postmodernism, the photographs of Teatro di Oklahoma gave way to the postmodern drawn characters of "Il Circolo Pickwick". The same frames used to enclose the photographs by Met Levi and Giorgio Colombo — blocking the images inside the limits of a black rectangle, almost as if to portray a scene hemmed in by a theatrical perimeter — come to life. The frames spread out over the surface of the wall; they are scattered yet at the same time they relate to one another and become the building blocks of a literary society and a painting club.
Teatro di Oklahoma was conceived by Aldo Spoldi in 1974, at the same time as the first commentary was being written on the birth of the art system — see Arte e sistema dell'arte by Achille Bonito Oliva, 1975; and Produzione artistica e mercato by Francesco Poli, 1975. This was before essays were published on postmodernism — see The Postmodern Condition by Jean-François Lyotard, 1979.
Teatro di Oklahoma, with its visual and editorial parts (for the latter, see the booklet Il Teatro di Oklahoma, 1975), lightheartedly marked the shift that led from the great modern tales of art and philosophy to the postmodern tales of the art system, fashion and efficiency.
The artwork belonging to the exhibition "Teatro di Oklahoma — Whisky Quiz" transforms, sews together and inweaves projects by the Supports/Surfaces artists and by Daniel Buren, the instruments of painting, analytical art and Joseph Kosuth's tautologies. In doing so, thanks to the clothing sold by Elio Fiorucci, who was a symbol of change in those days, the result was fashionable attire. It was like a dress covering the nude body of Marina Abramovic and the eroticism of Vettor Pisani; it found the humor in Joseph Beuys's philosophical and political art and in Vincenzo Agnetti's incommunicability. Spoldi's clothing took Nagisa Oshima's In the Realm of the Senses and turned it into a realm of comedy.
In the mid-1960s, Spoldi's exhibition "Teatro di Oklahoma — Whisky Quiz" was a precursor of, and paved the way for, the artistic movements Transavanguardia, I Nuovi Nuovi, Pittura Teatrica, L'Arte Mia, the American trends of Pattern Painting and New Image Painting, Magico Primario, Pittura Colta and the proliferation of movements small and large that from then on took shape and created the climate of the postmodern condition of the 1980s. To all of these, "Teatro di Oklahoma — Whisky Quiz" counterposed a more constructive theoretic and formal sensitivity by underlining the spectacular strength of the image and the amazing way in which it can be rebuilt after suffering a collapse. Spoldi's type of imagery was always modulated by a rigorous play of concept.

The Worlds of Aldo Spoldi
by Serena Maccianti

Talking to the artist Aldo Spoldi opens your mind and brings you to reflect upon the world that we have around us — to question how real or unreal it is. Throughout his artistic career, his main preoccupation has always been that of creating worlds. Each time he has done so, he climbs up into the ring like a boxer, facing an adversary that is always different. The objective is not the fight, but a dialogue from which new realities can sprout.
In the years Aldo was a student at the Accademia di Brera in Milan, there was still talk of Marx and Mao, but the social, cultural and political situation was changing. It came to the point that being an artist was suddenly considered Fascist. The advent of body art and conceptual art brought with it the idea that freeing yourself and your subconscious was a new language, from which stemmed Aldo's need to enter a New World. His travel companions were Jean-François Lyotard, Michel Foucault, his schoolmates, Luciano Inga-Pin. Together they formed the Teatro di Oklahoma, with the aim of deriding the world of body art and bringing a smattering of reality to postmodern abstraction.
Aldo's work is lighthearted, playful, full of cultural, intellectual and philosophical references that are largely hidden, but nonetheless important. His work is based on becoming a "we", insofar as where there is an enemy, there is also an ally.
With the passing of time and with the advent of new types of criticality, Aldo sought out new antagonists, which is how his Teatro di Oklahoma project turned into a bank. He climbed onto the ring as the specter of finance, that intrepid companion of the adventure called art.
Like Don Quixote battling against the windmills, Aldo found his Sancho Panza in virtual characters. Cristina Show, Angelo Spettacoli, Andrea Bortolon and Met Levi were more real than the immateriality of finance assumed as the ideology and cornerstone of the world.
As the art system became increasingly frenzied, that's when reality burst in with the Accademia dello Scivolo. It involved a plot received from the City in exchange for a sculpture, and a group of people who believed in the project, knowing that it is better to fall when you're slipping (in Italian, scivolare means to slip), and that when you're down, even a small result can be a big step forward.
Artistic and cultural work in general, and that of Aldo Spoldi's in particular, comes before politics and before finance. It challenges the world, under the conviction that there is "a piece of equipment that goes faster than reality, and it's called fantasy."

Excerpts from Reviews 1978-1980

This exhibition ("Il Circolo Pickwick") is all about drawings, where drawing means circumambulating the object by using intentionally superficial imagery. It gives the perception of a two-dimensional image cleansed of its meaning, its historical weight and its purpose. We find ourselves facing a theater of marks in which the sheet of paper is at once forestage and curtain, prompter's box and sequence of wings. Here, the full object finds its own shining presence, a sublimation of all its spatial substance. Spoldi uses his brand of ferocious cordiality, a kind of common feeling, whose state is aggravated by the introduction of purposeful descriptiveness and intentional stupidity and stylishness. The drawings presented "exhibit the frame as a staging tool with which to introduce the object" and allows for its mute representation.
Achille Bonito Oliva, *Corriere della Sera*, 1 June 1978

Some time ago, while I was talking to a number of new artists, I noted their decided reaction against the austerity of conceptual and photographic means. Now another young man, Aldo Spoldi, is laying it on thicker. He is accompanying his exhibition in Milan with a humorous poetic declaration, where in the most explicit of terms, he defines concepts as being "infinitely boring" and photographic documents as being "graveyard sadness". What does Spoldi propose in exchange? At first sight, he seems to not go much further, because he stops at drawings, as conceptual a means as any other. But his drawings are expressly inspired by children's illustrators and cartoonists. As for the contents, he wants to render homage to a world of figures flavored with fairy tales and adventure.
Nevertheless, what counts most is not so much the partly naive and partly folk courage of the story, as it is Spol-

di's cast-iron intention to crumble it into a series of details — brief parts, all duly framed as if the global image were broken up into a number of puzzle pieces.
In the end, these well-defined and anecdotal little scenes of Spoldi's are free to branch out on the walls, depositing some of their nuclei or centers of action a great distance away.
Then there is the minute division into squares, which is almost a kind of unappreciated cartography aimed at making the scandal of the many dimensions in which each real story unfolds, return to the flatness of the surface.
Renato Barilli, *L'Espresso*, 21 January 1979

Here is another artist who hails from photography and has abandoned that technical medium, opting for the manual mark as his stylistic code. This time we are speaking of the new drawings that Aldo Spoldi has presented at Studio Cannaviello. Spoldi chose colored pastels to give life to a series of pictures that are intentionally similar to illustrations for a children's book, although the reason for this kind of return to the "origins" is meant to be more subtle and complex than it seems. It is meant to present real images, where the marks and colors aim to live in a dimension of smug lightheartedness, although they risk collapsing into decorativeness. They are characters that the artist has taken from the book The Pickwick Papers by Charles Dickens. However they do not correspond at all with the characters or places of the novel, and therefore are proposed as purely playful daydreams. Underlining the restless factor of lightheartedness is the breaking up of the images, where each fragment is framed as if it were a distinct piece of work, and positioned randomly. This renders the overall internal balance of the work illusory. In the same way, although some details are minutely defined, several elements are left incomplete. The images turn out to be partial, and nothing complies with precise rules of representation. Spoldi flirts with trompe l'oeil, but evades it by charging it with ambivalence, making the room become populated with irrational fairy-tale figures that are left without logic to support them, other than that of free association.
Giorgio Verzotti, *Flash Art*, March-April 1979

Aldo Spoldi harvests his images indiscriminately from playbills, adventurous gangster movies, and promotional material from variety or circus shows — in a word, from the paper society of entertainment. He reclaims and recomposes them with pastels and tempera, almost as if staging a show about the show, or better, opening it onto a plane that can welcome the different historical layers of the different images. Indeed, on this plane converge figures belonging to different eras, contexts and collections, with the aim of giving life to a small cosmos that is explicitly literary. Spoldi puts on a very lively and at once naive show, practically resulting in a cultural world portrayed on a toy-like scale.
Loredana Parmesani, *Flash Art*, January-February 1980

An emotionally responsive reading of Spoldi's work is feasible but superficial. Above all for its contents: the reuse of the "quaint little picture" is not infantile but primary — primary in the sense of comical and, lately, also in the sense of tragic. As the artist writes, "With this work I have staged classical themes: death, night, nostalgia, weeping. Par excellence, tragedy is the acknowledgement of the loss of ancient harmony, the missing fulfillment between the self and the world. But at the same time, what remains of the tragic is this pastime that lingers teary-eyed at the tomb of Oedipus and, being temporarily crazed, adorns it with flowers."
This is tragedy seen as the shipwreck of Apollo's vessel, but from the perspective of being the "cap at the bottom". Hence, carnival and the sense of mirth.
Above all, we must reflect on the restructuring of the image worked by Spoldi. The mandala, the perfect circle, the threshold-space of the image is broken. To think that this is about deconstructing form, meaning to think that Spoldi makes a traditional image in order to then break it up in pieces, is silly. Precisely the opposite happens. From shards of images, Spoldi conceives a possible structure beforehand, in a Kantian way. The fracturing of the mandala is anthropological and precedes it. Spoldi is pursuing a new equilibrium for it, a dynamic equilibrium, an equilibrium of powers.
Flavio Caroli, *Magico-Primario*, 1980

Aldo Spoldi tears his images from the primer of old infancy. He rips them into pieces and recomposes them fragment by fragment, as if they were the remains of a disordered and disconnected imagination. These are, as he calls them himself, "photos of his dreams", the fruit of a purposeful de-cultivation that taps into the repertory of a linguistic and conceptual rudiment.
Francesca Alinovi, *I Nuovi Nuovi*, 1980 and L'Arte Mia, 1984

Biographies

Aldo Spoldi was born in Crema, in the Italian region of Lombardy, in 1950, where he still lives and works. He went to the Beato Angelico arts high school, and then to the Accademia di Brera, both in Milan. He is a lighthearted, playful and theatrical artist. He is a painter, sculptor, musician, writer, teacher at the Accademia di Brera, member of the Società di Patafisica, signatory of the Manifesto Topista, and member of the academic committee of the Gualtiero Marchesi Foundation. The development of his career coincides with the transformation of art and society, each of which are reflected in the different phases of his work.
In 1968, the year of youth protests and spreading Marxism, he gathered together a group made up of schoolmates from high school. This was a group of mockers who performed burlesques in the public streets of several cities. In 1977, the year Marxism fell and the year postmodernism was born, after having constituted the Teatro di Oklahoma, Spoldi began his painting activity, characterized by theatrical pictures. In 1985 and during the years of financial immateriality, he transformed the humanistic Teatro di Oklahoma into a bank, a so-called limited company (an Italian business type called Srl, Società a responsabilità limitata) and subsequently into the Banca di Oklahoma SpA (Società per Azioni). In 1996 and during the years in which the European Union and the Internet were being built, he produced as an educational project with B.D.O. SpA a number of virtual characters — the artist Cristina Show, the photographer Met Levi, the philosopher Andrea Bortolon and the art critic Angelo Spettacoli. He published the books Lezioni di educazione estetica, Cristina Show — frammenti di vita, and Lezioni di filosofia morale. In 2007, the year of the great financial crisis and the search for concreteness, he began the start-up Accademia dello Scivolo. In 2012, he published the book by the philosopher Andrea Bortolon, Un dio non può farsi male.

Met Levi was born in 1955 outside Brighton, United Kingdom. He received a classical education at secondary school, which he quit in favor of the arts. After falling in love with photography, it became his foremost occupation.
As an analogue photographer and guardian angel, Met Levi has been following Aldo Spoldi's artistic work since 1968. After seeing the movie Blow-Up by Michelangelo Antonioni, he documented the playful performances of La Banda del Marameo by taking fast, grainy photos during their tours in cities around the region of Lombardy (see Ben venga maggio, published by Diagramma/Luciano Inga-Pin, 1978). Levi also photographed Teatro di Oklahoma (in the journal of the Accademia dello Scivolo, Teatro di Oklahoma — Whisky Quiz, published by Antonio Battaglia, 2014) and Spoldi's virtual characters (Cristina Show — Frammenti di vita, published by Skira, 2001). In 2008, he became an official member of the academic committee of the Accademia dello Scivolo. Along with the theoretician Patrizia Gillo, Levi is a representative of Spoldi's first-generation virtual characters, which he conceived when he was still a student at the Accademia di Brera (see Teatro di Oklahoma, published by Trieb, 1975) and the second-generation characters, such as Cristina Show, Angelo Spettacoli and Andrea Bortolon (see Happy Stage, published by ICAS, 2002).
Just as Andrea Bortolon influenced Shy Architecture, and Angelo Spettacoli influenced the constitution of the Accademia dello Scivolo, Levi gave his name to the studio-cum-store Met Levi il Fotografo.
Timid and reserved, Met Levi has held but one solo exhibition, at Galleria Open Mind in Milan, 2005. His most significant photographs include Il balletto di Chiasso; La ricerca; Tempesta d'amore; and L'ultima foto — Il Carnevalotto di Cristina.
Work of his is present in the collections of the Fondazione Ambrosetti Arte Contemporanea and the Accademia dello Scivolo.

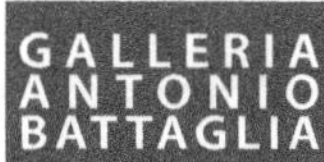

The **Aldo Spoldi** exhibition "**Dal Teatro di Oklahoma al Circolo Pickwick**" featured at the 2015 Artissima art fair in the **Back to the Future** section is the fruit of historical and philosophical research. This research was commissioned by Angelo Spettacoli (the director of the start-up Accademia dello Scivolo) to the curator Patrizia Gillo, the gallery owner Antonio Battaglia, the art historian Loredana Parmesani and the researcher Serena Maccianti.
The first phase of the research was aimed at reconstructing the groups of people and the virtual characters that Aldo Spoldi created in his artistic work between 1968 and 2015.

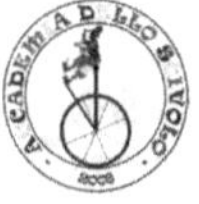

Met Levi Lab ristampa e presenta Met Levi

In occasione della mostra "Teatro di Oklahoma Whisky Quiz", presso la sezione "Back to the Future" di Artissima 2015, la costituenda Accademia dello Scivolo ha commissionato a Met Levi Lab la ristampa, da negativi originali ed inediti, di otto fotografie stampate su carta Ilford perla politenata di cm. 30X30, che ripercorrono la storia di due mondi: il Teatro di Oklahoma (1977), che coincide con l'entrata in scena del postmoderno, e Cristina Show (1997), contemporanea alla costituzione dell'Europa Unita.
I negativi sono stati ritrovati da Mina Tomella in occasione della sua ricerca dal titolo "Aldo Spoldi 1968-1978" depositata presso l'Università degli Studi di Pavia.

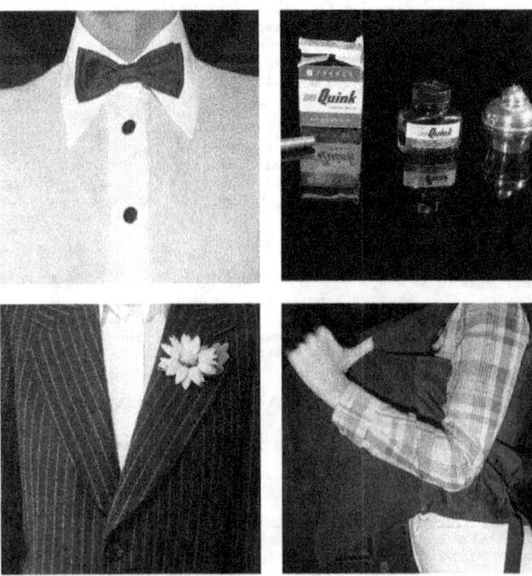

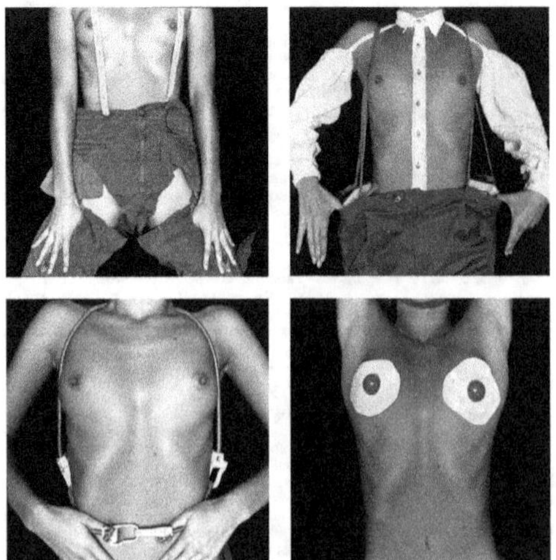

Biografie
a cura di Angelo Spettacoli

Aldo Spoldi è nato a Crema nel 1950, dove vive e lavora. Studia al liceo artistico Beato Angelico e all'Accademia di Belle Arti di Brera a Milano. Artista ironico, ludico, teatrale è pittore, scultore, musicista, scrittore, docente all'Accademia di Brera, membro della Società di Patafisica, firmatario del Manifesto Topista e membro del Comitato Scientifico della Fondazione Gualtiero Marchesi.
Lo sviluppo della sua attività coincide con la trasformazione dell'arte e della società, ognuna delle quali si rispecchia nelle varie fasi del suo lavoro.
Nel 1968, l'anno della contestazione giovanile e del marxismo dilagante, raggruppa una banda composta da compagni del liceo, un gruppo di schernitori che realizzano burlesche performance nelle pubbliche vie di alcune città. Nel 1977, anno della caduta del marxismo e della nascita del postmoderno, dopo aver costituito il Teatro di Oklahoma, inizia la sua attività pittorica caratterizzata da immagini teatrali. Nel 1985 e negli anni dell'immaterialità finanziaria trasforma l'umanistico Teatro di Oklahoma in Banca, in Srl ed, infine, in B.D.O. Spa. Nel 1996, negli anni della costituzione dell'Europa Unita e della diffusione di internet produce, per mezzo della B.D.O. Spa, come progetto didattico, i personaggi virtuali (l'artista Cristina Show, il fotografo Met Levi, il filosofo Andrea Bortolon e il critico Angelo Spettacoli) e pubblica i libri Lezioni di educazione estetica, Cristina Show, frammenti di vita, Lezioni di filosofia morale. Nel 2007, l'anno della grande crisi finanziaria e della ricerca della concretezza, progetta la costituenda Accademia dello Scivolo e nel 2012 pubblica il libro del filosofo Andrea Bortolon Un Dio non può farsi male.

Met Levi nasce nel 1955 nei pressi di Brighton, in Inghilterra. Frequenta gli studi classici, che abbandona per quelli artistici. Si appassiona alla fotografia che diviene la sua principale occupazione.
Fotografo analogico, Met Levi accompagna dal 1968 ad oggi, come un angelo custode, l'attività artistica di Aldo Spoldi. Dopo aver visto il film Blow-Up di Michelangelo Antonioni, documenta con foto veloci e a grana grossa le performance giocose del "Marameo" nella tournée delle città lombarde ("Ben venga maggio" Ed. Diagramma/Luciano Inga-Pin, 1978), il "Teatro di Oklahoma" (giornalino dell'Accademia dello Scivolo "Teatro di Oklahoma — Whisky Quiz", Ed. Antonio Battaglia, 2014) fino ai personaggi virtuali ("Cristina Show — Frammenti di vita", Ed. Skira e Fondazione Ambrosetti Arte Contemporanea, 2001).
Nel 2008 diviene membro ufficiale del comitato scientifico dell'Accademia dello Scivolo.
Insieme al teorico Patrizia Gillo rappresenta un trait d'union tra i personaggi virtuali di prima generazione, concepiti da Aldo Spoldi ancora studente all'Accademia di Belle Arti di Brera ("Teatro di Oklahoma", Ed. Trieb, 1975), e quelli di seconda generazione, quali Cristina Show, Angelo Spettacoli e Andrea Bortolon ("Happy Stage", Ed. ICAS, 2002).
Come Andrea Bortolon ha influenzato la Shy Architecture e Angelo Spettacoli la costituzione dell'Accademia dello Scivolo, Met Levi ha dato il suo nome allo studio-negozio "Met Levi il Fotografo".
Schivo e riservato ha al suo attivo una sola mostra personale alla Open Minde di Milano nel 2005.
Tra le sue foto più significative vanno ricordate: "Il balletto di Chiasso, "La ricerca", "Tempesta d'amore, "L'ultima foto — Il Carnevalotto di Cristina".
Sue opere sono presenti nella collezione permanente della Fondazione Ambrosetti Arte Contemporanea e dell'Accademia dello Scivolo.

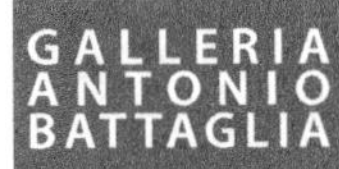

La mostra "Dal teatro di Oklahoma al Circolo Pickwik" di Aldo Spoldi in "Back to the Future" di Artissima 2015, è frutto di una ricerca storica e filosofica commissionata da Angelo Spettacoli direttore della costituenda "Accademia dello Scivolo", alla curatrice Patrizia Gillo, al gallerista Antonio Battaglia, allo storico dell'arte Loredana Parmesani e alla ricercatrice Serena Maccianti. Prima tappa di una ricerca che ha come obiettivo la ricostruzione dei gruppi e dei personaggi virtuali creati all'interno del lavoro artistico di Aldo Spoldi dal 1968 al 2015.

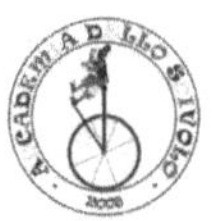

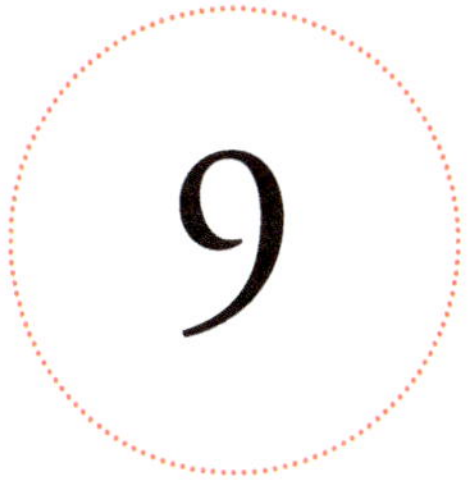

9

Aldo Spoldi
Accademia dello Scivolo
La scalata al Castello di Rivara

24 settembre 2016

L'Accademia dello Scivolo dopo aver commissionato a Aldo Spoldi la *Tournée del Camper*, aver conquistato la terra detta *Vascavolano*, avvenuta attraverso lo scambio della scultura *Il mangiatore di mondi*, e aver trasformato questa terra in donna, tenta ora una nuova avventura: la scalata del Castello medievale di Rivara.

Mossa dal motto "Qui non si lavora, si gioca" costruisce una scala con birilli colorati alta più di 12 metri. Un'altezza che permette al Comitato Scientifico dell'Accademia dello Scivolo (composto dai personaggi virtuali progettati all'Accademia di Belle Arti di Brera e prodotti dalla Banca di Oklahoma SpA) di non scivolare in basso, ma di arrampicarsi in alto e di penetrare, attraverso una finestra, nel castello.

Dentro si è ospiti ed è una vera cuccagna.

Il Comitato Scientifico (il filosofo Andrea Bortolon, il fotografo Met Levi, il critico Angelo Spettacoli, l'artista Cristina Karanovic – detta Cristina Show e me medesima) incomincerà a progettare un nuovo Stato, lo stato bei balocchi, e a discutere sul debito pubblico di Scivolandia, disegnando anche una nuova moneta, il Tallero.

Non è questo il vero teatro della Scala, il mondo nuovo di Aldo Spoldi?

Patrizia Gillo

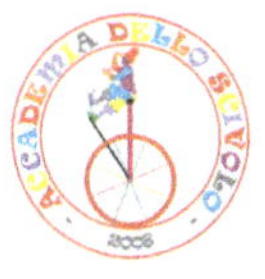

ACCADEMIA DELLO SCIVOLO

DIPARTIMENTO BANDA VASCAVOLANO CR - ORDINE DEL MARAMEO

La scalata al Castello di Rivara

Strategie teoriche di

Patrizia Gillo, Serena Maccianti, Aldo Spoldi, Loredana Parmesani

24 settembre 2016

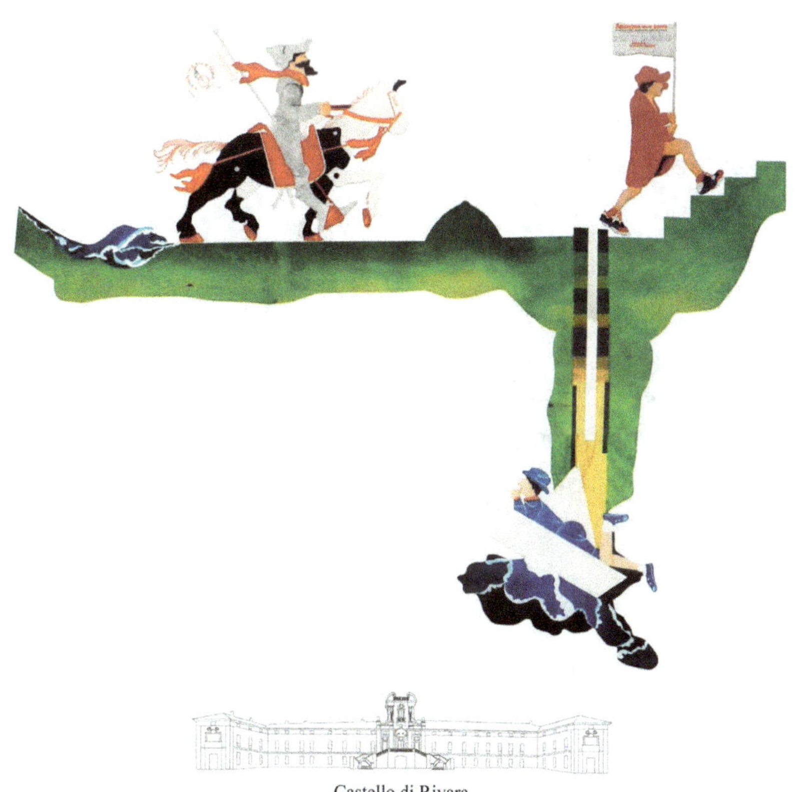

Castello di Rivara
Museo d'Arte Contemporanea

Coordinamento di Aldo Spoldi e Accademia dello Scivolo

Hanno collaborato:

Andrea Bortolon
Daniele Bevacqua
Alvise Chevallard
Angelo Galvani
Patrizia Gillo
Cristina Karanovic
Met Levi
Serena Maccianti
Monica Marongiu
Enzo Palazzoli
Loredana Parmesani
Angelo Spettacoli
Michele Spoldi

Galleria Antonio Battaglia
Paesetti Gianfranco & Vincenzo snc
Stev&Co srl Digital Print
Cispadana Trasporti

Comitato Scientifico Accademia dello Scivolo

La scala di birilli alta dodici metri permette a Cristina Show, Andrea Bortolon, Patrizia Gillo, Met Levi e Angelo Spettacoli di passare dal piano terra al piano più alto del castello. Questa scala si contrappone al discendere, all'andare in basso del *Pozzo d'acqua n.1*, profondo diciannove metri, recentemente scavato da Cristina Show nella terra detta *Vascavolano*.

In questa occasione, all'interno del Castello, il Comitato Scientifico terrà il Primo Convegno sulla storia, l'evoluzione e la progettazione di una sua Banca Centrale, al suo debito pubblico, fino alla emissione di una cartamoneta: il *Tallero*.

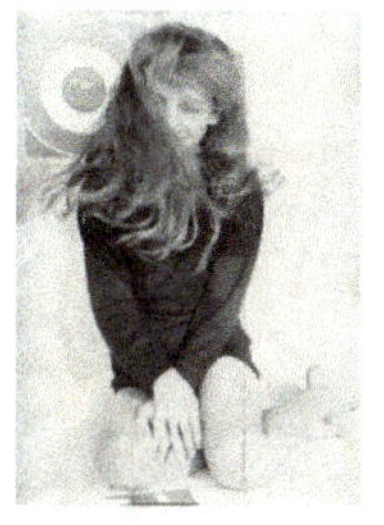

Patrizia Gillo

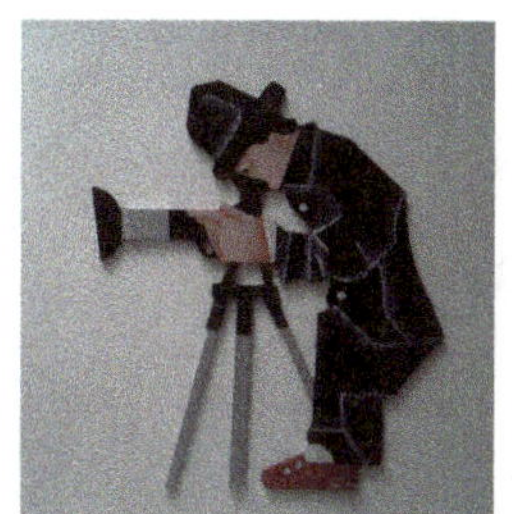

Met Levi

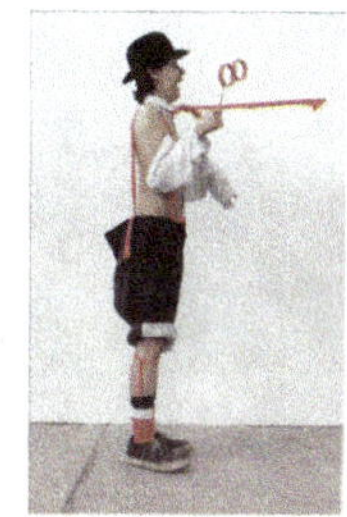

Cristina Show

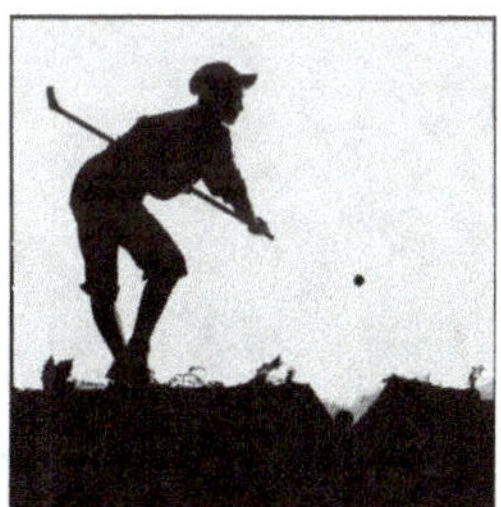

Andrea Bortolon

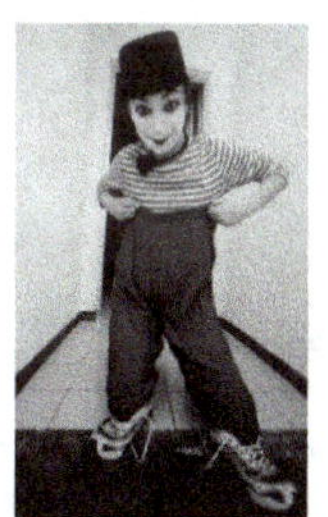

Angelo Spettacoli

spazio, lo spazio e il suo altro, il suo compagno che fa spesso resistenza.

Provate a pensare allo scacco matto. Cosa succede al Re morto, al Re sconfitto, al Re indifeso se fosse liberato dal soldatino detto Corsaro Nero o se la Regina fuggisse via sedotta dal soldatino detto Casanova?

Anche i miei quadri, che poco quadrati non sono, cercano di occupare lo spazio come truppe che organizzano bande (Banda del Marameo), case editrici (Trieb), teatri (Teatro di Oklahoma), società (Banca di Oklahoma), personaggi virtuali (Patrizia Gillo, Cristina Show, Angelo Spettacoli, Andrea Bortolon, Met Levi), accademie (Accademia dello Scivolo).

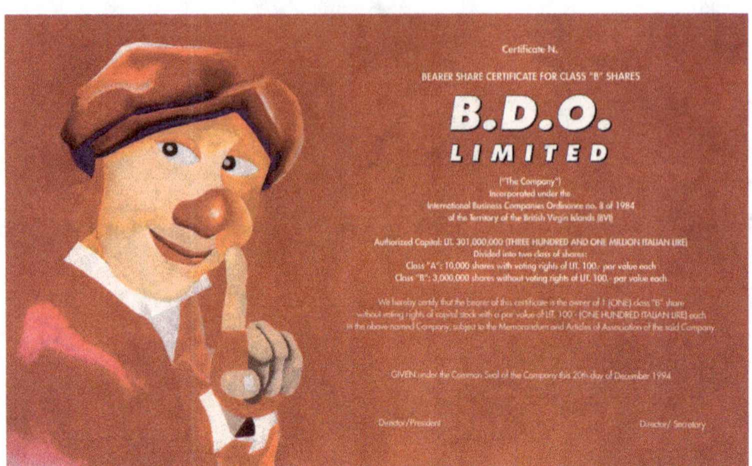

Banca di Oklahoma, *Azione della Banca di Oklahoma*, 1994

La scalata al Castello di Rivara

di Patrizia Gillo

L'Accademia dello Scivolo dopo aver commissionato a Aldo Spoldi la *Tournée del Camper*, aver conquistato la terra detta *Vascavolano*, avvenuta attraverso lo scambio della scultura *Il mangiatore di mondi*, e aver trasformato questa terra in donna, tenta ora una nuova avventura: la scalata al Castello medioevale di Rivara.
Mossa dal motto *"Qui non si lavora, si gioca"* costruisce una scala con birilli colorati alta più di 12 metri. Un'altezza che permette al Comitato Scientifico dell'Accademia dello Scivolo (composto dai personaggi virtuali progettati all'Accademia di Belle Arti di Brera e prodotti dalla Banca di Oklahoma SpA) di non scivolare in basso, ma di arrampicarsi in alto e di penetrare, attraverso una finestra, nel castello.
Dentro si è ospiti ed è una vera cuccagna.
Il Comitato Scientifico (il filosofo Andrea Bortolon, il fotografo Met Levi, il critico Angelo Spettacoli, l'artista Cristina Karanovic - detta Cristina Show) incomincerà a progettare un nuovo Stato, lo Stato dei Balocchi, e a discutere sul debito pubblico di Scivolandia, disegnando anche una nuova moneta, il Tallero.
Non è questo il vero Teatro della Scala, il mondo nuovo di Aldo Spoldi?

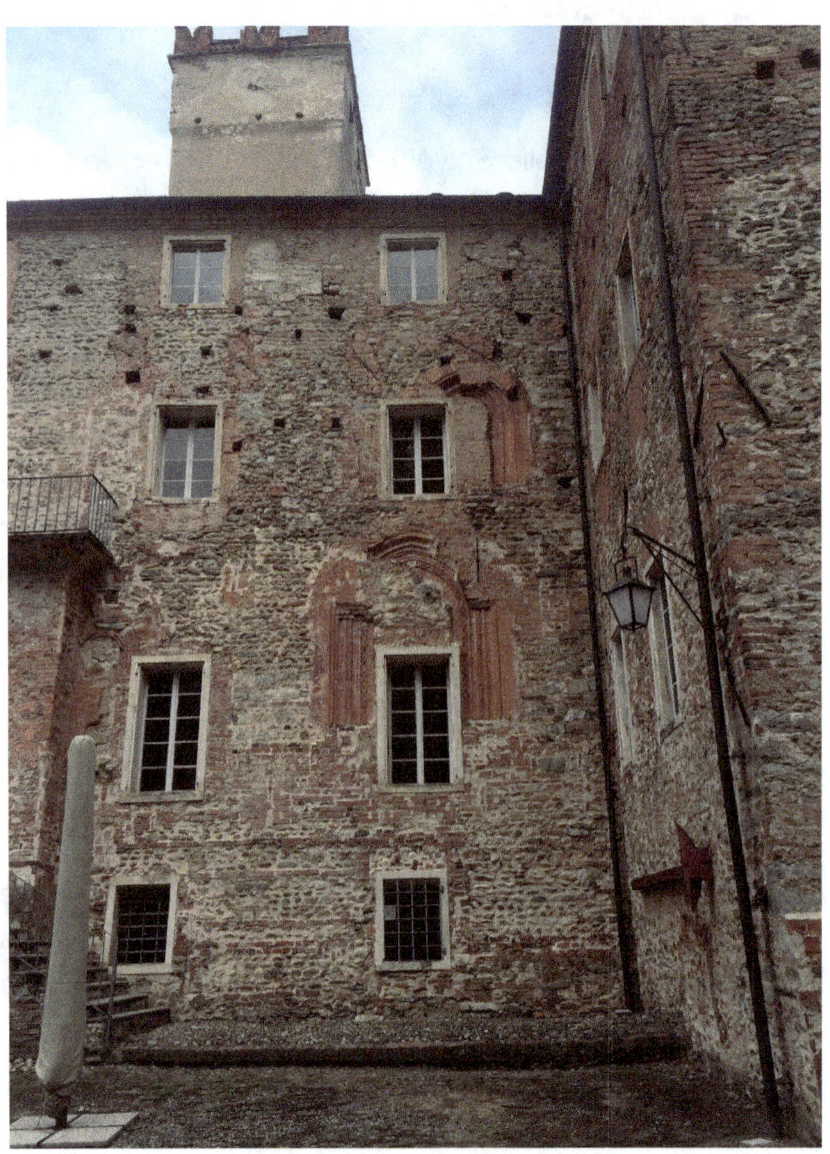

Il Castello di Rivara © Jessica Quadrelli

I soldatini attaccano gli scacchi

di Aldo Spoldi

Mi è sempre piaciuto giocare a soldatini, statuine e figurine. Dio mio, mi pare di essere il figlio del Re Sole, il Gran Delfino, quando i miei mi regalarono un intero esercito giocattolo.

Non solo fanti e cavalieri, cow boy e indiani, cammelli e Re Magi, trenini, automobiline, fattorie, fortini.

Soldatini, statuine e figurine sono molto diversi dal re, dalla regina, dagli alfieri, dai cavalli, dalle torri e dai pedoni del gioco degli scacchi, mossi su di una tavola quadrata detta scacchiera e dove ci sono prestabilite regole ufficiali.

Giocare a soldatini significa comandare e condurre i soldatini in uno spazio da conquistare, fare spazio, creare spazio alle pattuglie, uscire addirittura dalla storia e far combattere Toro Seduto con Napoleone, fare incontrare Giulio Cesare e i suoi legionari con D'Artagnan e i moschettieri, trasportare alberi tagliati dai boscaioli per costruire fortini.

Una sedia su cui si posa un soldatino si trasforma in una torretta, più in alto ancora sugli armadi si possono collocare pattuglie in agguato e altre nascoste sotto il letto e nei cassetti del comò.

Il gioco dei soldatini non è proprio un gioco da stanza: finestre e porte servono per far fuggire in giardino crociati elefanti. Il gioco dei soldatini è invasivo, cerca

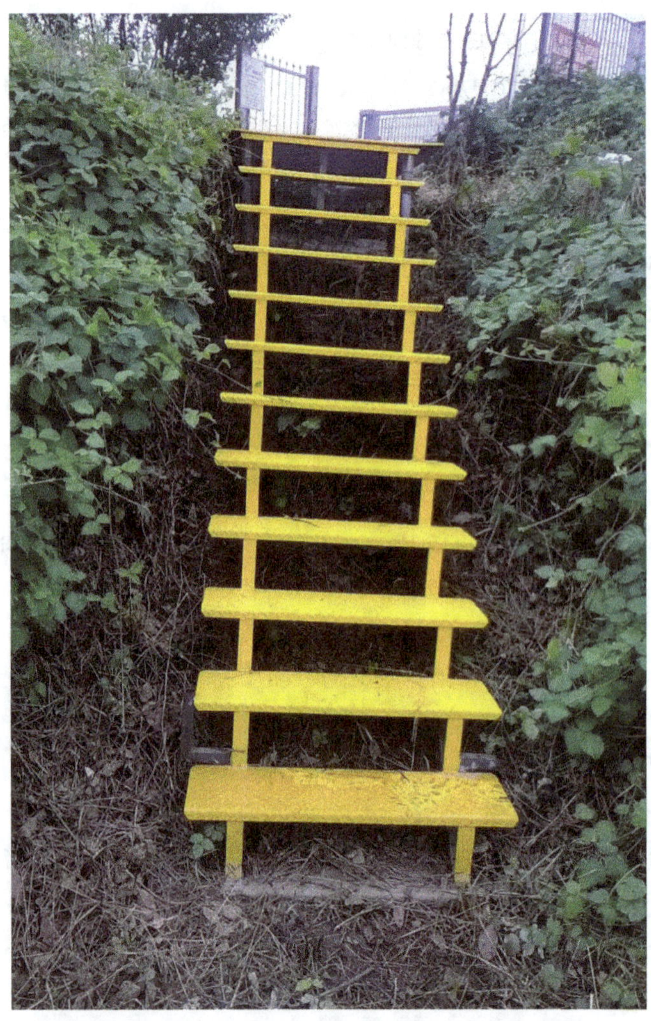

Cristina Karanovic, *La scala di Patrizia Gillo*, 2012
Courtesy Accademia dello Scivolo © Michele Spoldi

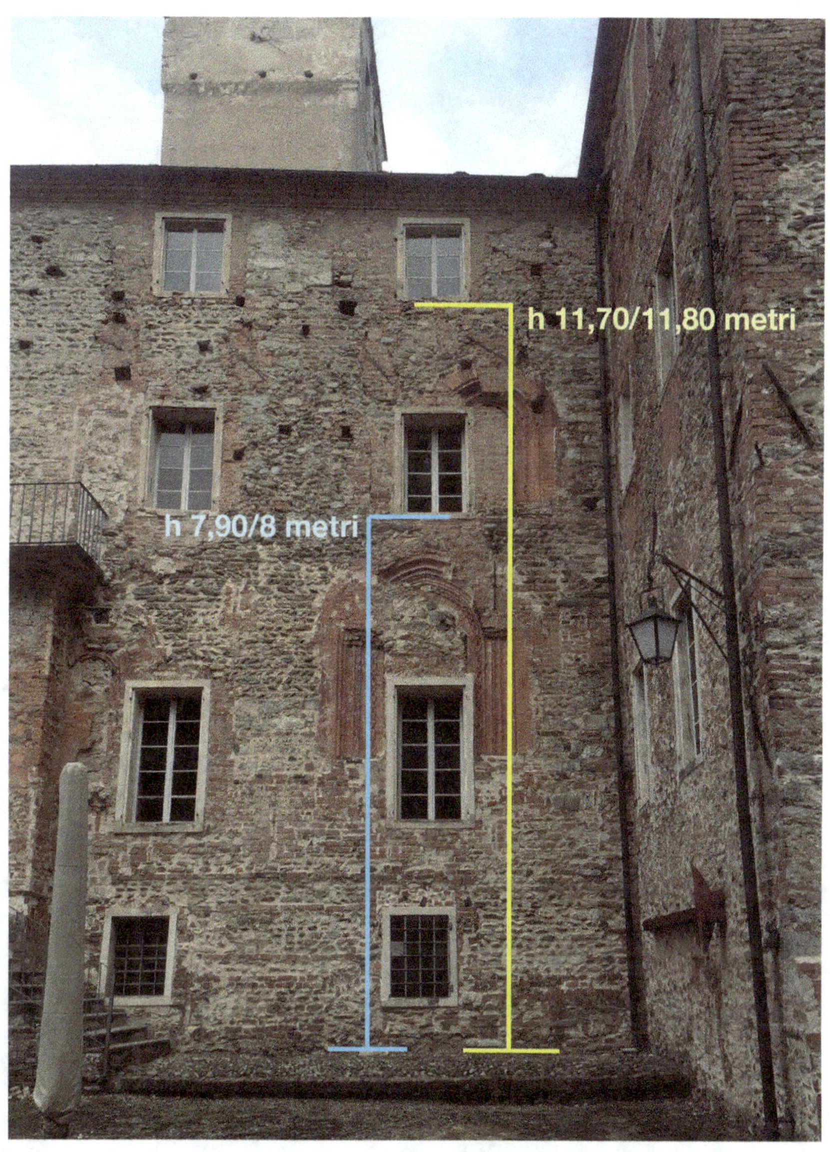

Misurazione del Castello di Rivara © Jessica Quadrelli

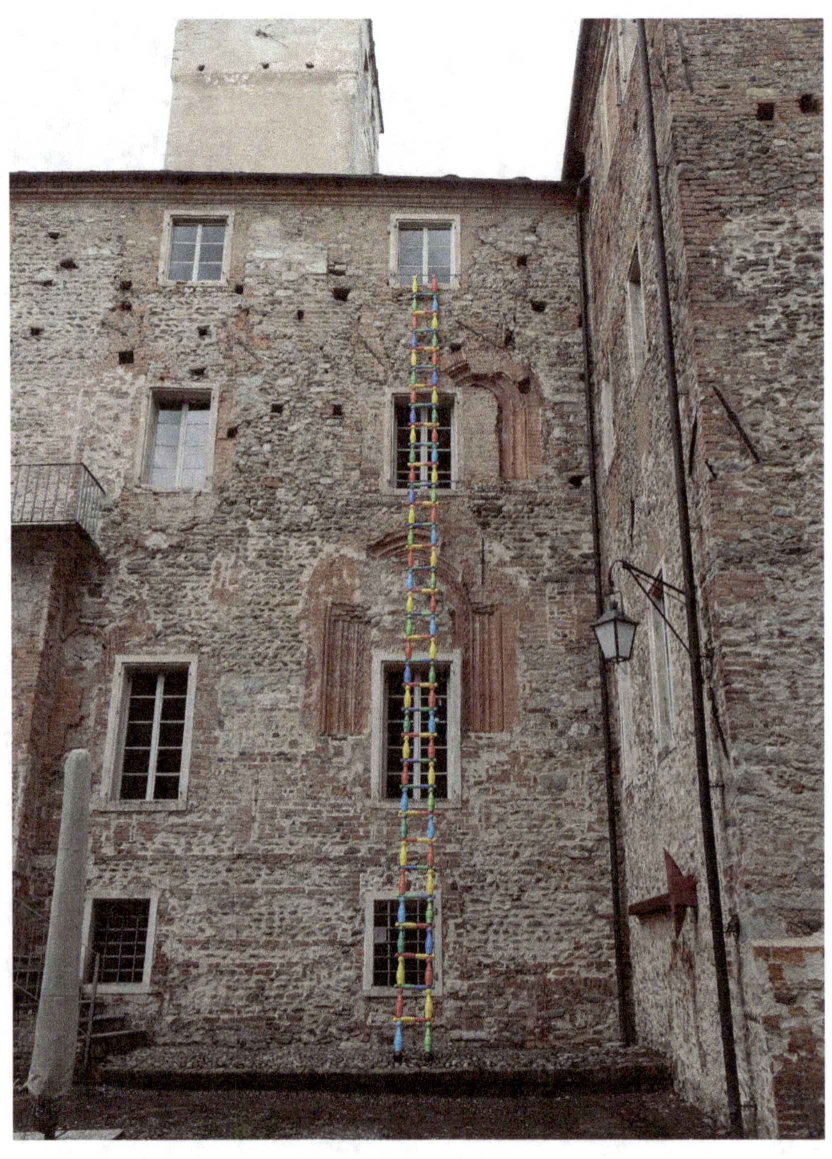

Aldo Spoldi per Accademia dello Scivolo, *La scalata al Castello di Rivara,*
2016 © Jessica Quadrelli

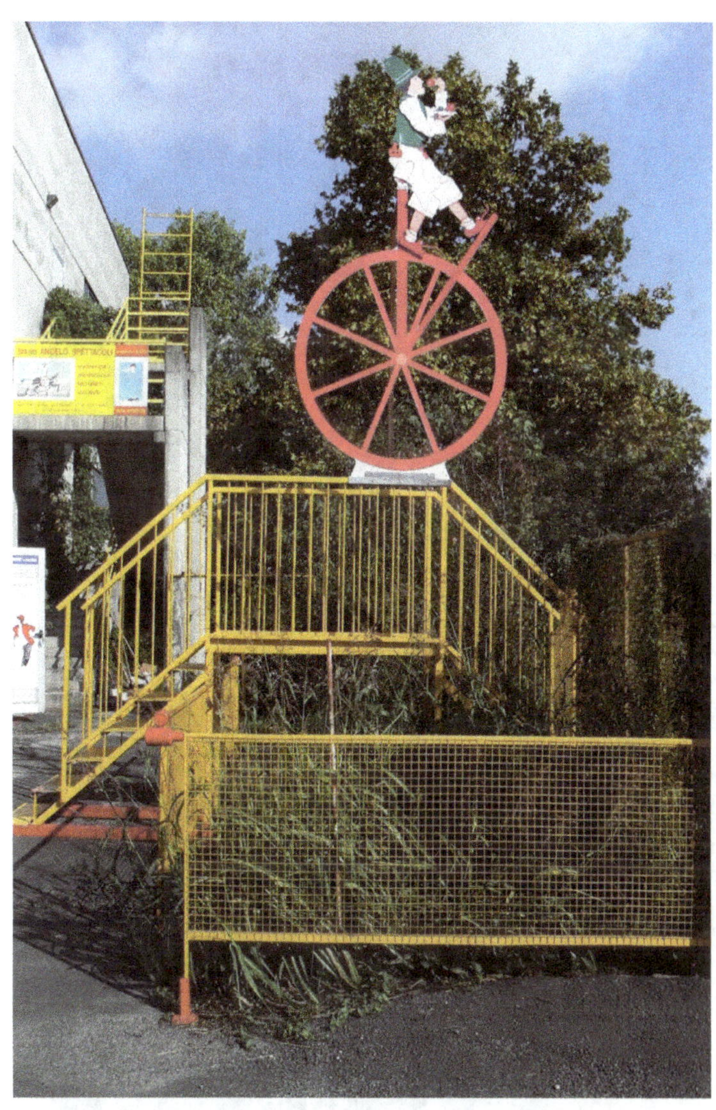

Cristina Karanovic, *Scala per Il mangiatore di Mondi di Aldo Spoldi*, 2011, courtesy Accademia dello Scivolo © Studio Publica

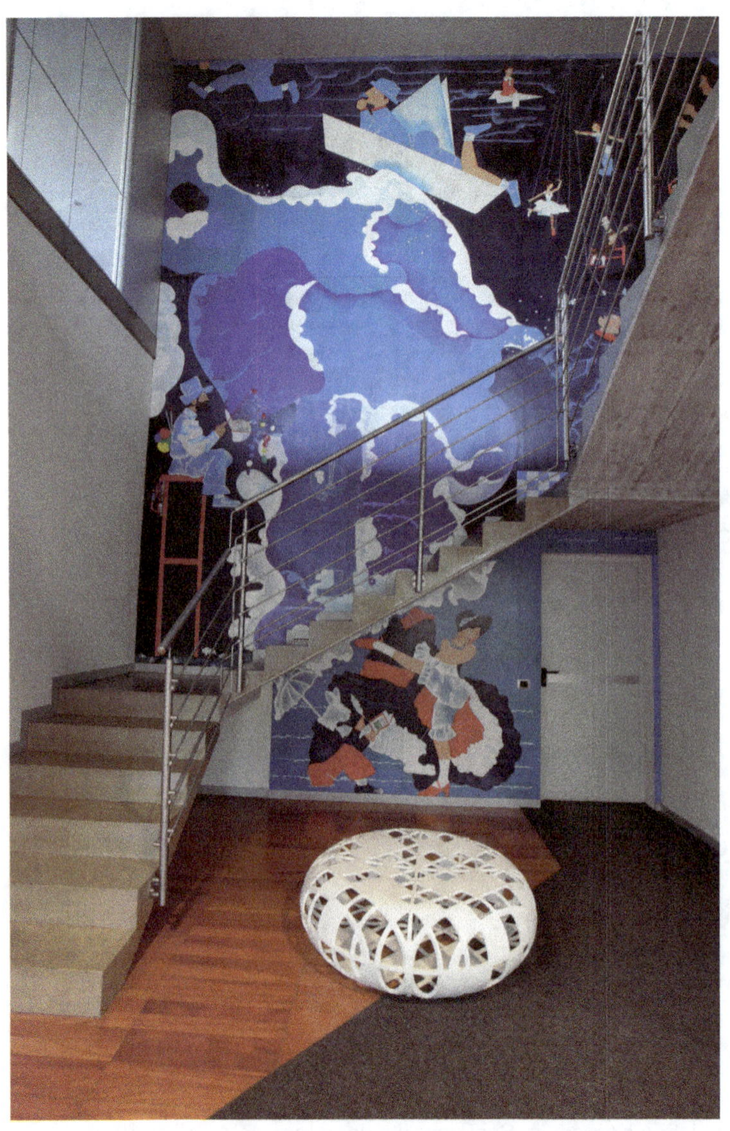

Aldo Spoldi, *Andrea Bortolon che corre con l'aquilone*, 2008,
Stev&Co Srl Digital Print © Paolo Vandrash

L'Accademia che sale le scale, n. 1, 2016
di Serena Maccianti

L'Accademia dello Scivolo si presenta a Rivara in cerca di nuove avventure, tenta la scalata al castello medievale con la forza della fantasia e di tanti birilli colorati: i personaggi virtuali (il filosofo Andrea Bortolon, il fotografo Met Levi, il critico Angelo Spettacoli, l'artista Cristina Karanovic – detta Cristina Show), guidati dal prode Don Chisciotte - Aldo Spoldi, cercano un nuovo spazio in cui portare avanti e discutere le proprie idee, condividere le proprie storie.

La scala, come strumento e come concetto, è stata spesso presente nel lavoro di Aldo Spoldi, fino ad arrivare all'imponente lavoro "La tromba delle scale (l'autoritratto del pittore Zeusi)" realizzato alla Fondazione Marconi a Milano nel 2006 e alle più recenti scale che popolano il terreno Vascavolano e che sorreggono la scultura "Il Mangiatori di Mondi".

In questa occasione le suggestioni sono tante e varie: il famoso quadro di Duchamp "Nudo che scende le scale" segnò una svolta importante nella vita dell'artista, rifiutato infatti dal Salon des Independénts significò abbandonare l'idea di appartenere a qualsiasi –ismo e iniziare a scardinare le regole del sistema dell'arte, così la scala di birilli colorati cerca di intrufolarsi in quello che per anni è stata la sede storica del Cenacolo di pittori della Scuola di Rivara, ed adesso spazio espositivo contemporaneo, alla ricerca di un dialogo e di un gioco nuovi.

La scala è inoltre un oggetto che metaforicamente e fisicamente ci porta dal basso verso l'alto, dalla terra al cielo, cambia la nostra prospettiva e la nostra visuale: affascinante è, a tal proposito, la foto della ricercatrice tedesca Maria Reiche, scattata da Bruce Chatwin, nel deserto peruviano mentre studiava le "linee nazca", solo la scala infatti poteva permetterle di vedere i disegni realizzati sulla terra, così a noi con questa sequenza ordinata di birilli viene chiesto di porci delle domande, di rischiare, scherzando con quel gioco serio che è l'arte e vedere qualcosa che, con i piedi ben piantati a terra, non avremmo potuto scorgere.
Nel 1992 Maurizio Cattelan dal Castello di Rivara scappò, lasciando come ricordo della sua fuga una corda fatta di lenzuola, che non sia questa l'occasione per tornare al castello e giocare ai soldatini?

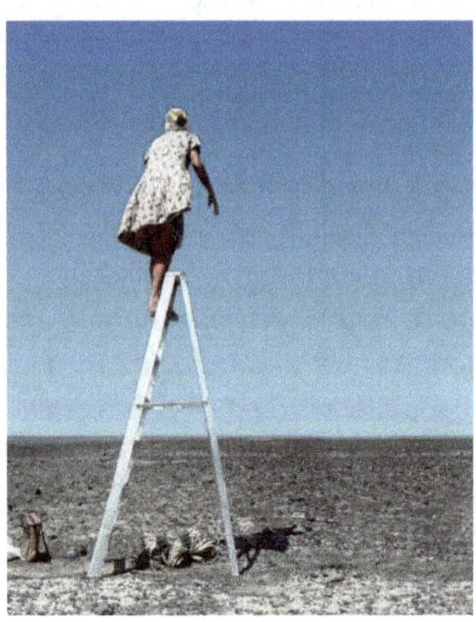

Maria Reiche © Bruce Chatwin

Le scale di Aldo Spoldi

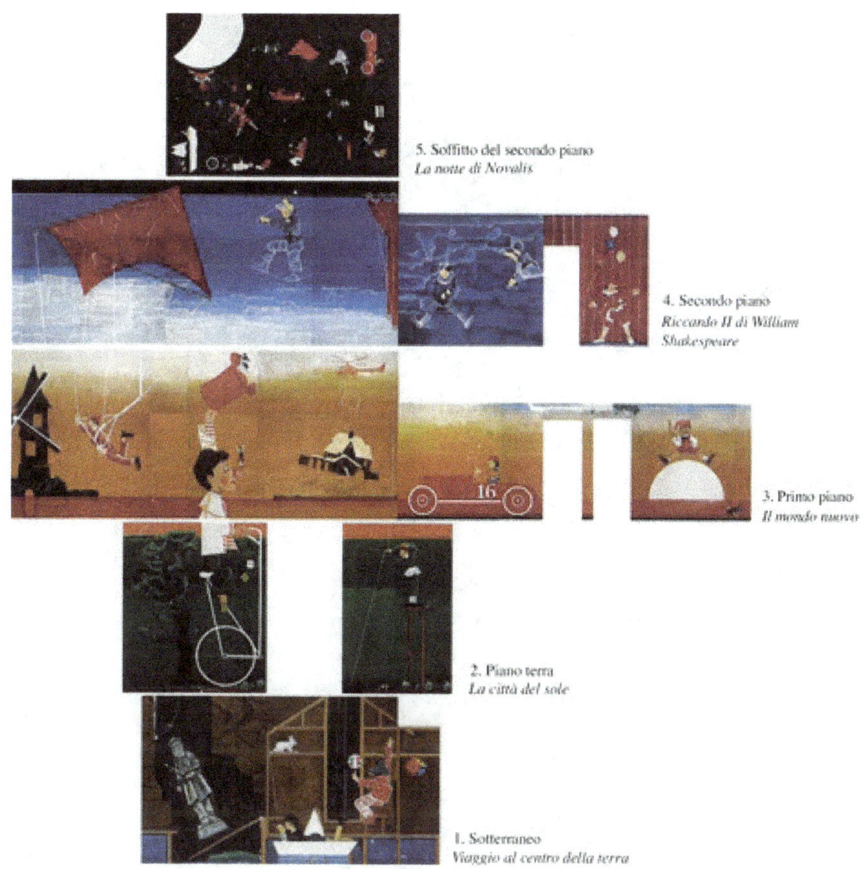

Aldo Spoldi, *La tromba delle scale*, 2006, Fondazione Marconi
© Paolo Vandrash

Il Tallero

Prototipo per il Castello di Rivara,
Ed. Accademia dello Scivolo, 2016

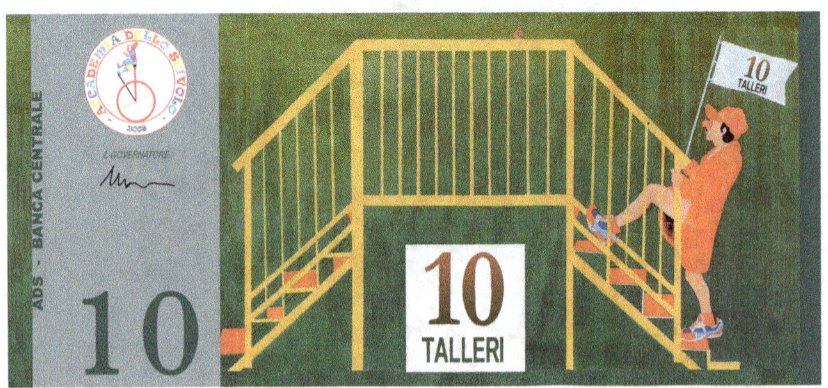

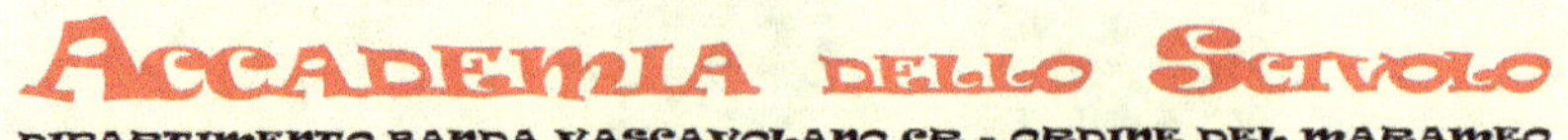

ACCADEMIA DELLO SCIVOLO
DIPARTIMENTO BANDA VASCAVOLANO CR – ORDINE DEL MARAMEO

Il Tallero si distingue dall'Euro in quanto l'Euro è la valuta comune adottata da diciannove Stati membri dell'Unione Europea.

Il Tallero è la moneta che raggruppa più di trenta membri della Banda dell'Accademia dello Scivolo.

L'Euro rispetta i criteri dei parametri di Maastricht.

Il Tallero cerca di far rivivere il "trattato delle passioni", una mistura di pensieri.

A muovere l'Euro è il principio dell'efficienza. Ad agitare il Tallero è il desiderio e il gioco: lo zibaldone.

Infine, il Tallero è convertibile in acqua del pozzo, l'Euro no!

Ciò nonostante, Euro e Tallero non sono nemici, sono fratelli: uno è complementare all'altro.

10 Talleri

Sul fronte del prototipo della cartamoneta da 10 Talleri, stampata dalla Banca Centrale dell'Accademia dello Scivolo, è rappresentata la curatrice

Patrizia Gillo che, "vestita con un cappotto rosso di Versace, sale le scale". L'immagine è ricavata da un dipinto di Aldo Spoldi appositamente realizzato in occasione della presentazione della scultura-scala costruita con birilli e intitolata

"La scalata del castello"

Tiratura: 50 esemplari

Emissione: 24 settembre 2016

Paese: Castello di Rivara – Italia

10

Le avventure di Andrea Bortolon
a cura di Patrizia Gillo

Galleria Antonio Battaglia

via Ciovasso 5 - Milano

Inaugurazione mercoledì 7 giugno

dal 7 giugno - al 15 settembre 2017

Mercoledì 7 giugno 2017, alle ore 19, la Galleria Antonio Battaglia presenta la scultura *Le avventure di Andrea Bortolon*, opera simbolo dell'Accademia dello Scivolo, di cui Andrea Bortolon è membro del Comitato Scientifico, è ricavata dall'opera di Aldo Spoldi *Il mangiatore di mondi* e collocata per l'occasione al centro del caratteristico cortile di via Ciovasso 5 a Milano.

Andrea Bortolon, invaghito, è sceso dal monociclo, che lo fissava come un monumento ad un pesante basamento e, armatosi di un "mondo nuovo", si è lanciato in un salto acrobatico all'altezza di quattro metri verso il balcone di Alessandra. Il progetto di Andrea e Alessandra è preciso: se l'acrobatico salto riuscirà sfoglieranno assieme la margherita e i petali diranno se amarsi o no. Su tale vertiginoso innamoramento Patrizia Gillo ha scritto: "Caro Andrea, lascia Cristina, non fa per te, sai le sculture hanno sempre sedotto tanto, ma tu fai venire le vertigini al bacio di Hayez".

Più di mille persone, mosse dal motto "Qui non si lavora, si gioca", hanno collaborato a realizzare l'acrobatico salto della scultura *Il mangiatore di mondi*, che ritrae il filosofo Andrea Bortolon innamorato che pedala su di un monociclo.

Tutti, ma proprio tutti gli allievi dell'Accademia dello Scivolo hanno schizzato con carboncino e progettato con riga e squadra l'innamoramento del filosofo Andrea Bortolon.

Chi è Andrea? È l'autore dei libri *Lezioni di filosofia morale* e *Un dio non può farsi male*.

Alla realizzazione del fantastico salto di Andrea hanno collaborato: l'Istituto Centrale dell'Accademia dello Scivolo, con un conio di 10 Talleri emesso a Lugano

che ha permesso di comprare la carta da
spolvero, il carboncino e il fissativo, la
Banca di Oklahoma che ha ceduto due
Brunelli di Piero Gilardi, uno di Bertozzi
& Dal Monte Casoni e due dei Plumcake
per costruire la scultura in legno, Angelo
Spettacoli che ha venduto alla borsa italiana
due quote di Lyxor Ucits Etf World Water per
comprare gli acquerelli necessari, il Teatro
di Oklahoma che ha regalato l'abito blu
gessato e fotografato da Giorgio Colombo
nel 1977 e, infine, la Banda del Marameo
che ha accompagnato il salto con un gioioso
sorriso.

In galleria dodici disegni inediti 70x50 sui
personaggi virtuali di Aldo Spoldi, oltre ad
una serie di ludiche sculture/oggetto che ac-
coglieranno il pubblico durante il periodo
della mostra come nell'atelier dell'artista e
della sua accademia.

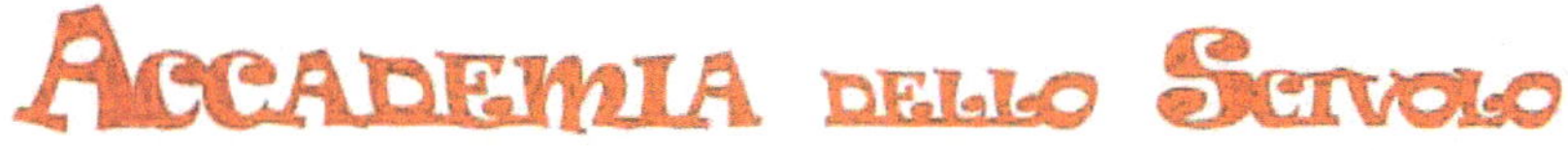

Le avventure di Andrea Bortolon

a cura di Patrizia Gillo

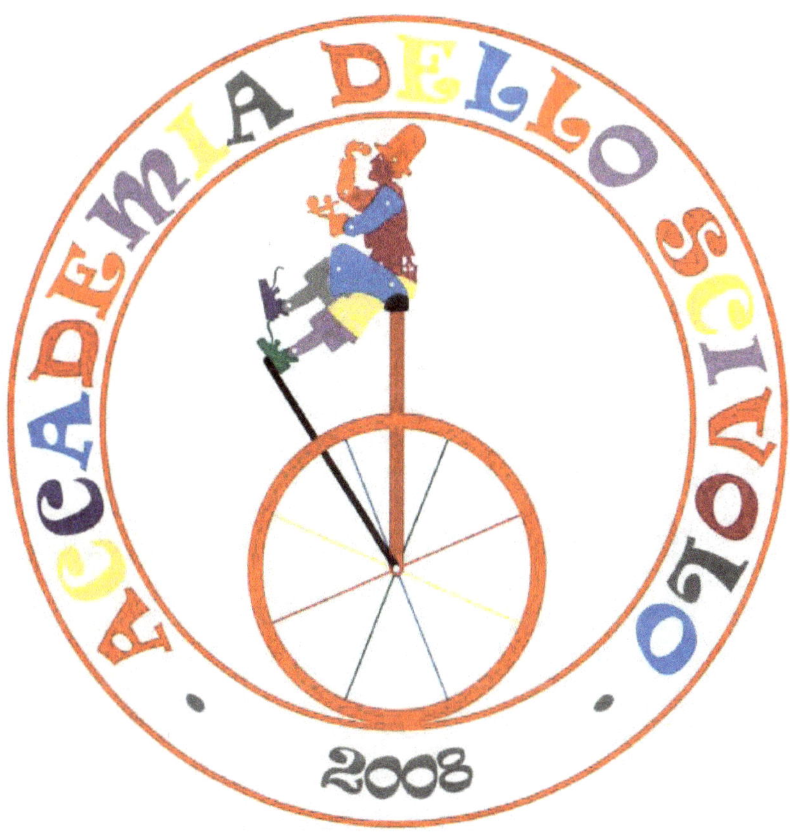

Galleria Antonio Battaglia

Giornalino realizzato in occasione della mostra

Accademia dello Scivolo - Le avventure di Andrea Bortolon

a cura di Patrizia Gillo

7 giugno – 15 settembre 2017

Galleria Antonio Battaglia
Via Ciovasso 5 - Milano

Con il patrocinio di

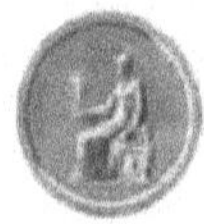

Accademia di Belle Arti di Brera
Milano

Direzione artistica: Antonio Battaglia

Staff: Jacopo Cappato, Luigi De Pascalis

Testi e Crediti fotografici:

Accademia dello Scivolo, Bagnolo Cremasco (Crema)

Copyright © Angelo Spettacoli di A.S.

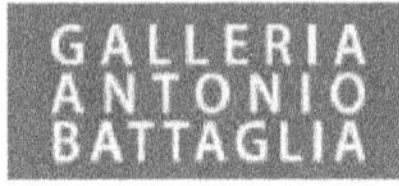

ILCO s.n.c.

Avventura 2016. L'Istituto Centrale dell'Accademia dello Scivolo, i Talleri e l'Obbligazione

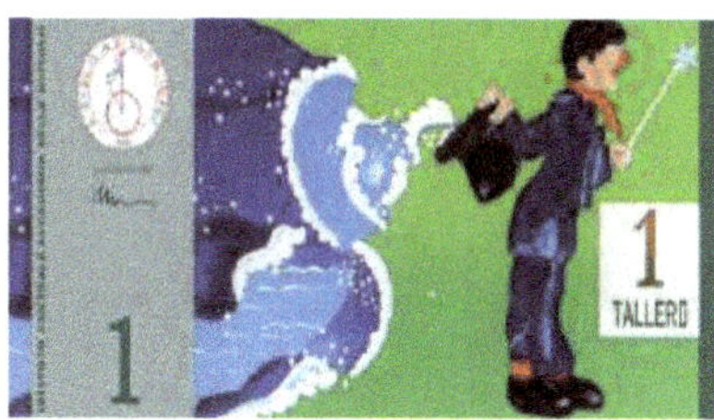
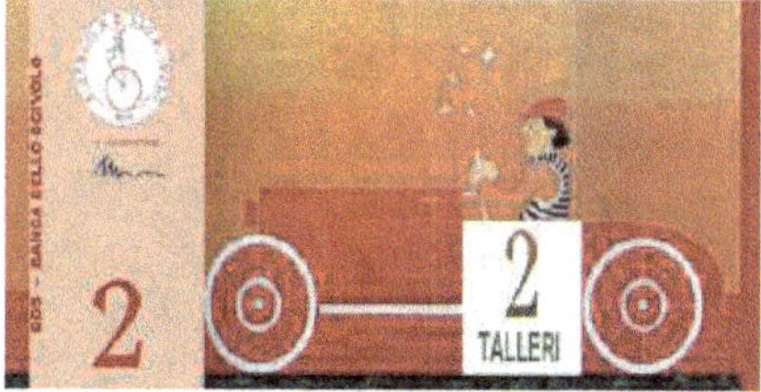

Nel dicembre 2016 a Lugano, Andrea Del Guercio e Daniele Bevacqua, nella forma di conferenza stampa, presentano nella sede della Five Gallery le emissioni (**obbligazioni**) del Libero Stato dell'Accademia dello Scivolo (una decennale e l'altra trentennale) convertibili in acqua del pozzo. Coniano anche una moneta-giocattolo del valore di 10 Talleri e stampano due cartemonete del valore di 1 e 2 Talleri.

Avventura 2017. Andrea Bortolon alla conquista di Alessandra

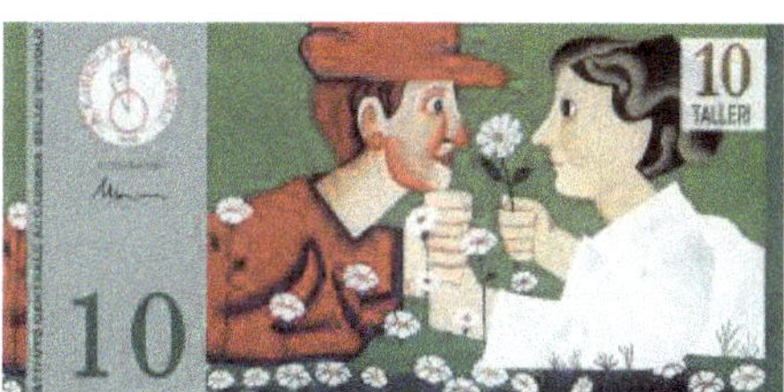
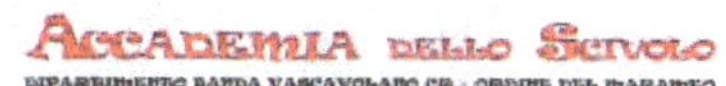

Il 7 giugno 2017 Andrea Bortolon, dopo esser stato il padre fondatore virtuale della Shy Architecture e il Caffè Filosofico, aver scritto i libri "Lezioni di filosofia morale" e "Un dio non può farsi male", conquistato, con il Comitato Scientifico dell'Accademia dello Scivolo, la Terra Vascavolano e Il Castello di Rivara, organizzato il 1° Convegno sul Libero Stato Artistico e coniato il Tallero, tenta una nuova avventura: la conquista di Alessandra nel cortile della Galleria Antonio Battaglia a Milano. In tale occasione viene coniato clandestinamente il Tallero dedicato al quarantesimo compleanno di Antonio Battaglia.

Galleria Antonio Battaglia
Via Ciovasso 5 - 20121 Milano
Tel +39 0236514048

info@galleriaantoniobattaglia.com

www.galleriaantoniobattaglia.com

Avventura 2015. Il cantiere: Pozzo n. 1

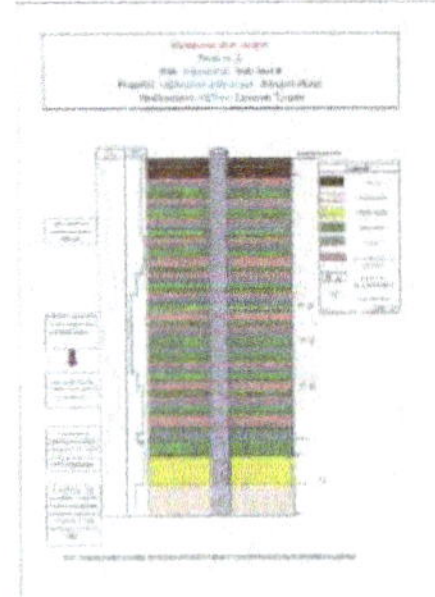 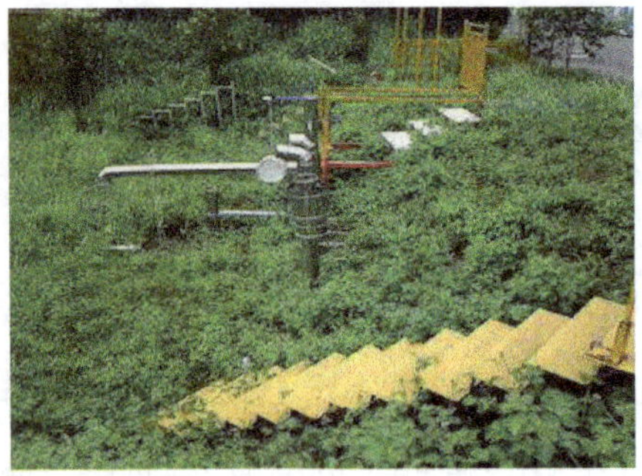

In maggio iniziano i lavori che trasformeranno quadro, tesi e progetti architettonici in vallata. Nell'estate 2015 si scava nella terra conquistata Vascavolano il *Pozzo n. 1* dell'acqua profondo 19 metri. Si modellano io seni, si scava e modella il lago e viene anche realizzata una interrata canalizzazione di acque. La terra conquista si trasforma in donna e questa in una seducente valle agitata dal *Violon d'Ingres*. Tutto sarà visibile nella mostra *Storia di terra, terre di storia*, curata da Serena Maccianti, il 1° aprile 2016.

Avventura 2016. La scalata al Castello di Rivara

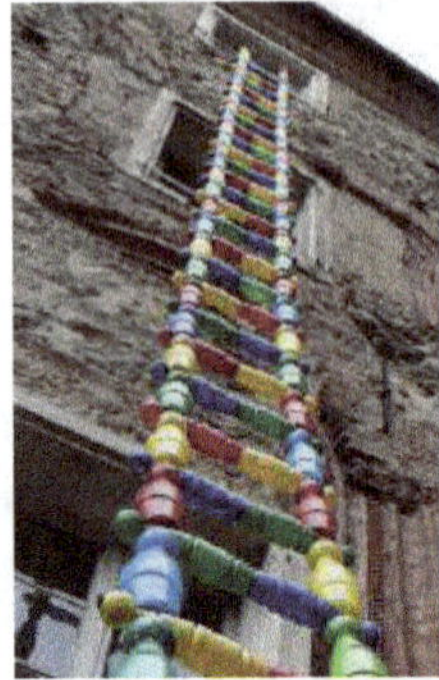 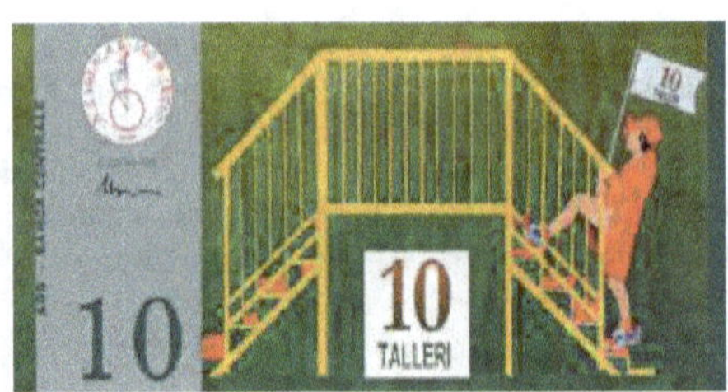

L'Accademia dello Scivolo costruisce una scala di birilli colorati alta più di 12 metri, un'altezza che permette al Comitato Scientifico dell'Accademia dello Scivolo di non scivolare in basso, ma di arrampicarsi in alto e penetrare nel castello. All'interno il Comitato Scientifico, insieme al futuro Governatore Daniele Bevacqua, progetta *L'Istituto Centrale dell'Accademia dello Scivolo* e viene anche deciso un suo debito pubblico e stampato il prototipo della sua cartamoneta: il *Tallero Vascavolano*. Per tale occasione viene stampato un nuovo numero dedicato del Giornalino a cura di Serena Maccianti.

Andrea Bortolon alla conquista di Alessandra

Incredibile! La scultura *Il Mangiatore di Mondi*, che raffigura il filosofo Andrea Bortolon che pedala su un monociclo, si è innamorata! Dopo *La conquista della Terra Vascavolano* a Bagnolo Cremasco riuscirà il filosofo a conquistare la terra-donna? La statua, invaghita di Alessandra, è scesa dal monociclo che la fissava come un monumento ad un pesante basamento, ha indossato l'abito blu gessato del *Teatro di Oklahoma-Whisky Quiz* e, armatasi di una margherita e un di "mondo nuovo", si è lanciata in un salto acrobatico (all'altezza di quattro metri) verso il balcone ricoperto di edera di Alessandra.Con l'acrobatico salto Andrea raggiungerà l'obiettivo e insieme sfoglieranno la margherita e i petali diranno se abbracciarsi oppure no. Su tale vertiginoso innamoramento, Patrizia Gillo ha scritto: "Caro Andrea, le sculture e le pitture hanno sempre sedotto tanto, ma tu fai venire il capogiro a *Il bacio* di Hayez e credo proprio che l'acquerello di Tranquillo Cremona intitolato *L'edera* sia l'humus di questa tua ultima avventura. Non è il *Pozzo d'acqua n. 1* che ha reso possibile l'Accademia dello Scivolo? Tale vertiginoso innamoramento è stato approvato dal Comitato Scientifico dell'Accademia dello Scivolo. Più di mille persone, mosse dal motto "Qui non si lavora, si gioca", hanno collaborato a realizzare l'acrobatico salto della scultura *Il mangiatore di mondi*. Tutti, ma proprio tutti gli allievi dell'Accademia dello Scivolo hanno schizzato con carboncino e progettato con riga e squadra l'innamoramento del filosofo Andrea Bortolon. Chi e Andrea? E' l'autore dei libri *Lezioni di filosofia morale* e *Un dio non può farsi male*. Alla realizzazione del fantastico salto di Andrea hanno collaborato: l'Istituto Centrale dell'Accademia dello Scivolo, con un conio di 10 Talleri emesso a Lugano che ha permesso di comprare la carta da spolvero, il carboncino, il fissativo, carrucole e filo rosso, la Banca di Oklahoma che ha ceduto due Brunelli di Piero Gilardi, uno di Bertozzi & Dal Monte Casoni e due dei Plumcake per costruire la scultura in legno, Angelo Spettacoli che ha venduto alla borsa italiana due quote di Lyxor Ucits Etf World Water per comprare gli acquerelli necessari, il Teatro di Oklahoma che ha regalato l'abito blu gessato e fotografato da Giorgio Colombo nel 1977 e, infine, la Banda del Marameo che ha accompagnato il salto con un gioioso sorriso.

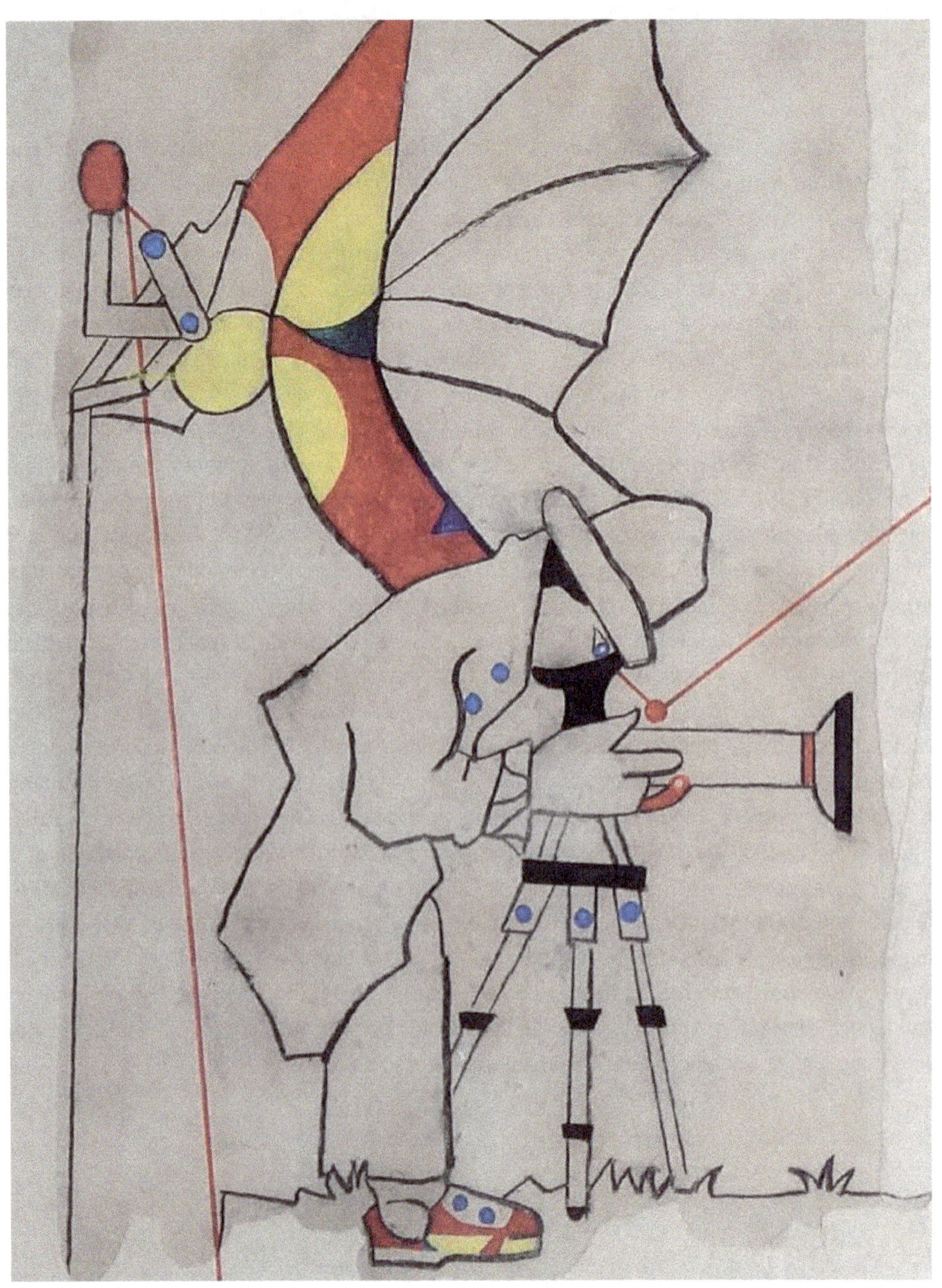

Comitato scientifico dell'Accademia dello Scivolo – Met Levi, fotografo

Avventura 2014. L'Accademia dello Scivolo sfida la Factory di Andy Warhol

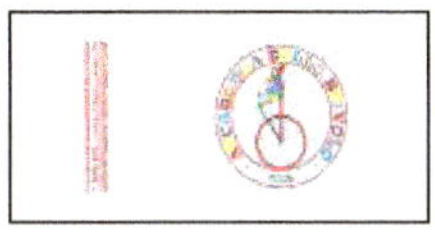

Curata da Eleonora Petrò, viene presentata la mostra *Dalla factory di Andy Warhol all'Accademia dello Scivolo di Aldo Spoldi* e nell'occasione viene anche costituita la *Banda di Vascavolano* e pubblicato un nuovo numero del Giornalino.

Avventura 2014. Le due tesi

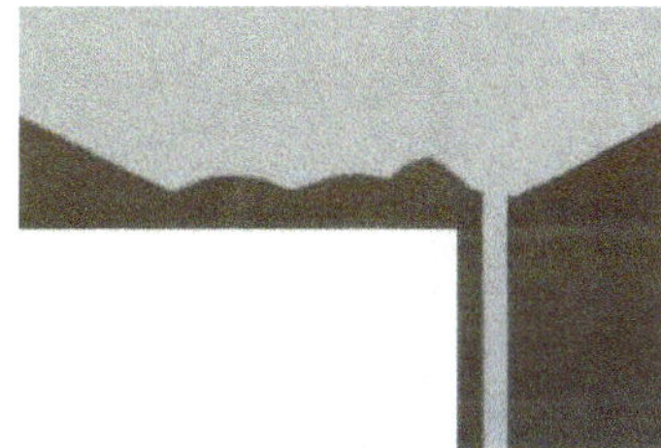
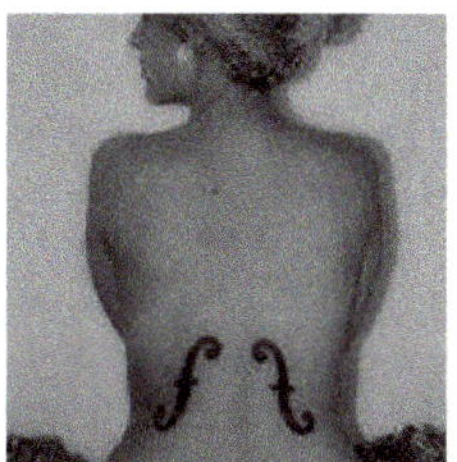

Il Comitato Scientifico dell'Accademia dello Scivolo legge la tesi di Valentina Sonzogni *Così segue il suo ciclo…*, discussa all'Accademia di Belle Arti si Brera e quella di Serena Maccianti *Artisti contro*, sostenuta all'Università Ca' Foscari di Venezia.
Patrizia Gillo, dopo aver scoperto che sulla schiena di Serena sono tatuate le chiavi di violino della celebre foto che Man Ray a fatto a Kiki de Montparnasse, le vede accomunate sul tema dell'erotismo.
Dice anche a Valentina di trasformare la terra conquista in femmina e a Serena di trattare la donna terra come Man Ray ha fatto con Kiki de Montparnasse, affidandole l'incarico di organizzare la mostra *Storia di terra, terre di storia*. Un nuiovo numero del Giornalino verrà pubblicato per tale occasione.

Avventura 2014. Il quadro diventa paesaggio

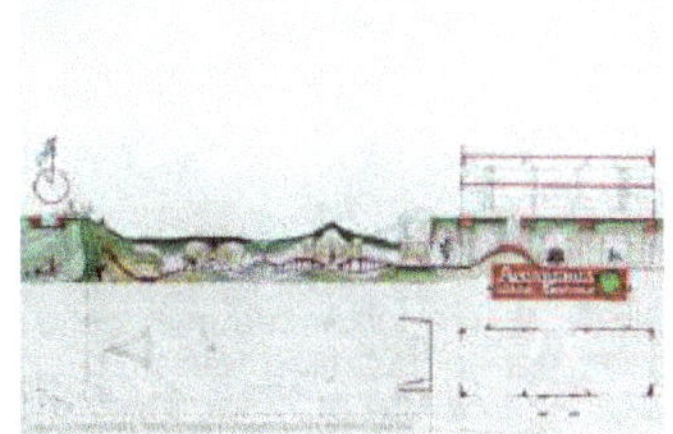
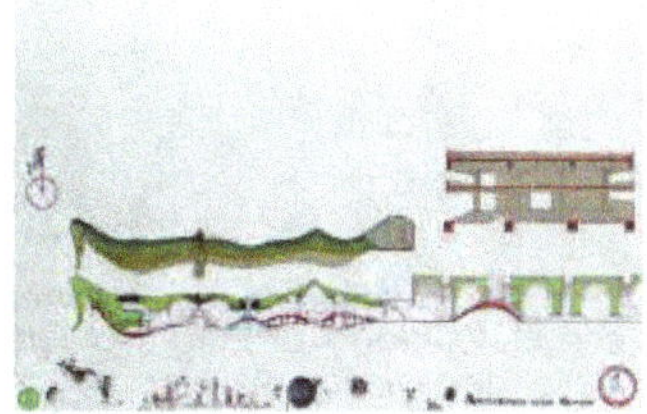

Patrizia Gillo affida all'architetto Angelo Galvani il compito di trasformare il quadro e la tesi di Valentina in architettura paesaggistica e suggerisce ad Aldo Spoldi di inserire nel quadro *La Terra Vascavolano* le chiavi del *Violon d'Ingres* tatuate sulla schiena di Serena.

Avventura 2011. Il Mondo Nuovo

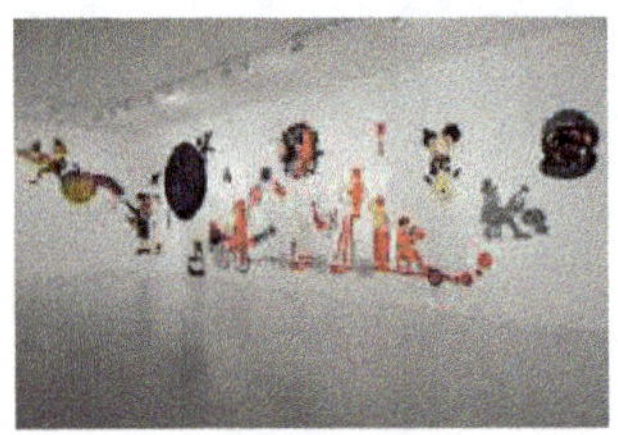

Il libro *Un dio non può farsi male* di Andrea Bortolon, bandierine, marchi, timbri, giocattoli dell'Accademia dello Scivolo verranno ufficialmente presentati alla Fondazione Marconi.

Avventura 2012. La Tournée del Camper e il Giornalino

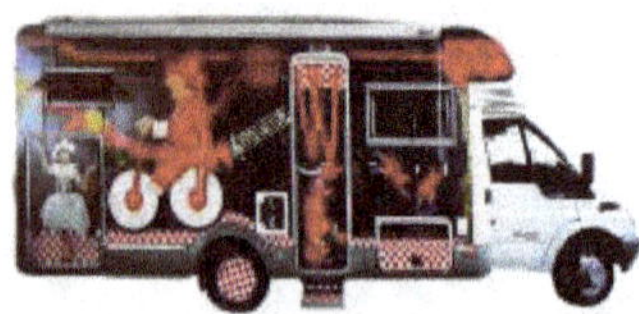

Utilizzando gli interessi maturati sugli ETF Lixor Word Water, l'Accademia dello Scivolo commissiona ad Aldo Spoldi l'allestimento di un camper fatto per evadere dalla società marketing. La tournée del camper, curata da Renato Barilli, parte dall'Accademia di Belle Arti di Brera a Milano e farà tappa allo Studio Vigato di Bergamo, a Firenze alla Galleria Frittelli Arte, all'Albereta di Gualtiero Marchesi a Erbusco, da Giuliano Gori a Villa Celle a Santomato di Pistoia, all'Accademia Albertina di Torino. Per tale occasione lo Studio Vigato, su consiglio di Giorgio Marconi, edita il n.° 0 del **Giornalino** dell'Accademia dello Scivolo, curato da Loredana Parmesani e Patrizia Gillo e impaginato da Studio Publica.

Avventura 2013. La conquista della terra

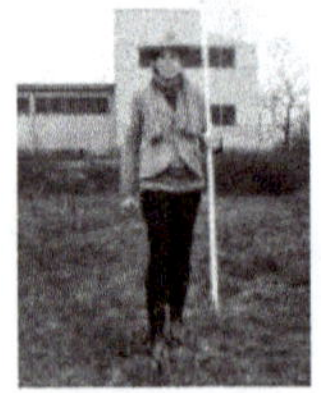

Saranno proprio le riflessioni sulla realtà e sulla terra che porteranno i membri dell'Accademia dello Scivolo ad Aprire le trattative con il Comune di Bagnolo Cremasco per lo scambio della terra **Vascavolano**, adiacente all'immobile dell'Accademia, con la replica della scultura *Il mangiatore di Mondi*. Tali trattative si concluderanno con un regolare contratto. L'11 gennaio 2014 Laura Locatelli, detta Laura Beuys, affonda nel terreno conquistato e innalza la prima bandierina dell'Accademia dello Scivolo. In tale occasione viene pubblicato un nuovo numero del Giornalino.

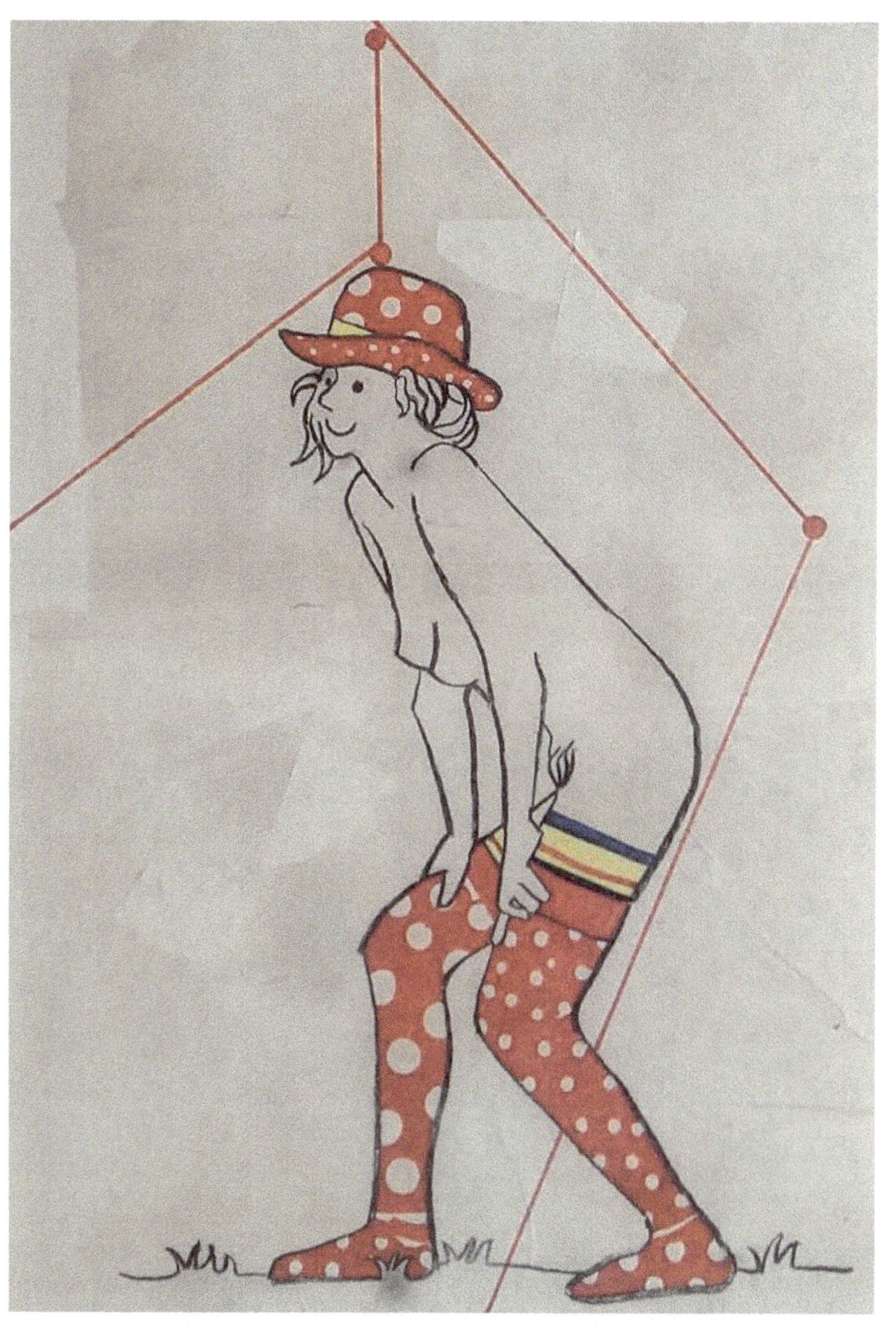

Comitato scientifico dell'Accademia dello Scivolo – Patrizia Gillo, teorica

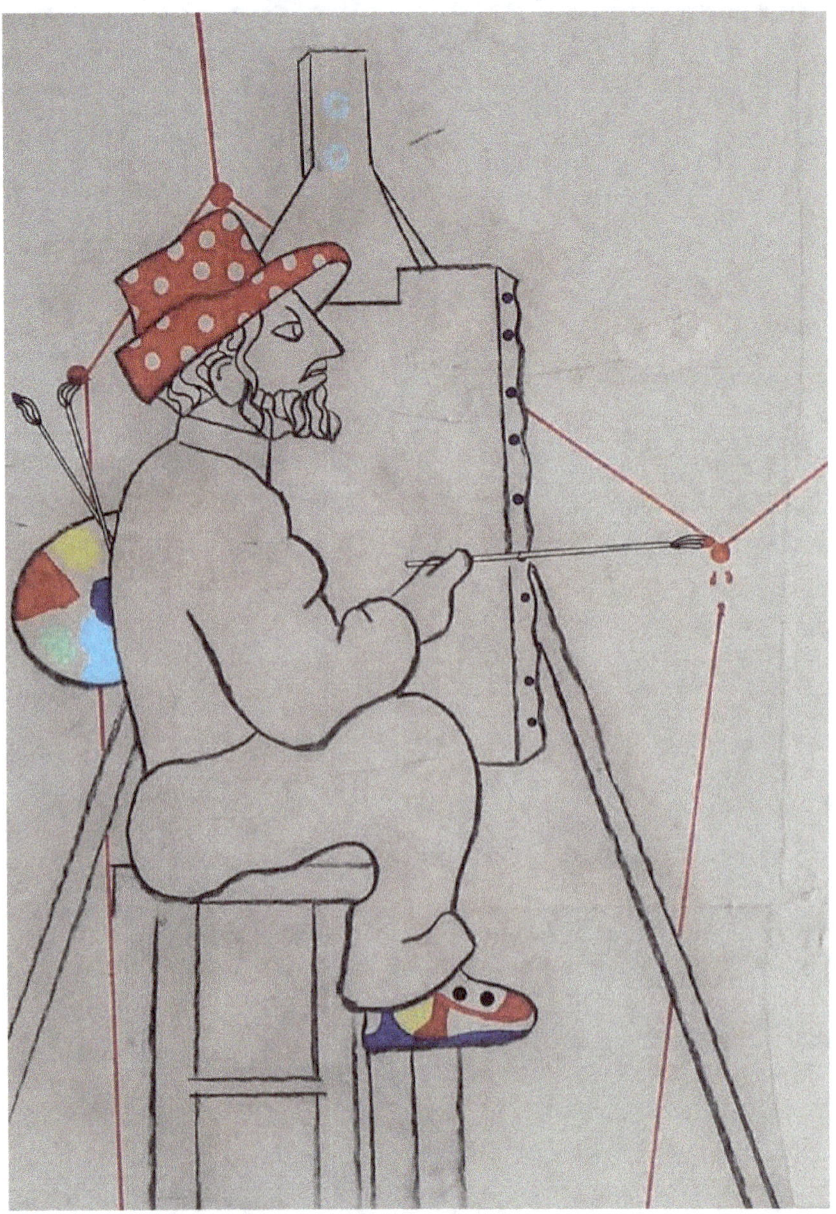

Comitato scientifico dell'Accademia dello Scivolo – Angelo Spettacoli, critico d'arte

Avventura 2008. L'acquisto in Borsa di acqua

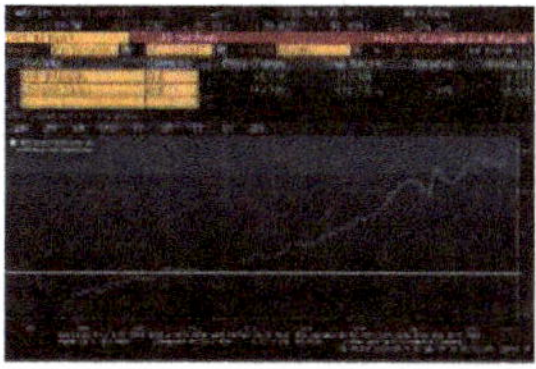

Nello studio di Aldo Spoldi, il filosofo, l'artista, il critico d'arte e il fotografo capiscono che le loro identità virtuali e multimediali sono a rischio e, consci che l'acqua può essere l'elemento indispensabile per il mondo globalizzato, comprano sulla Borsa italiana, con gli ultimi risparmi, ETF Lixor Word Water.

Avventura 2008. La costituzione dell'Accademia dello Scivolo

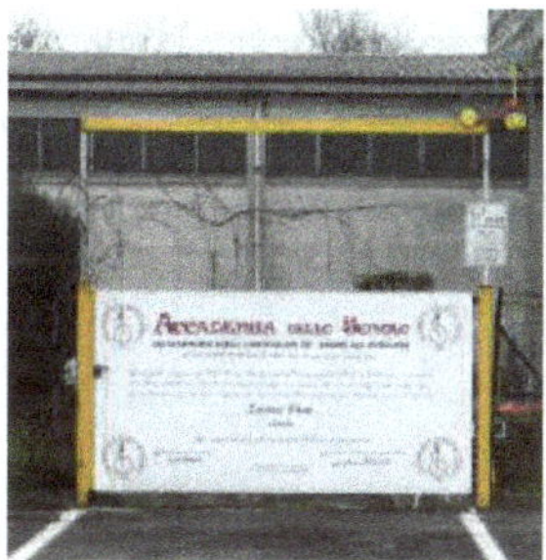

Angelo Spettacoli, su consiglio di Patrizia Gillo, nomina lo studio di Aldo Spoldi **Accademia dello Scivolo**, stende un patafisico ma civile statuto e, mosso dal motto *"Qui non si lavora, si gioca"* disegna un marchio, progetta un logo, realizza un timbro e innalza una bandiera.

Avventura 2008. Il convegno sulla fine del Postmoderno e del mondo globalizzato

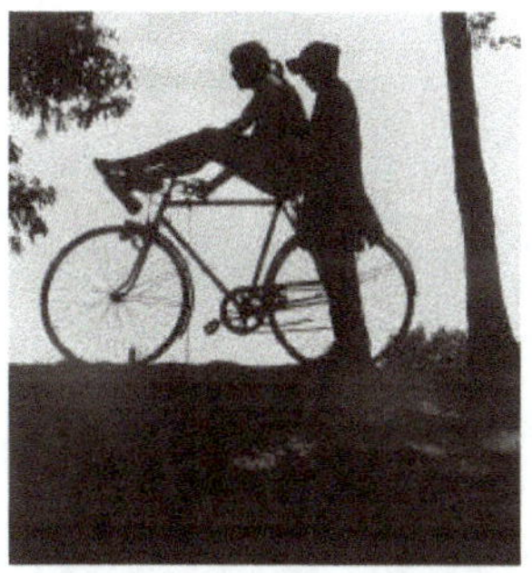

Nel convegno tenuto all'Auditoruim della Fondazione di Piacenza e Vigevano, Andrea Bortolon commenta, insieme a Andrea Borsari, Antonio Calbi, Giorgio Celli, Giulio Ciavoliello, Gillo Dorfles, Loredana Parmesani, Pie Aldo Rovatti e Aldo Tagliaferri, il manifesto "Io Mento" di William Xerra. A partire da questo momento Andrea Bortolon
intuisce che non tutto è interpretazione e che è giunta l'ora della terra e della realtà e inizia a scrivere il libro *Un dio non può farsi male* in cui la fine del Postmoderno viene letta come maturazione biologica e agricola.

La Storia

La genesi dell'Accademia dello Scivolo risale alla ludica *Banda del Marameo* costituita a Crema nel 1968: l'anno della contestazione giovanile. Tale banda si evolve nel dandistico *Teatro di Oklahoma - Whisky Quiz* nel 1977: l'anno della caduta del marxismo. Nel 1988 (periodo in cui l'immaterialità finanziaria sta per entrare nel sistema dell'arte) il *Teatro di Oklahoma* si trasforma in *Banca di Oklahoma* prima e poi in *BdO Ltd* con sede a Lugano. Sarà proprio la *BdO Ltd*, negli anni della costituzione dell'Europa Unita e della diffusione di Internet, a produrre, insieme agli ex-studenti dell'Accademia di Belle Arti di Brera, i personaggi virtuali (Cristina Karanovic, detta Cristina Show, Angelo Spettacoli, Andrea Bortolon e Met Levi), che dopo svariate traversie fondano nel 2007-2008 , nell'ex-scatolificio ILCO a Bagnolo Cremasco, l'Accademia dello Scivolo. Sono gli anni in cui il filosofo Andrea Bortolon scrive il libro *Un dio non può farsi male* e i filosofi Romano Luperini Maurizio Ferraris pubblicano rispettivamente *La fine del postmodernismo* e il *Manifesto del nuovo realismo*.

L'Erlebniss dell'Accademia dello Scivolo

Avventura 2007. La fuga da Lugano a Crema verso un Mondo Nuovo

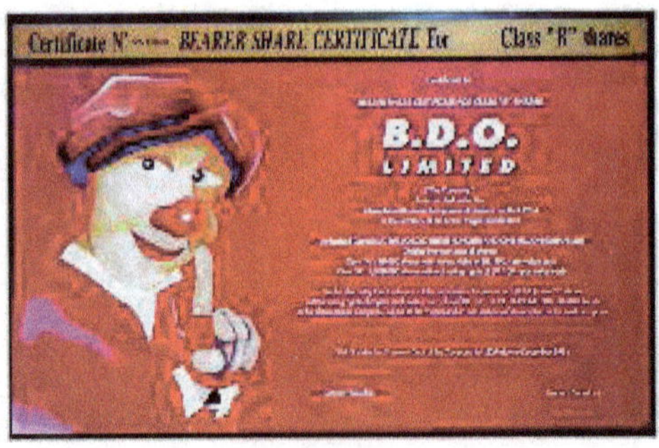

Il filosofo Andrea Bortolon, l'artista Cristina Karanovic, il critico d'arte Angelo Spettacoli, il fotografo Met Levi, spaventati dalla chiusura della B.D.O. Ltd., fuggono squattrinati da Lugano e si rifugiano nello studio di Aldo Spoldi a Bagnolo Cremasco.

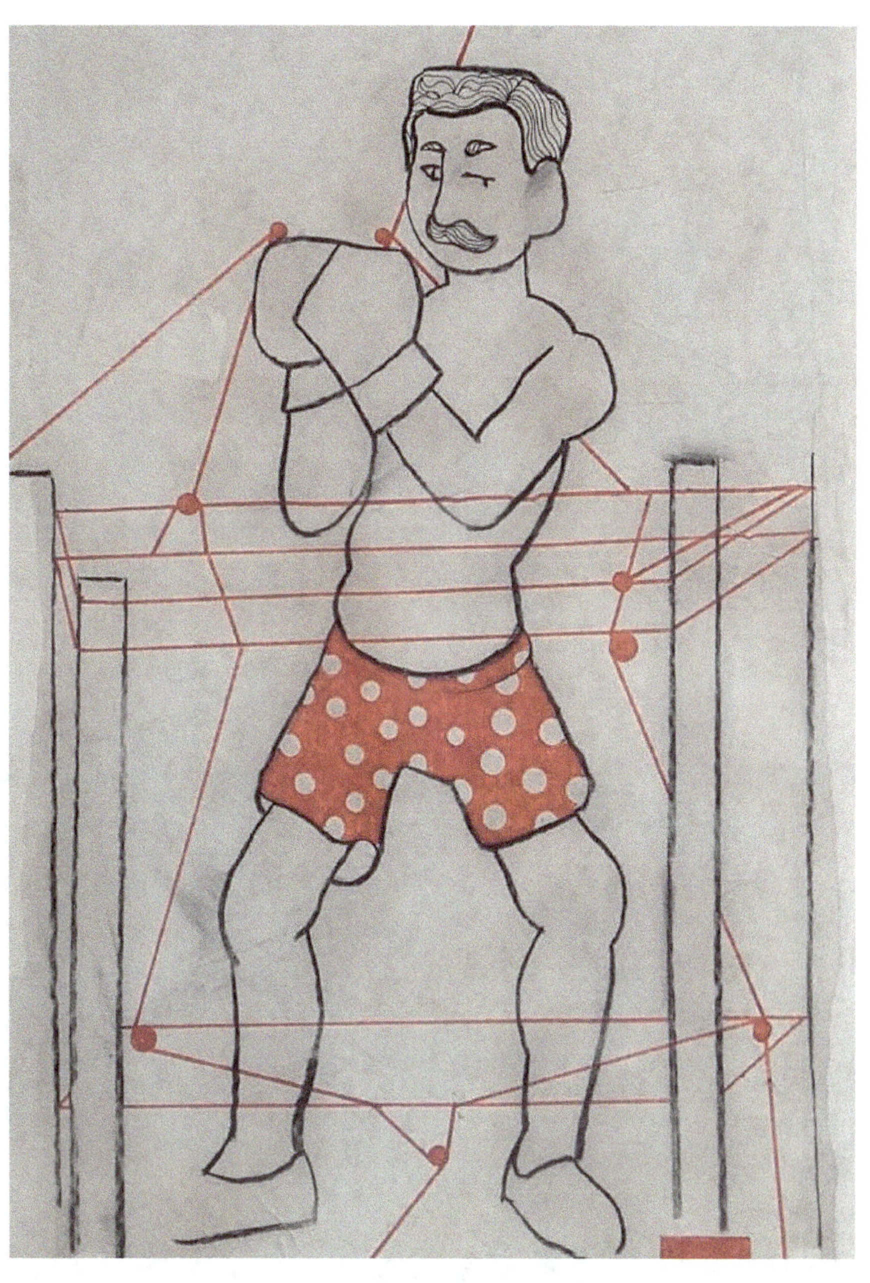

Comitato scientifico dell'Accademia dello Scivolo – Giorgio Thompson, pugile, psichiatra, fotografo

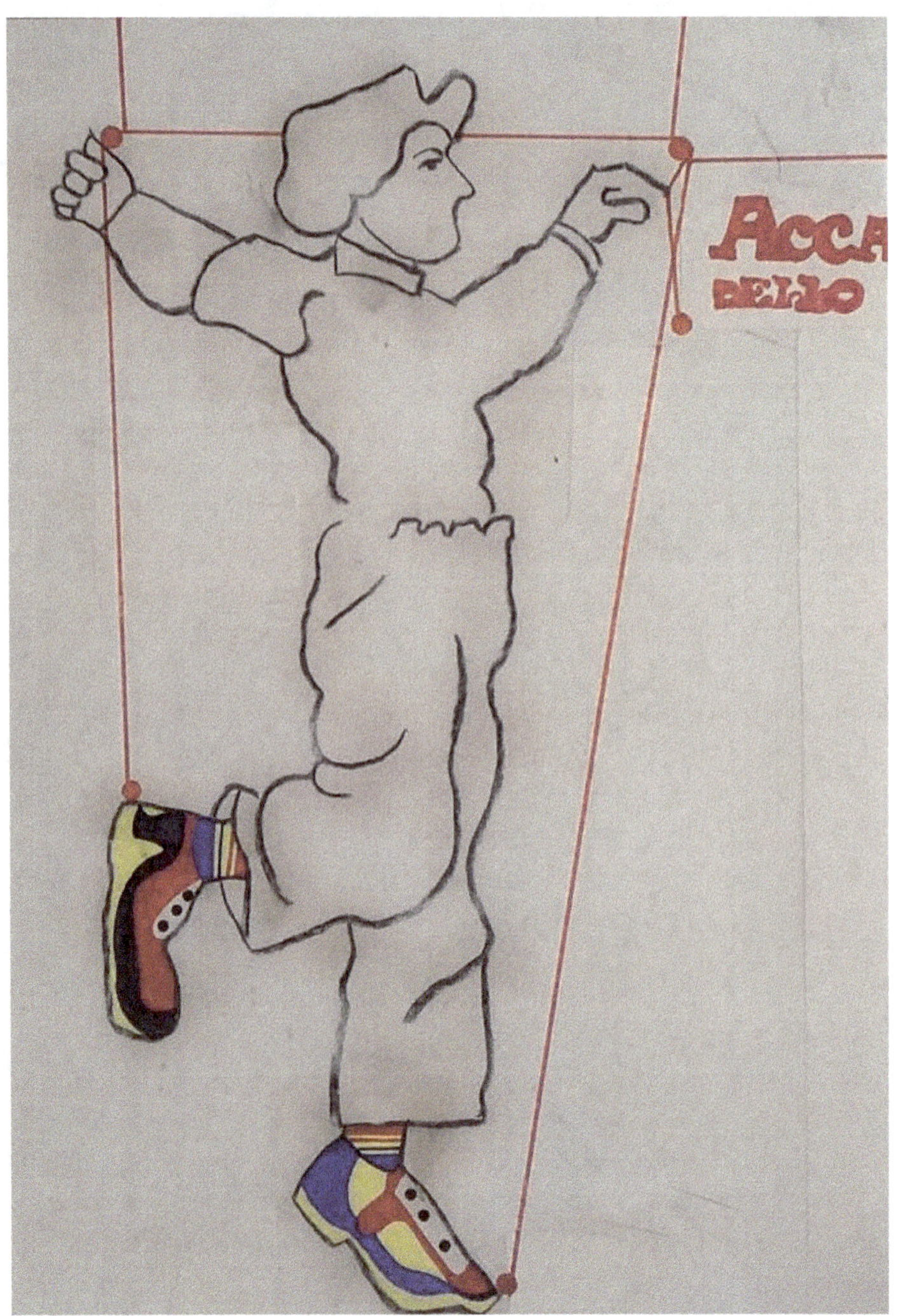

Comitato scientifico dell'Accademia dello Scivolo – Andrea Bortolon, filosofo

Le avventure dei membri del Comitato Scientifico dell'Accademia dello Scivolo

I membri del Comitato Scientifico dell'Accademia dello Scivolo (il teorico Patrizia Gillo, il fotografo Met Levi, l'artista Cristina Karanovic, detta Cristina Show, il filosofo Andrea Bortolon e il critico d'arte Angelo Spettacoli) sono nati da un quadro dipinto tanti anni fa all'Accademia di Belle Arti di Brera di Milano? Il pannello è stato dipinto con vivaci colori, pennello e tavolozza. I colori e il disegno di questa tavola sono stati il padre e la madre che hanno generato i personaggi raccolti in questa mostra-libro.Queste identità sono fuggite fuori non solo dai contorni del disegno e della cornice del quadro, ma anche dalle regole accademiche della scuola.Sono così diventate prima giovanili ,avventurose, scapigliate e ludiche persone umane, capaci di intendere e volere, di giocare nella società civile, e poi, da anziane si sono evolute in figure istituzionali e pezzi grossi dell'Accademia dello Scivolo, mossa dal motto: "Qui non si lavora, si gioca!". Ecco alcune delle loro avventure: 1. Costituiscono la Banda del Marameo; 2. Dirigono il Teatro di Oklahoma - Whisky Quiz; 3. Costituiscono la Banca di Oklahoma SRL, che batte la moneta detta "Il Brunello"; 4. Fondano la Banca di Oklahoma SPA, detta BDO Ltd, che emette azioni colorate; 5. Aprono l'Accademia dello Scivolo e conquistano la Terra Vascavolano scambiandola con il "Mangiatore di Mondi".
La storia continua….

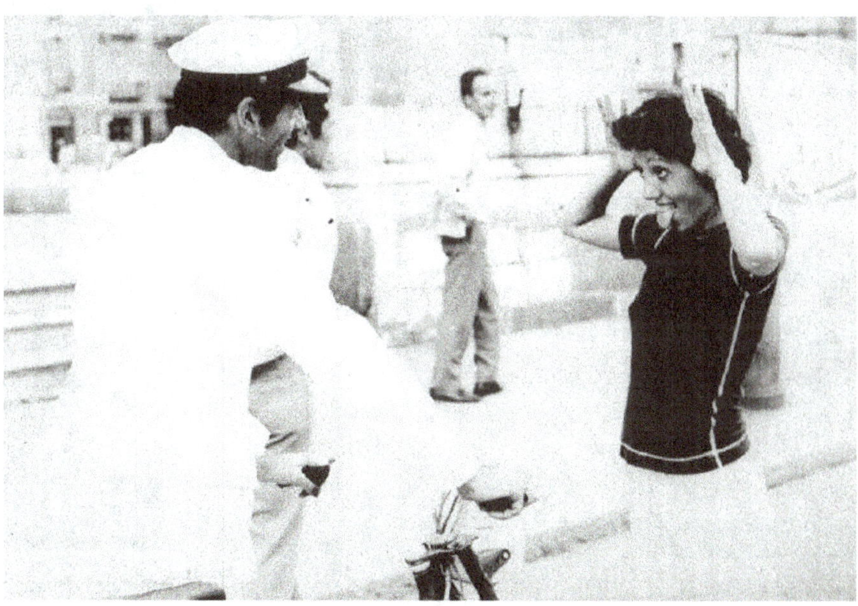

Banda del Marameo

Il Comitato Scientifico dell'Accademia dello Scivolo

Il comitato scientifico dell'Accademia dello Scivolo è composto dal teorico Patrizia Gillo, dall'artista Cristina Karanovic (detta Cristina Show), dal filosofo Andrea Bortolon, dal critico Angelo Spettacoli e dal fotografo Met Levi. Il Comitato ha come finalità il funzionamento culturale dell'Accademia e una nuova economia. Si avvale inoltre della collaborazione di professionisti esterni e di giovani laureati e diplomati in Belle Arti ai quali offre una prima, seppur modesta, verifica empirica delle loro tesi sostenute e dibattute nelle Accademie e Università precedenti attraverso l'organizzazione di laboratori, workshop, pubblicazioni di libri, riviste e cataloghi, come nel caso della mostra e della pubblicazione "Storia di terre, terra di storie" curate da Patrizia Gillo e Serena Maccianti nell'aprile 2016.

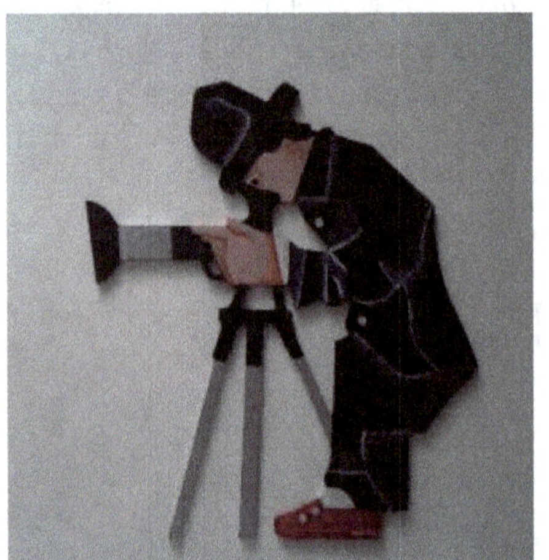

Met Levi

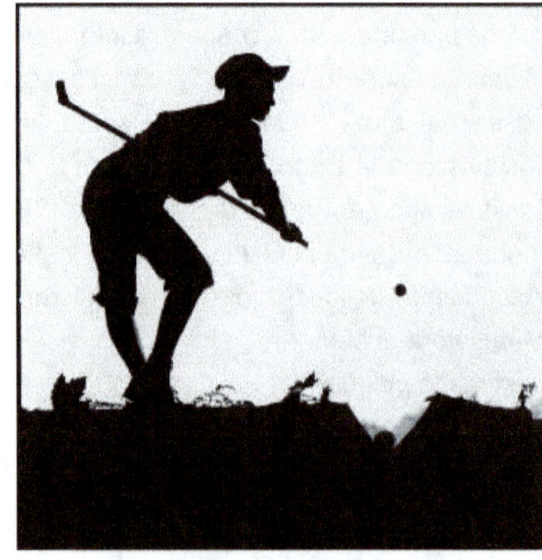

Andrea Bortolon

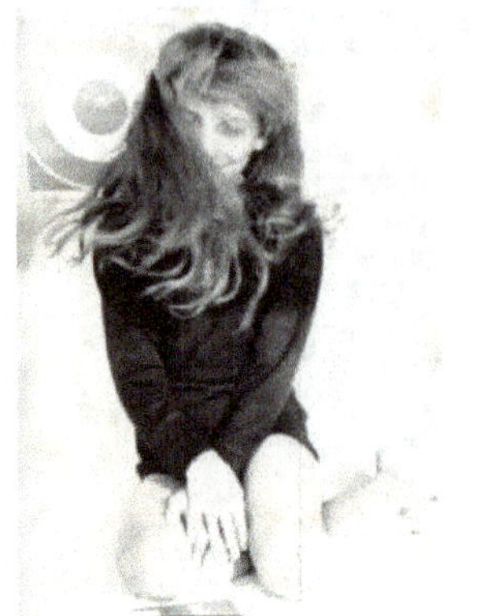

Patrizia Gillo

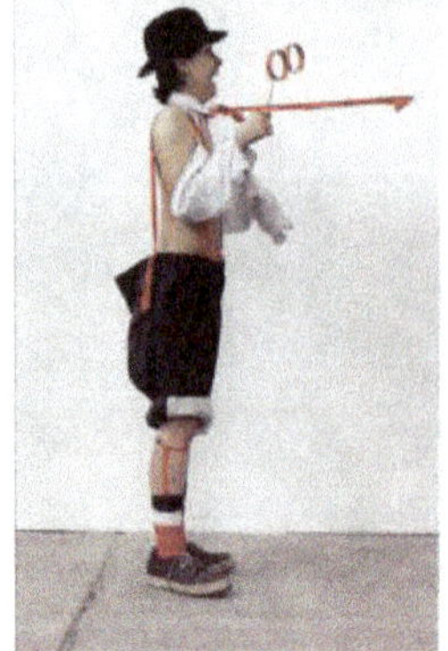

Cristina Karanovic

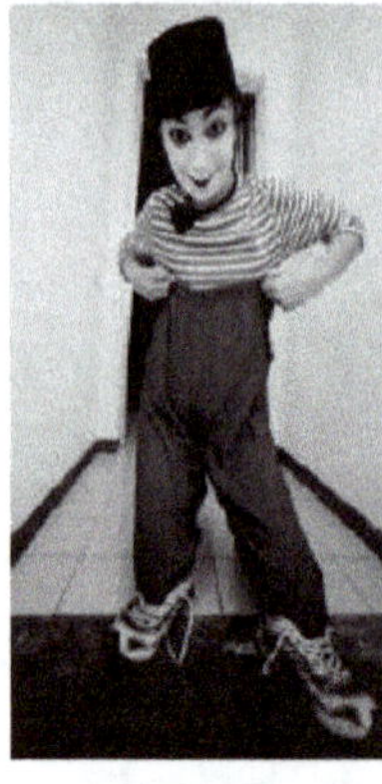

Angelo Spettacoli

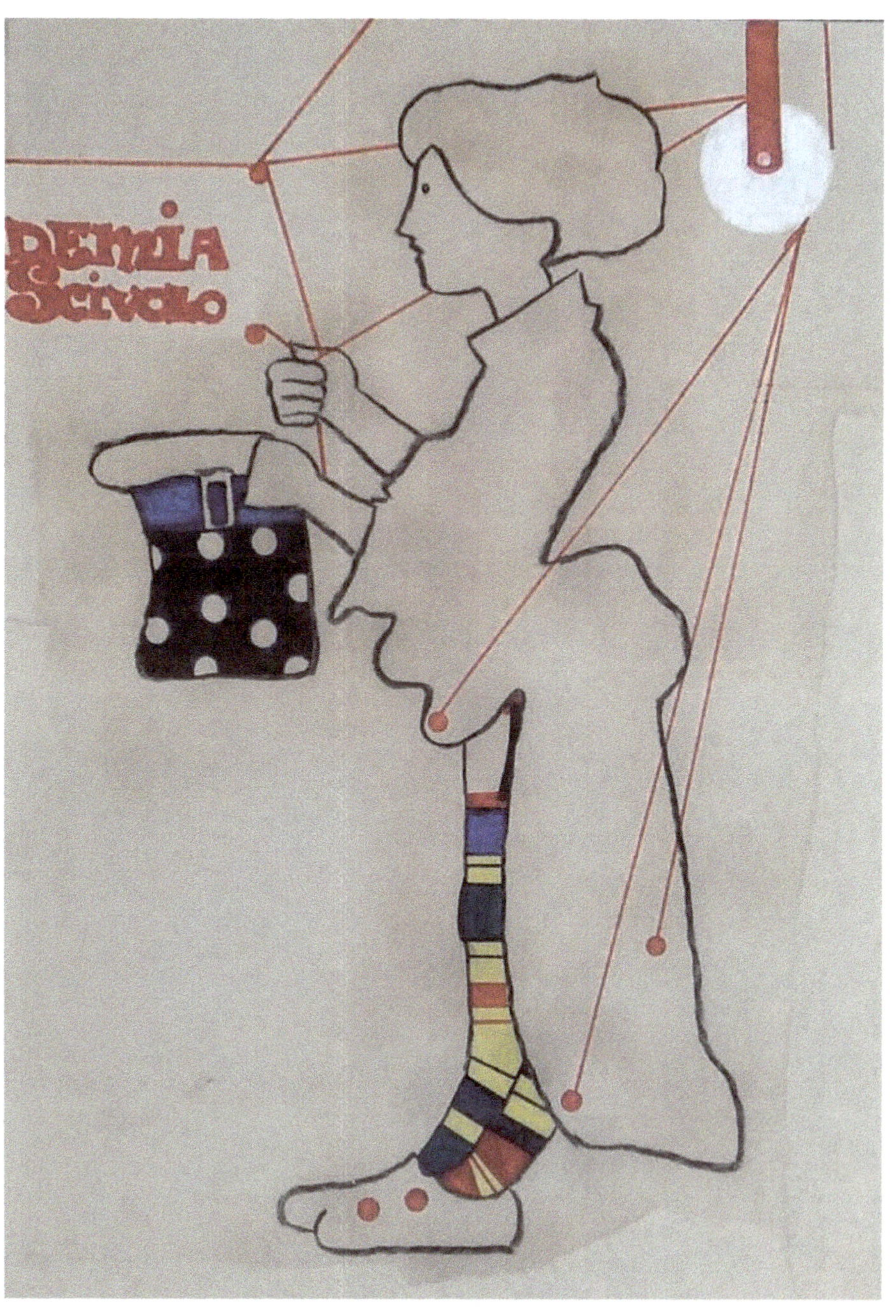

Comitato scientifico dell'Accademia dello Scivolo – Cristina Show, artista

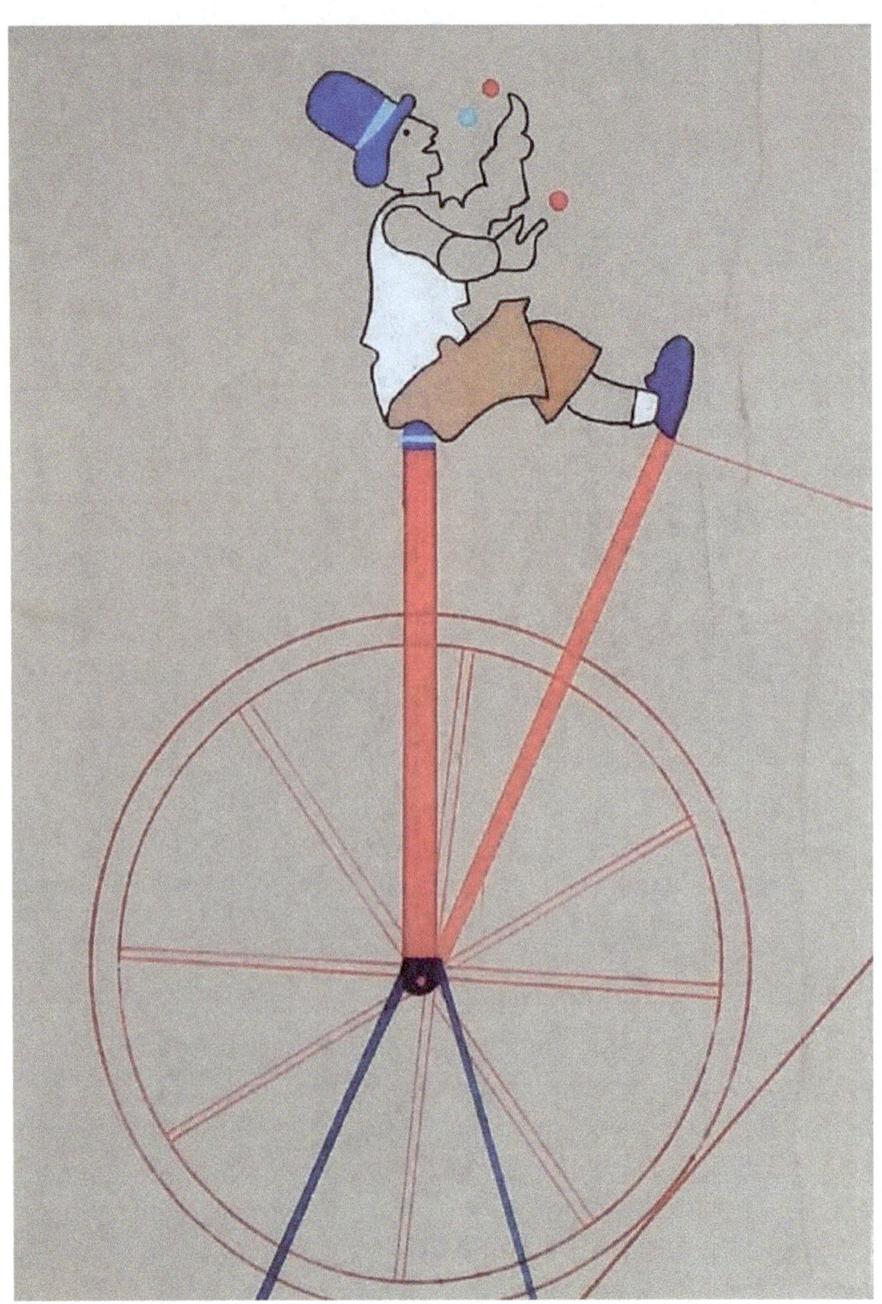

Accademia dello Scivolo – Il mangiatore di Mondi

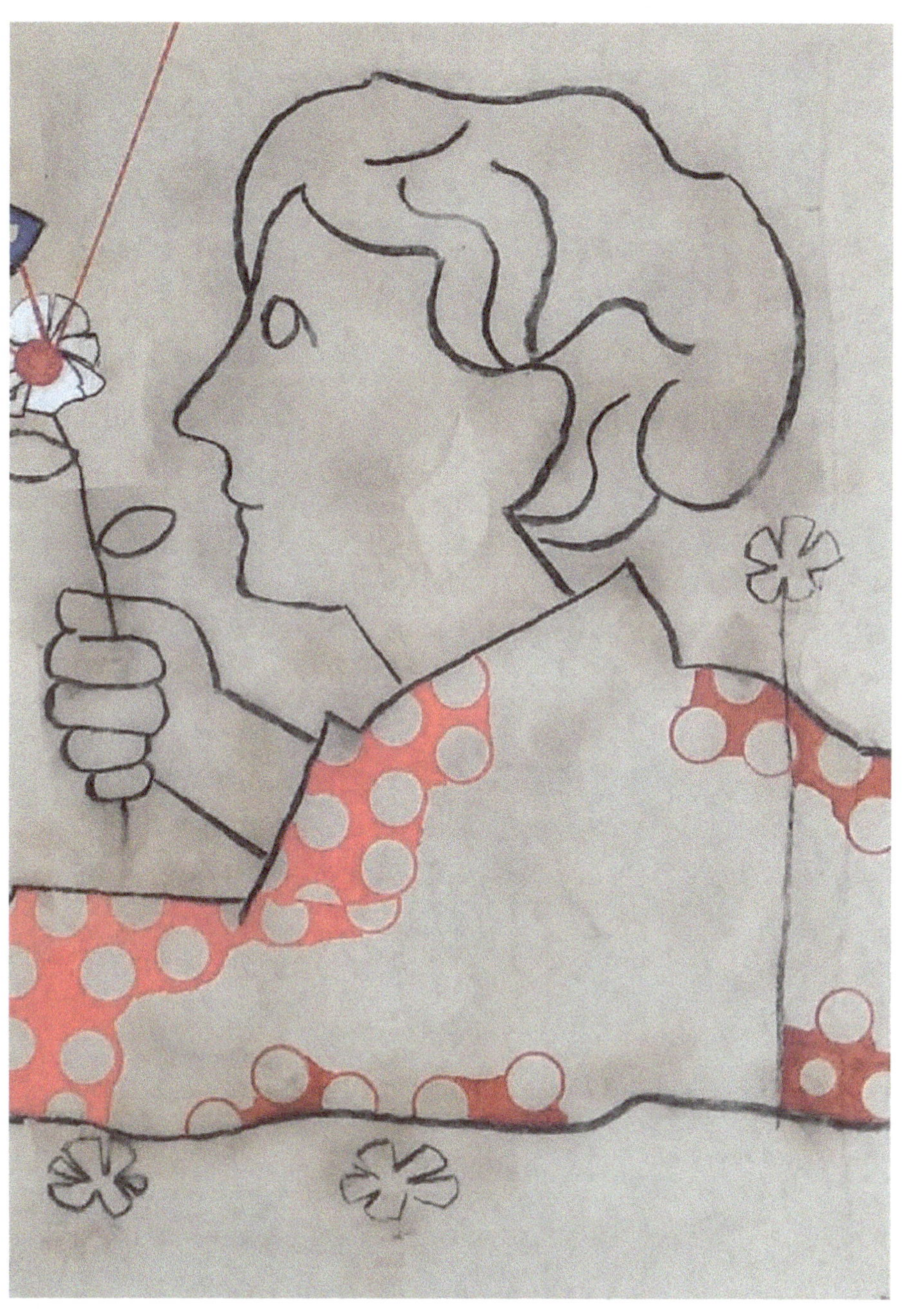

Accademia dello Scivolo – Le avventure di Andrea Bortolon

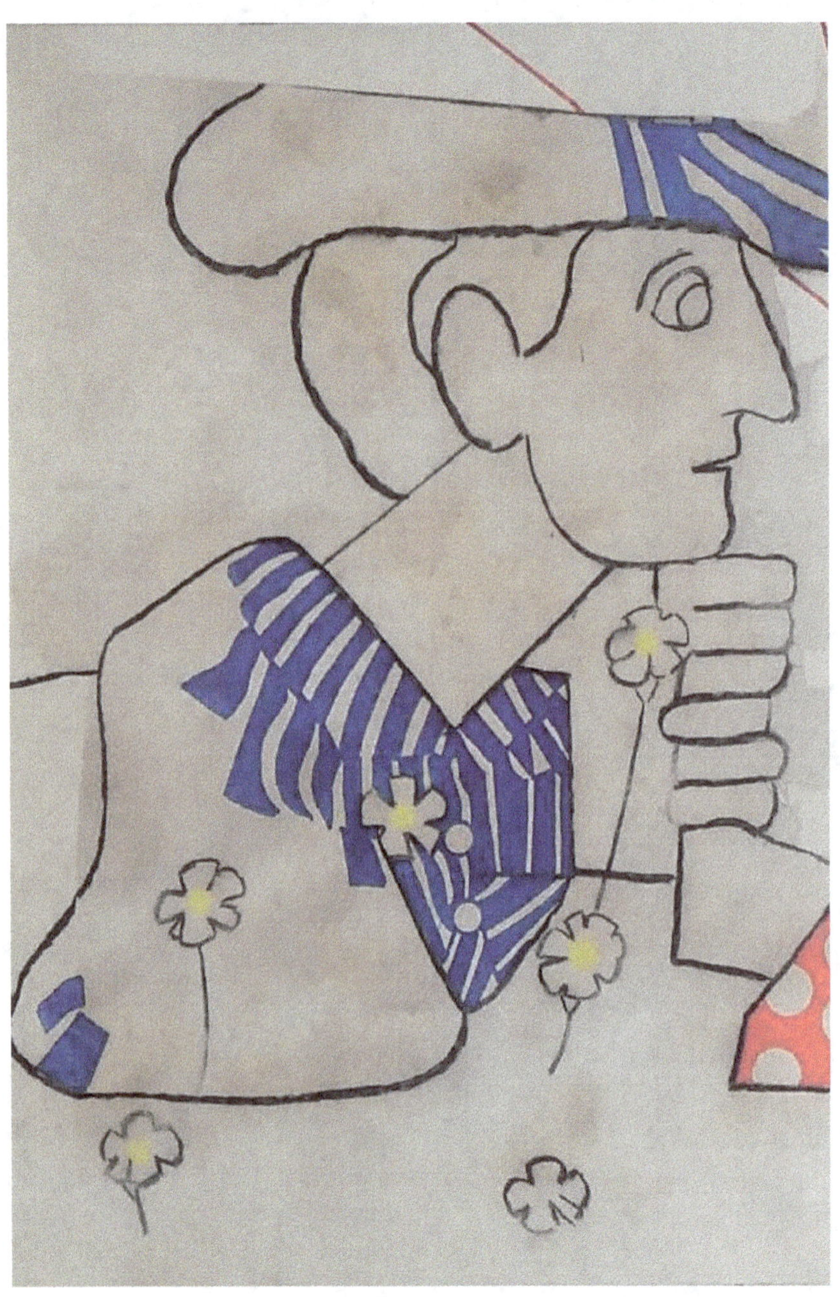

Accademia dello Scivolo – Le avventure di Andrea Bortolon

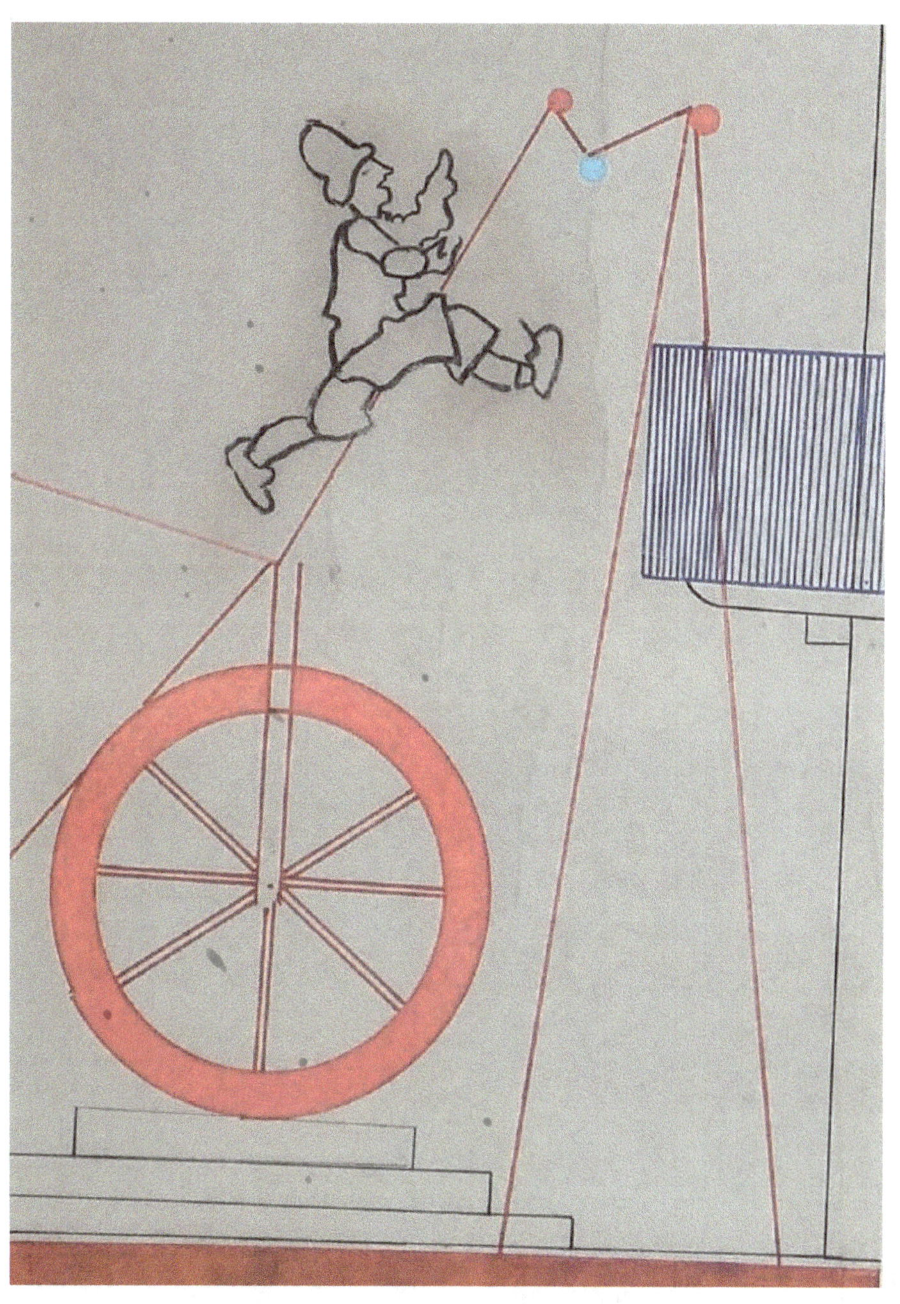

Accademia dello Scivolo – La conquista di Alessandra

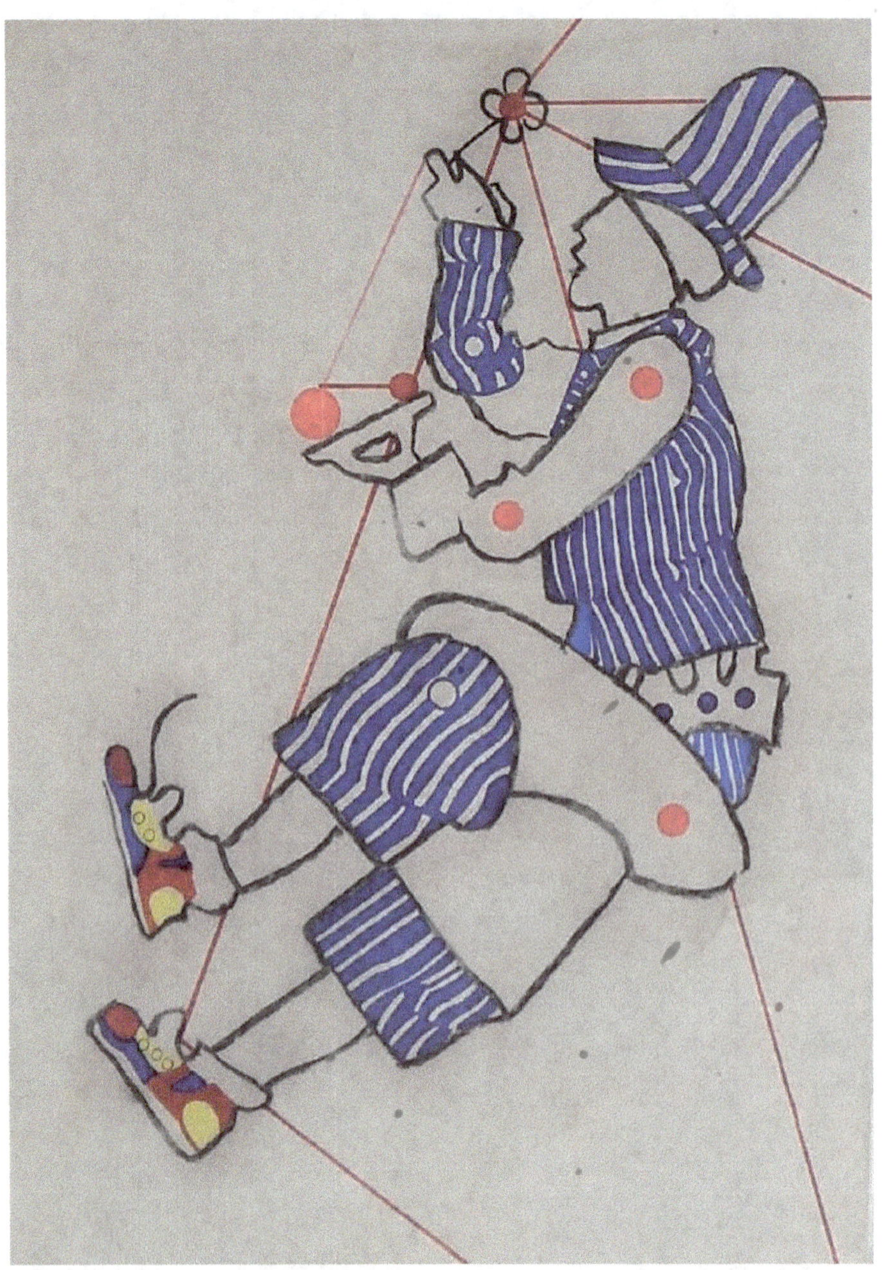

Accademia dello Scivolo – Le avventure di Andrea Bortolon

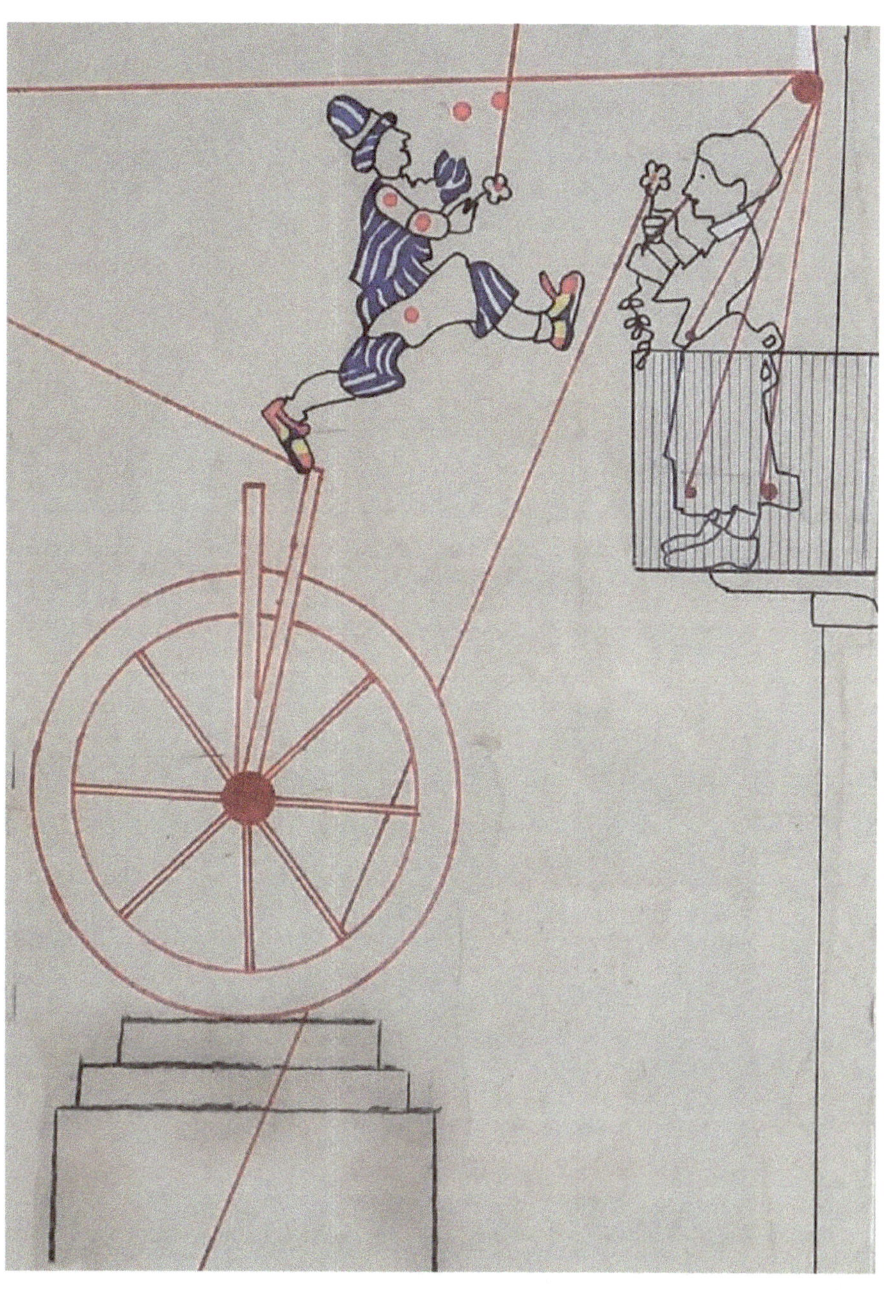

Accademia dello Scivolo – Le avventure di Andrea Bortolon

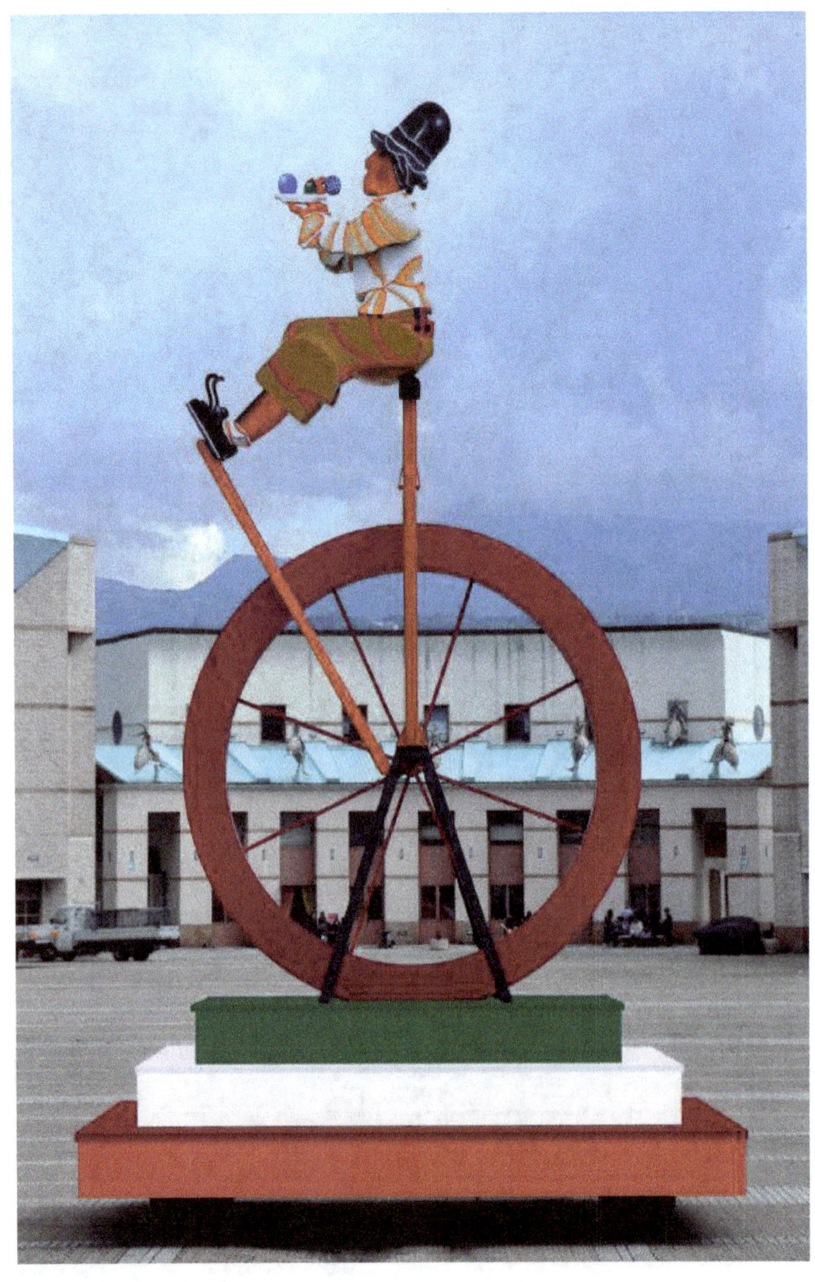

Aldo Spoldi – *Il mangiatore di Mondi* (in collaborazione con il carrista Luca Bertozzi), carro inaugurale per il Carnevale di Viareggio, 2011 (Museo del Carbevalotto)

11

**Le avventure di Andrea Bortolon
Da Brera a Arena Po**
a cura di Patrizia Gillo

Da Brera al Po

a cura di Gaetano Grillo

Torre dè Beccaria, Arena Po (PV)

21 aprile - 20 maggio 2018

Che bello! Dopo la personale di Arcangelo, la mostra "La carica dei 104" e il posizionamento del grande bronzo di Maraniello, Gaetano Grillo organizza al castello di Arena Po la collettiva "Da Brera al Po" (Omar Galliani, Nicola Salvatore, Aldo Spoldi).

Come non notare che il comune dell'oltrepò pavese si sta trasformando in un borgo d'arte, in un museo all'aperto? Dai piccoli sogni nascono grandi realtà,

da piccole realtà nascono grandi sogni.

È affascinante sottolineare che per andare da Brera al Po sia necessario un viaggio.

Il viaggio parte da "Brera aperta 2017" dove la scultura "Il mangiatore di mondi" di Aldo Spoldi, che ritrae il filosofo Andrea Bortolon, immagine simbolo dell'Accademia dello Scivolo, progetta l'emozionante trasferta. La statua si scalda i muscoli, fa stretching ed inizia il conto alla rovescia: 3,2,1... Pronti, via!

Allo zero la statua si alza, scatta, salta sul motorino rosso Ferrari e, in impennata, parte per la spericolata escursione. E così, tra emozioni, vibrazioni, suspense, il tragitto da Brera al Po si trasforma in un racconto visivo, in una storia di terre, di donne, di corsi d'acqua, di incontri batticuore, di visite guidate a cattedrali vegetali, avigne delle arti raffigurati nel dipinto di Aldo Spoldi esposto all'interno del castello.

La storia però non si ferma lì, ma continua in piazza Vittorio Emanuele dove Andrea Bortolon viene immortalato in una bella silhouette di ferro dipinta con un palpitante e increspato smalto dalla studentessa Arianna De Stefani.

Si ringraziano la STEV & Co. e Viscardi Modellisti.

Patrizia Gillo

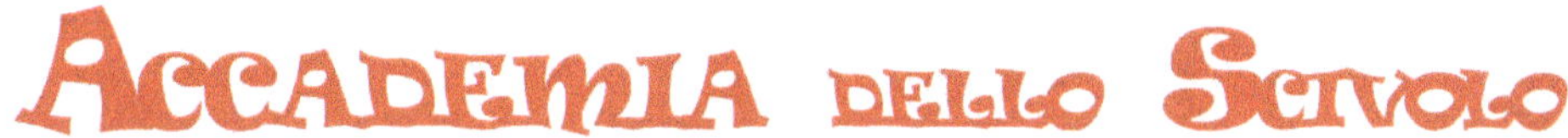

Le avventure di Andrea Bortolon
Da Brera a Arena Po

A cura di Patrizia Gillo

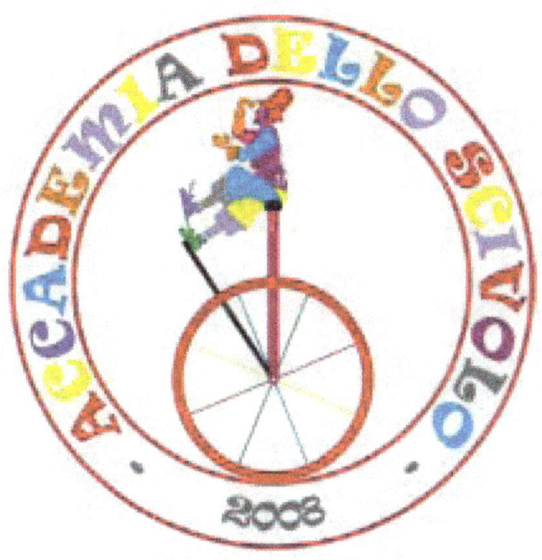

21 Aprile 2018

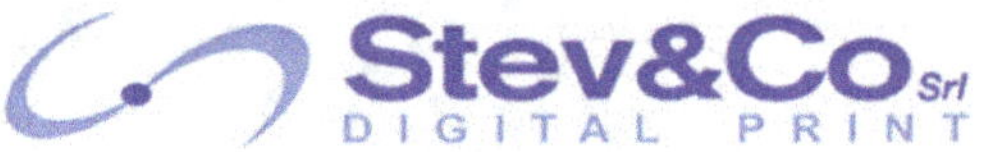

Stev&Co Srl
DIGITAL PRINT

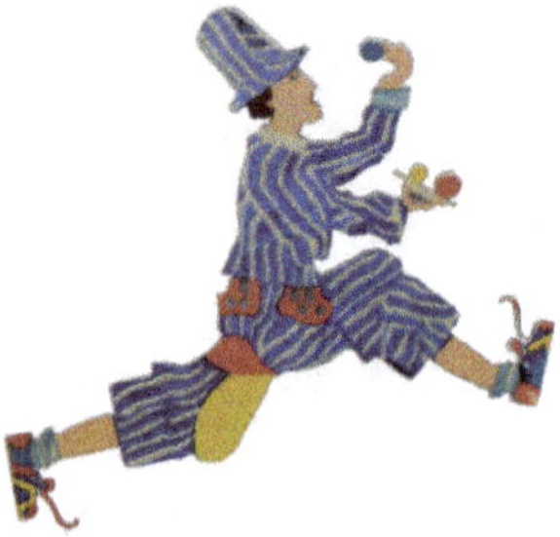

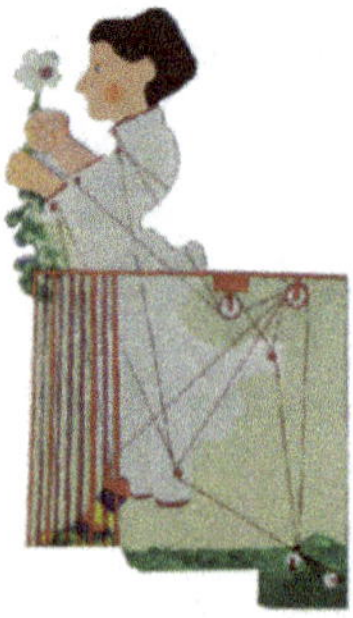

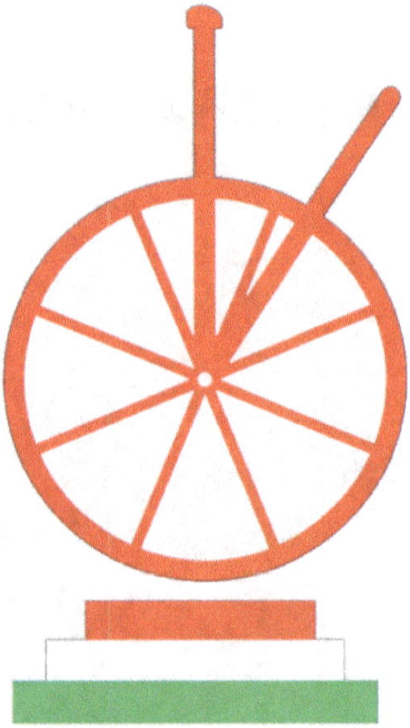

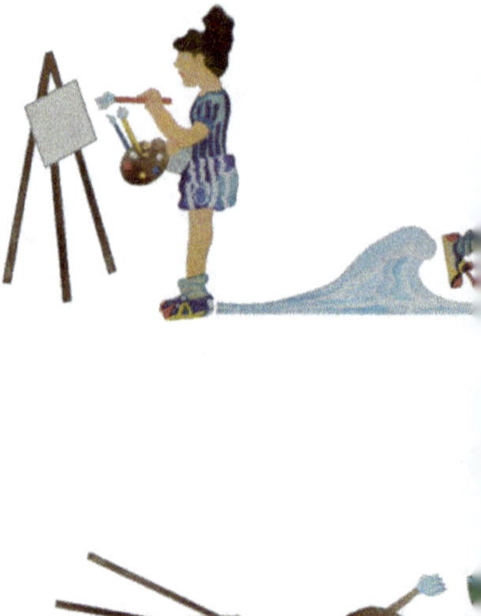

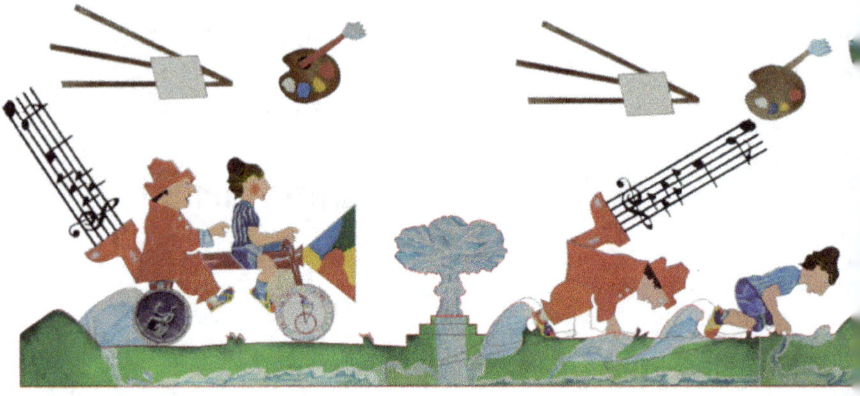

ACCADEMIA DELLO SCIVOLO

DIRETTORE ALDO SPOLDI

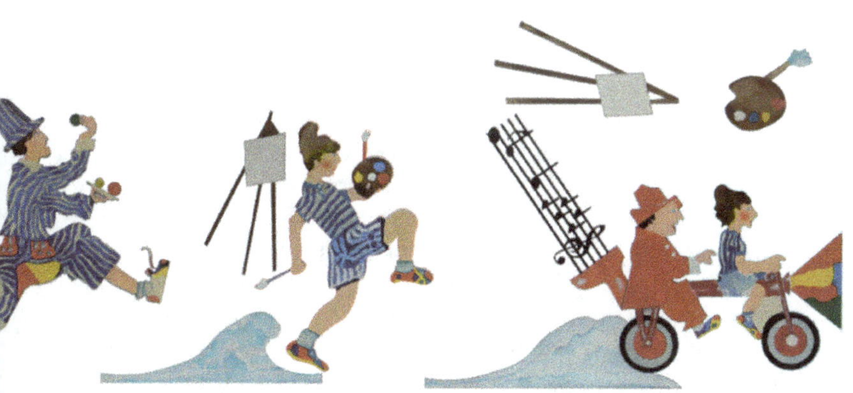

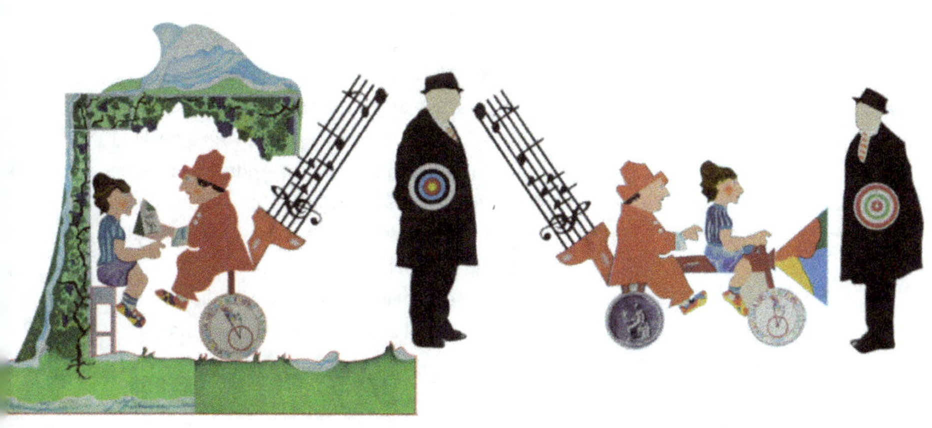

Aldo Spoldi, è nato a Crema nel 1950 dove vive e lavora. Artista ironico, ludico e teatrale, è pittore, scultore, musicista, scrittore e docente all'Accademia di Brera. Lo sviluppo della sua attività coincide con la trasformazione dell'arte e della società, che si rispecchia nelle varie fasi del suo lavoro. Nel 1968, l'anno della contestazione giovanile, raggruppa una banda di schernitori che realizzano burlesche performance nelle vie delle città, la Banda del Marameo. Nel 1977, con la nascita del postmoderno, costituisce il Teatro di Oklahoma ed inizia la sua attività pittorica caratterizzata da immagini teatrali. È tra i principali esponenti italiani del postmoderno, partecipa ai "Nuovi Nuovi" di Renato Barilli, al "Magico Primario" di Flavio Caro, a "L'arte mia" di Francesca Alinovi e alla "Pittura Teatrica" di Loredana Parmesani. Negli anni ottanta muove una critica al facile ritorno della pittura e al neoconcettuale nascente attraverso la produzione di due opere liriche, "Enrico il Verde" e "Capitan Fracassa", e il balletto "Circo", dove cerca di delineare un nuovo modo di intendere la ricerca artistica, intesa come una inedita avanguardia aperta a svariati linguaggi che porteranno a inusuali mondi estetici. Nel 1988, negli anni dell'immaterialità finanziaria, trasforma l'umanistico Teatro di Oklahoma in Banca, in s.r.l. ed infine in B.D.O. s.p.a. Nel 1996, mentre si costituisce l'Europa Unita e Internet velocemente si diffonde, tramite la B.D.O. s.p.a. produce come progetto didattico i "personaggi virtuali". Pubblica i libri *Lezioni di educazione estetica*, *Cristina Show - Frammenti di vita*, *Lezioni di filosofia morale*. Nel 2007, l'anno della grande crisi finanziaria e della ricerca della concretezza, progetta l'Accademia dello Scivolo e nel 2011 pubblica il libro del filosofo Andrea Bortolon *Un Dio non può farsi male*. A partire dal 2007, con la collaborazione dei personaggi virtuali nati dalle lezioni di Educazione Estetica che ha tenuto all'Accademia di Belle Arti di Brera, fonda l'Accademia dello Scivolo.

Loredana Parmesani, critico, storico
dell'arte, docente universitario, è autrice
di numerose pubblicazioni sull'arte
contemporanea, tra cui *I colori della notte*,
Politi Editore,1987, *Arte & Co. Dal concetto
all'avviamento*, Politi Editore,1993, *L'arte del
Secolo - Movimenti, teorie, scuole e tendenze
1900-2000*, Skira, 1997, *Alessandro Mendini
- Scritti*, Skira, 2004, *L'arte del XX Secolo e
oltre*, Skira, 2012, *Alessandro Mendini, Scritti
di domenica*, Postmedia Ed., 2014, oltre a
numerosi saggi in libri e riviste italiani e
stranieri.

Nei suoi libri affronta il passaggio dal moderno
al posrmoderno anticipando ironicamente i
mutamenti del sistema dell'arte che, mentre
nel periodo moderno è legittimato dalla critica
e dal collezionismo, nel periodo postmoderno
trova la sua legittimazione nel sistema
finanziario e nella moltitudine dei visitatori
delle mostre.

Ha organizzato e collaborato alla realizzazione
di numerose mostre in Italia e all'estero tra
cui: *Registrazione di frequenze*, Bologna,
XI Quadriennale, Roma, *Take Over*, Milano,
Los Angeles, *Business Art-Art Business*,
Groningen, Padiglione italiano *XLV Biennale*,
Venezia, *Milano anni novanta*, Milano, *Critica
in opera*, Castel San Pietro, *Arte per tutti*,
Codogno, *Lucio Fontana*, *Christo* a Rodengo
Saiano, *Liliana Moro*, Palazzolo Sull'Olio,
Getulio Alviani, Bergamo, con relativi cataloghi.

Insegna Storia dell'arte moderna e
contemporanea presso l'Istituto Europeo
di Design, Sociologia dei processi culturali
presso l'Accademia di Belle Arti di Brera
e Estetica presso la Civica Scuola d'Arte
Drammatica "Paolo Grassi". Tiene corsi e
seminari in numerose università italiane fra le
quali Università Bocconi di Milano, Università
di Alta formazione culinaria di Colorno.

Oltre ad aver collaborato con la Banda del
Marameo, la Casa Editrice Trieb e con la
Banca di Oklahoma, fa attualmente parte
del Comitato direttivo dell'Accademia dello
Scivolo.

Patrizia Gillo, teorico, curatrice e performer
nasce nel 1957 in India da madre francese e
padre operaio, a quattro anni si trasferisce nel
piccolo paese di Madignano.

Nel 1968 compie un viaggio negli Stati Uniti e
viene fotografata da Met Levi nel suo studio.

È al suo ritorno in Italia che inizia partecipare
attivamente, in collaborazione con Loredana
Parmesani, agli spettacoli di strada di Aldo
Spoldi: la Banda del Marameo.

Cresciuta e educata nella cultura famigliare
sui testi di Marx, Adorno e Reich, a partire
dai primi anni settanta è tra i fondatori della
casa editrice Trieb e dell'omonima rivista,
divenendo successivamente direttrice della
rivista Jim International.

Nel 1971 occupa abusivamente la Galleria San
Fedele, dove legge il testo *L'asino d'oro*, testo
in cui l'economia libidinale sfida la Borsa
Valori. Sempre nel medesimo anno organizza
nell'aula di Alik Cavaliere, all'Accademia di
Belle Arti di Brera, la performance *Concerto
in re da una geometria*.

Nel 1975 scrive l'introduzione al libro *Teatro
di Oklahoma* (Ed. *Trieb* e distribuzione Banco/
Massimo Minini di Brescia) e nel biennio
1976-1977 organizza due mostre, *Radicalismo
e integrazione* e *Quadrato magico* allo Spazio
Culturale Collaborazione Automatica di
Bagnolo Cremasco.

In occasione della mostra *Trasversalità e luogo
del disegno politico*, organizzata da Gianni-
Emilio Simonetti e tenuta allo Studio Marconi
nel 1977, scrive con uno stile leggendario,
colto, ironico un testo che congiunge il
materialismo storico e la rivoluzione al
piacere del testo.

La caduta del grande racconto marxista,
avvenuta nel 1977, e il sopraggiungere delle
tesi del postmoderno di Lyotard e Deleuze
le procura una profonda crisi spirituale e
intellettuale che coincide con il suo ritiro
a vita privata. Ricompare nel 2001 quando
incontra i personaggi virtuali Cristina
Karanovic, Andrea Bortolon, Angelo

Spettacoli e ritrova l'amico di un tempo, il
fotografo Met Levi, tutti alla ricerca di un
corpo.

Come membro del Comitato Scientifico
dell'Accademia dello Scivolo è impegnata
da alcuni anni nella ricostruzione, insieme
a Loredana Parmesani, delle tappe teorico-
artistiche della sua avventurosa attività,
di quella dei personaggi virtuali e di tutta
l'attività artistica di Aldo Spoldi.

I giornalini
dell'Accademia dello Scivolo
a cura di Loredana Parmesani & Patrizia Gillo

postmedia books 2018
160 pp. 140 ill.
isbn 9788874902194

Collana Accademia dello Scivolo

a cura di Loredana Parmesani & Patrizia Gillo

La collana, con questo primo volume dedicato ai *Giornalini dell'Accademia dello Scivolo*, intende dar vita a un progetto editoriale la cui finalità è la ricostruzione della storia dell'Accademia dello Scivolo, delle avventure dei personaggi virtuali che l'hanno creata e dell'attività artistica di Aldo Spoldi.

Volumi pubblicati in questa collana

I. I giornalini dell'Accademia dello Scivolo

II. La Banda del Marameo
(in corso di pubblicazione)

Finito di stampare nel mese di ottobre 2018
presso *Ediprima*, Piacenza

Postmedia Srl
Milano
www.postmediabooks.it